本書受到"古文字與中華文明傳承發展工程"規劃項目"河南古文字資源調查研究"（G1426）、"《説文解字》古文字新詁匯輯暨考案"（G1923）、"甲骨文合集三編釋文與闡釋"（G1008）的資助

古文字與中華文明
傳承發展工程

漢字文明研究
書系之十

上博簡《論語》類文獻研究

尉侯凱 著

社會科學文獻出版社
SOCIAL SCIENCES ACADEMIC PRESS (CHINA)

"漢字文明研究" 成果系列出版前言

東漢時河南人許慎説："蓋文字者，經藝之本，王政之始，前人所以垂後，後人所以識古。"這裏的"文字"後來稱"漢字"。漢字是傳承發展到當代的中華優秀文化之一。作爲内涵豐富的符號系統，漢字承載着數千年的歷史文化、民族智慧；作爲交流思想信息的重要工具，漢字也是國家管理和社會生活必不可少的。中央號召發揚傳統優秀文化，實施文化强國戰略，漢字舉足輕重。

河南是漢字的發源地，有着豐富的原始材料和悠久的研究傳統。可以説，第一批漢字材料，第一部漢字學著作，第一本漢字教科書，第一位漢字學家，第一位書法家，第一位漢字教育家，第一位漢字規範專家，都出自河南。漢字作爲中華文明的重要標志，極具創造性和影響力，應該成爲河南得天獨厚的優勢品牌。"漢字文明"的傳承發揚需要"許慎文化園""中國文字博物館"之類的物質工程，也需要學術研究及學術成果，還需要漢字教育和傳播。鄭州大學作爲河南的最高學府，責無旁貸應該承擔起傳承和發展漢字文明的歷史使命。該校領導眼光宏大，志向高遠，批准成立了"漢字文明研究中心"，並在規劃和實施"中原歷史文化"一流學科建設中，把"漢字文明"定爲研究方向之一。

漢字文明研究中心自 2016 年 9 月成立以來，在學校領導和學界同仁的支持鼓勵下發展順利。現已由專職和兼職（客座）人員共同組建起研究團隊，並已陸續產生成果。爲了及時推出中心成員取得的研究成果，本中心擬陸續編輯出版"漢字文明研究"成果系列。"漢字文明研究"範圍極廣，包括而不限於漢字本體（形體、結構、職用）的理論研究，漢字史研究，漢字學術史研究，漢字與漢語的關係研究，漢字與民族國家的關係研究，漢字與泛文化關係研究，跨文化漢字研究（漢字傳播、域外漢字、外來文化對漢字系統的影響、漢字與異文字比較等），漢字教學與漢字規範研究等。這麼多五花八門的成果如果按照內容分類編輯出版，命名將十分繁雜，且不易各自延續。因此，擬採用最簡單的形式分類法，論文集編爲一個系列，包括本中心主辦的會議論文集、本中心成員（含兼職）個人或集體論文集、本中心組編的專題論文集等，統一按照"漢字文明研究·文集之 N+本集專名"順序出版；著作和書冊編爲一個系列，包括本中心成員（含兼職）的專著、合著、資料整理、工具書、主題叢書、教材等，統一按照"漢字文明研究·書系之 N+本書專名"順序出版。

"漢字文明研究"成果系列由中心主任李運富教授主編，編輯委員會負責推薦和審定。各文集和書系的作者或編者皆獨立署名，封面出現"漢字文明研究·文集之 N"或"漢字文明研究·書系之 N"字樣，扉頁印編輯委員會名單。"文集"與"書系"設計風格大體一致。

希望本中心"漢字文明研究"碩果累累。

漢字文明研究中心

李運富

凡　例

一、本書在引用上博簡等出土材料時，釋文一般採取寬式隸定，合文、重文符號也予保留，但句讀、章節符號或提示符號等未作迻録。

二、引用的簡文如係整理者所釋，一般不作説明。凡採取其他學者正確或可備一説的意見，均在脚注中給予介紹。作者提出的一些看法，除單獨成文者外，也以脚注的形式略加説明。

三、由於書寫潦草、字迹模糊等原因，某些字形難以隸定，或者釋讀存在較大的爭議，遇到這種情況，就用原簡字形替代，不作煩瑣考證。

四、特殊符號的使用。"+"表示編聯，"〔　〕"表示綴合，"☑"表示竹簡殘斷。"〈　〉"中的文字表示訛字，"□"表示補字，"⫶⫶"表示衍文，"【　】"表示脱文，"="表示合文或重文，"（　）"表示通行字或重文、合文的讀法。

五、本書在徵引各位學者意見時，一律未加"先生"二字。

目　録

緒　論

一、研究對象

　　本書題爲"上博簡《論語》類文獻研究"，研究對象主要是 20 世紀 90 年代上海博物館自香港購回的戰國楚竹書中與《論語》性質相似的文獻，具體包括《民之父母》《子羔》《魯邦大旱》《從政》《中（仲）弓》《相邦之道》《季庚（康）子問於孔子》《君子爲禮》《弟子問》《孔子見季趄（桓）子》《顏淵問於孔子》《史蒥問於夫子》，①　内容都屬於

---

①　《民之父母》《子羔》《魯邦大旱》《從政》，皆見於《上海博物館藏戰國楚竹書（二）》，上海古籍出版社，2002 年 12 月。《中（仲）弓》，見於《上海博物館藏戰國楚竹書（三）》，上海古籍出版社，2003 年 12 月。《相邦之道》，見於《上海博物館藏戰國楚竹書（四）》，上海古籍出版社，2004 年 12 月。《季庚（康）子問於孔子》《君子爲禮》《弟子問》，皆見於《上海博物館藏戰國楚竹書（五）》，上海古籍出版社，2005 年 12 月。《孔子見季趄（桓）子》，見於《上海博物館藏戰國楚竹書（六）》，上海古籍出版社，2007 年 7 月。《顏淵問於孔子》，見於《上海博物館藏戰國楚竹書（八）》，上海古籍出版社，2011 年 5 月。《史蒥問於夫子》，見於《上海博物館藏戰國楚竹書（九）》，上海古籍出版社，2012 年 12 月。上博簡尚有一篇與子路有關的文獻，濮茅左根據其内容與《孔子家語·子路初見》相似而暫名爲《子路初見》，見濮茅左：《關於上海戰國竹簡中"孔子"的認定——論〈孔子詩論〉中合文是"孔子"而非"卜子""子上"》，《中華文史論叢》2001 年第 3 輯，第 29 頁。鄔可晶公佈了這篇文獻的初步釋文（李零所作），見鄔可晶：《〈孔子家語〉成書考》，中西書局，2015 年 8 月，第 59 頁。劉洪濤對該篇内容作了復原和討論，見劉洪濤：《上海博物館藏戰國竹簡〈子路〉篇殘簡》，《出土文獻》第 15 輯，中西書局，2019 年 10 月，第 142—147 頁。從此文的内容看，它也應劃爲《論語》類文獻，但鑒於其圖版、釋文至今没有正式公佈，故本書暫未討論。

孔子與弟子、時人的問答之辭。

　　《漢書·藝文志》記載："《論語》者，孔子應答弟子、時人及弟子相與言而接聞於夫子之語也。當時弟子各有所記，夫子既卒，門人相與輯而論纂，故謂之《論語》。"① 既然能夠"輯而論纂"，説明當時孔子與弟子、時人的言論已有相當大的規模，其中難免存在一些與《論語》體例、主旨不符乃至僞托的材料，故而需要嚴加甄別、加工和編次。由於這項工作極爲複雜，《論語》的編纂經歷了一個漫長的歷史時期，這就決定了它的編纂者不會祇有一兩個群體，繼仲弓、子張、有子、曾子之後，《論語》的内容、次序不斷完善，大概直到孔子五傳、六傳弟子的手中纔得以最終定型。上博簡中的十二篇《論語》類文獻，應當也是孔門弟子、門人或後學所記，它們在戰國時期爲宣揚孔子思想發揮過積極作用，然而受限於各自的特殊情況，祇有少數幾篇如《從政》《仲弓》《君子爲禮》的部分内容被改寫成《論語·子路》《堯曰》《顔淵》中的一章，《民之父母》因主題偏重"禮樂之原"而被後人輯入《禮記》之内，其餘各篇則一律遭到編纂者的刻意捨棄。

　　《論衡·正説》云："夫《論語》者，弟子共紀孔子之言行，敕記之時甚多，數十百篇。"② 孫世揚提出，《論語》最初應該祇是泛稱，凡是孔門弟子記載的孔子言行，皆可謂之《論語》，

---

① 班固：《漢書》，中華書局，1962 年 6 月，第 1717 頁。
② 黄暉：《論衡校釋》，中華書局，1990 年 2 月，第 1136 頁。

因此其數量纔能多達數十百篇。① 對那些溢出《論語》之外記載孔子及其弟子言行的文獻，吕思勉曾把它們歸入"《論語》類"："亦不惟《論語》，諸子書中，有記大師、巨子之言行者，皆《論語》類也。"② 但"《論語》類"的説法過於籠統和含混，所以影響比較有限。近年郭沂提出一個"《論語》類文獻"的概念："《論語》之外那些門人所記孔子言行録的性質與《論語》一樣，故我們可稱之爲《論語》類文獻。"③ 他還對《論語》類文獻範圍作了以下限定：《孝經》、定州竹簡《儒家者言》《哀公問五義》以及今本和帛書本《易傳》、大小戴《禮記》、《荀子》、《孔子家語》、《孔叢子》、上博楚簡中的有關文獻。④ 梁濤認爲《論語》由孔門弟子集體編纂而成，其間經歷了一個非常複雜的過程。今本《論語》是孔門弟子普遍接受、認可的部分。先秦兩漢古書中雖然存在爲數衆多的"子曰"，但記録失實甚至假托的情況在所難免，無法認定都是孔子的言論。⑤ 越來越多的

① 孫世揚：《論衡考》，《華國月刊》第 2 卷第 11 期，1926 年，第 4 頁。《論語集解》所引孔安國注，清代學者沈濤、丁晏等懷疑是魏晉時人偽造，單承彬對此作有詳細辯解，認爲《古文論語訓解》可能出自孔安國後學或孔氏後學之手，也可能有東漢甚至更晚的資料羼入，但孔安國注解《古文論語》不容輕易否定，見單承彬：《論語源流考述》，吉林人民出版社，2002 年 8 月，第112—135 頁。唐明貴也認爲孔安國注非後人所能偽造，見唐明貴：《孔安國〈論語孔氏訓解〉探微》，《古籍整理研究學刊》2010 年第 4 期，第 5—8 頁。

② 吕思勉：《吕思勉讀史劄記》，上海古籍出版社，2005 年 12 月，第 214—215 頁。

③ 郭沂：《郭店竹簡與先秦學術思想》，上海教育出版社，2001 年 2 月，第354 頁。

④ 郭沂：《郭店竹簡與先秦學術思想》，第 356—361 頁。郭沂近年編撰的《子曰全集》對歷代典籍中的孔子資料加以輯録，其前五卷爲《論語》類文獻，包括《論語》《孝經》《孔子家語》《孔叢子》以及《易傳》《荀子》《禮記》《大戴禮記》《尚書大傳》《韓詩外傳》《新序》《説苑》中與《論語》性質相關的文獻，見郭沂編：《子曰全集》，中華書局，2017 年 6 月。

⑤ 梁濤：《郭店竹簡與思孟學派》，中國人民大學出版社，2008 年 5 月，第236—239 頁。

證據表明，不僅漢代的緯書中有許多僞造的孔子言論，戰國中後期的儒家出於宣揚孔子思想的需要，也開始改編或虛構一些與孔子有關的典故，因此確有必要仔細加以甄別。然而，孔子言論的真實與否，並不妨礙"《論語》類文獻"的客觀存在，梁氏對此亦未否認。① 夏德靠在考察《論語》的文體時，也繼續沿用"《論語》類文獻"這一概念，並對它作了詳細的疏通證明。②

　　與"《論語》類文獻"概念相近的還有"語類文獻""子曰類文獻"。"語"是先秦時期的一種文體形式，它的形成與史官的記言制度密切相關。《漢書·藝文志》云："古之王者世有史官，君舉必書，所以慎言行，昭法式也。左史記言，右史記事，事爲《春秋》，言爲《尚書》，帝王靡不同之。"③《禮記·玉藻》亦言："動則左史書之，言則右史書之。"④ 先秦史官"記言記事"的職責，直接導致了"語類文獻"的産生。⑤ 吕思勉曾將先秦語類文獻按照"記賢士大夫之言行""記大師巨子之言行"的標準劃分爲《國語》類和《論語》類兩種類型。⑥ 夏德靠則把《國語》類改稱爲"國語"文獻，《論語》《晏子春秋》類稱爲"家語"文獻。⑦ 此外，俞志慧還根據存在形式的不同將

① 梁濤承認漢代確實有《論語》類文獻，包括《漢書·藝文志》諸子略記載的《論語》《孔子家語》《孔子三朝》《孔子徒人圖法》以及各種解釋《論語》的《説》和《石渠奏議》等，見梁濤：《郭店竹簡與思孟學派》，第 239 頁注①。

② 夏德靠：《先秦諸子文獻的類型與文體變遷——以〈論語〉類文獻爲考察中心》，《吉首大學學報（社會科學版）》2012 年第 5 期，第 63—64 頁。夏德靠：《〈論語〉研究》，知識産權出版社，2015 年 4 月，第 215—226 頁。

③ 班固：《漢書》，第 1715 頁。

④ 孔穎達：《禮記正義》，《十三經注疏》第 3 册，中華書局，2009 年 10 月，第 3193 頁。

⑤ 參看夏德靠：《〈論語〉研究》，第 61—62 頁。

⑥ 吕思勉：《吕思勉讀史劄記》，第 214—215 頁。

⑦ 夏德靠：《〈論語〉研究》，第 63 頁。參看夏德靠：《先秦語類文獻形態研究》，中華書局，2015 年 5 月，第 124—125 頁。

“語”分爲言類之語和事類之語。① “子曰類文獻”由周海春提出，用來概括先秦兩漢時期記載“子曰”的文獻，包括所有以孔子名義説出的話。② 他指導的學位論文進一步把“子曰類文獻”的範圍界定爲：《論語》《周易》《孟子》《荀子》《孝經》《禮記》《孔子家語》《孔叢子》《説苑》《韓詩外傳》以及定州竹簡、郭店竹簡、上博竹簡等出土文獻中的“子曰”或“仲尼曰”。③

　　“子曰類文獻”提法的缺陷在於，漢代以後著作中的孔子言論多爲後人代擬（如《孔叢子》《孔子家語》），其研究價值未免大打折扣。從字面意思看，“子曰類文獻”甚至無法容納孔門弟子、時人的見解和思想在內，格局稍顯促狹。《論語·子張》全篇没有出現“子曰”，卻明顯不能排除在“子曰類文獻”之外。與“《論語》類文獻”相比，“語類文獻”的內涵更爲豐富和龐雜，前者祇是它的一個組成部分。《國語》《晏子春秋》等書和《論語》的體裁有很大差別，也被籠統地囊括進來。按照這個標準，上博簡的《柬大王泊旱》《平王問鄭壽》《昭王毀室》《成王既邦》《靈王遂申》《陳公治兵》《曹沫之陣》《鮑叔牙與隰朋之諫》《姑城家父》《鄭子家喪》等篇，也多可歸入“國語”或“語類文獻”，卻不是本書準備討論的對象。因此，

---

① 俞志慧：《事類之“語”及其成立之證明》，《淮陰工學院學報》2005 年第 4 期，第 5—7、13 頁。又見俞志慧：《古“語”有之——先秦思想的一種背景與資源》，華東師範大學出版社，2010 年 12 月，第 17—44 頁。侯文華認爲言類之語和事類之語的劃分没有必要，“語”本來就是叙事和記言相互結合的一種文類，見侯文華：《〈論語〉文體考論》，《中國文學研究》2008 年第 3 期，第 36 頁。

② 周海春：《“‘子曰’類文獻”研究對豐富中國哲學史的意義》，《湖北大學學報（哲學社會科學版）》2014 年第 6 期，第 62—67 頁。

③ 夏芬：《從“子曰”類文獻看孔子的家倫理思想》，湖北大學碩士學位論文，2014 年 4 月，第 1 頁。

雖然"語類文獻""子曰類文獻"同"《論語》類文獻"有一定重疊之處,但都不如後者更加準確、貼切地描述上博簡中與《論語》性質相似的文獻。

本書以上博簡中的"《論語》類文獻"爲主要研究對象,嘗試解決各篇中尚有爭議的關鍵字詞和斷句,考察各篇的代表人物如子贛、顏淵、史䛃的身份、地位、思想,總結和還原孔子的政治主張,探討《論語》類文獻在楚地的傳播、影響,以及它們與《論語》成書有關的若干問題。

二、文獻簡介

《民之父母》　共 14 支簡,其中完簡 1 枚,長 45.8 釐米,容 34 字左右。全篇現存 397 字,含合文 6、重文 3。編綫契口三道,上下留有天頭、地脚。原無篇題,整理者濮茅左根據本篇的主題將其命名爲《民之父母》。由於它的内容可與《禮記·孔子閒居》《孔子家語·論禮》對讀,因此簡序編排比較準確。該篇中子夏與孔子圍繞"民之父母""五至""三無""五起"展開討論,孔子闡述了合格的君主在治理國家時應該採取的途徑。

《子羔》　共 14 支簡,皆有殘缺,簡 5 的背面題有篇名"子羔"。全篇現存 395 字,含合文 6、重文 1。整理者馬承源初步編排了本篇的簡序,陳劍、陳偉、裘錫圭等學者各有調整(詳見下文"上博簡《論語》類文獻研究現狀"中的"編聯與綴合"部分,此不贅,下同)。該篇的主要内容爲,孔子就子羔提出的舜以一介平民如何成爲帝王等問題進行的答復,强調道德遠比血統重要。

《魯邦大旱》　共 6 支簡,其中簡 3、4、6 保存完好,長約 55 釐米,容 50 字左右。全篇現存 208 字,含合文 4。竹簡上下端均爲弧形，編綫契口三道，長度、字迹與《孔子詩論》《子羔》一致。原無篇題，整理者馬承源根據簡 1 前四字將本篇命名爲《魯邦大旱》。該篇的主要内容爲，魯國發生大旱，哀公向孔子咨詢應對措施，孔子提出了祭祀山川和匡正刑德的建議。

　　《從政》　　整理者張光裕將本篇分爲甲、乙兩篇，甲篇共 19 支簡，其中完簡 9 枚，容 35—40 字。乙篇共 6 支簡，其中完簡 1 枚，容約 37 字。兩篇完簡長約 42.6 釐米。甲篇現存 519 字，含合文 6、重文 8，乙篇現存 140 字，含合文 1，兩篇共計 659 字。原無篇題，因其内容多與“從政”有關，故整理者將本篇命名爲《從政》。陳劍指出，甲、乙兩篇在簡長、字體、編繩數目與位置等方面均無差别，分屬兩篇的 25 支簡可以綴合、編聯成一篇完整的文獻。① 整理者對竹簡的排序或有不當，陳劍、史儀等學者分别作了調整。該篇主要論述了統治者的爲政之道和行爲準則。

　　《仲弓》　　共 28 支簡，皆有殘缺，整理者李朝遠將其綴合成完簡 4 枚，即簡 8、10、20、23，長約 47 釐米，容 34—37 字。簡 16 背面題有篇名“中（仲）弓”。全篇現存 520 字，含合文 16、重文 4。另有 1 支附簡，存 24 字。編綫契口三道，上下留有天頭、地脚。整理者的綴合、編聯存在較多錯誤，李學勤、陳劍、李鋭、周鳳五、趙炳清等學者分别作了調整。該篇的主要内容是，孔子從舉賢才、民務、導民興德幾個方面教導仲弓如何爲政。

　　《相邦之道》　　共 4 支簡，皆有殘缺。全篇現存 107 字，含合文 5、重文 1。原無篇題，因末簡孔子與子贛的問答中涉及相

---

① 　陳劍：《上博簡〈子羔〉〈從政〉篇的竹簡拼合與編聯問題小議》，簡帛研究網，2003 年 1 月 8 日。又載《文物》2003 年第 5 期，第 58 頁。

邦之道，故整理者張光裕將本篇命名爲《相邦之道》。該篇主要記載了魯君向孔子咨詢相邦之道和民事。

《季康子問於孔子》　共 23 支簡，其中完簡 7 枚，長約 39 釐米，寬 0.6 釐米，厚 0.12 釐米，容 34—39 字。全篇現存 669 字，含合文 35、重文 4。竹簡上下端平齊，編綫契口三道，上下端留有天頭、地脚。原無篇題，整理者濮茅左取簡 1 首句將本篇命名爲《季庚（康）子問於孔子》。本篇的簡序編排不夠準確，陳劍等學者作了必要的調整。該篇的主要内容是，季康子向孔子咨詢"民務""信之以德"等爲政措施，孔子趁機向其宣傳了自己的政治主張——實行"仁政"。

《君子爲禮》　共 16 支簡，其中簡 1、3 保存完好，長約 54 釐米，容 42—44 字。全篇現存 342 字，含重文 5。竹簡上下端平齊，編綫契口三道。原無篇題，整理者張光裕根據簡 1 "君子爲豊（禮），目（以）依於㤅（仁）"將本篇命名爲《君子爲禮》。本篇的簡序，陳劍、陳偉、劉洪濤等學者在原有基礎上作了重要修訂。該篇主要記載了孔子向顏淵講述爲仁的具體表現，以及行人子羽、子贛圍繞舜、禹、子産與孔子埶賢展開的討論。

《弟子問》　共 25 支簡，皆有殘缺，全篇現存 477 字，含合文 2、重文 2。另有 1 支附簡，存 17 字。原無篇題，因其内容多爲孔門弟子與夫子之間的問答之語，故整理者張光裕以《弟子問》爲題。該篇記載了孔子與子贛、顏淵、宰我、仲由、子游等弟子之間的對話，討論了延陵季子、君子、友賢等話題。

《孔子見季桓子》　共 27 支簡，皆有殘缺，長 9.5～50.2 釐米不等，寬 0.6 釐米，厚 0.12 釐米。全篇現存 554 字，含合文 6。竹簡上下端平齊，編綫契口三道，上下端留有天頭、地脚。

原無篇題，整理者濮茅左取簡1首句將本篇命名爲《孔子見季趄（桓）子》。本篇的簡序編排存在不少問題，李鋭、福田哲之、梁靜、陳劍、顧史考等學者陸續有所調整。該篇的主題是孔子向季桓子宣揚自己的"親仁"思想。孔子首先批評季桓子不願意"親仁"，繼而引導季桓子對"親仁"產生興趣，並就"仁人之道""邪民之行"的表現加以分析，最後揭示"邪民之行"的危害和在位者的應對措施。

　　《顏淵問於孔子》　共14支簡，其中完簡1枚，長46.2釐米，寬0.6釐米，厚0.12釐米，容31字左右。全篇現存313字，含合文7、重文6。竹簡上下端平齊，編綫契口三道，上下端留有天頭、地脚。原無篇題，整理者濮茅左取簡1首句將本篇命名爲《顏淵問於孔子》。本篇的簡序編排略有不當，復旦吉大讀書會重新作了調整。該篇記載了孔子就顏淵提出的"入事""入教""至名"幾個問題進行的答復，論述了統治者治理國家的方式。

　　《史蕾問於夫子》　共12支簡，均有殘缺，推測完簡約長37釐米。現存236字，含合文1、重文3、殘字6。原無篇題，因其內容主要是史蕾與孔子的問答，故整理者濮茅左以《史蕾問於夫子》爲題。該篇記載了齊國史官史蕾向孔子咨詢如何教育國君之子的問題。

三、學術史回顧

（一）《論語》研究現狀

漢初《論語》有三個主要版本，其中《古論》二十一篇

（兩《子張》），爲漢景帝時魯恭王壞孔子舊宅時所得，① 《齊論》二十二篇（多《問王》《知道》二篇），《魯論》二十篇，三者在篇章、文字和解説等方面都有一定差異。漢成帝時，安昌侯張禹以《魯論》爲基礎，參考《齊論》的異同，從而形成了一個新版本，當時號稱《張侯論》。《隋書·經籍志》記載："張禹本授《魯論》，晚講《齊論》，後遂合而考之，删其煩惑，除去《齊論·問王》《知道》二篇，從《魯論》二十篇爲定，號《張侯論》，當世重之。"② 東漢末年，鄭玄以《張侯論》爲底本，參校《齊論》《古論》，並爲之作注。三國時期的何晏等人，又以《張侯論》與鄭玄注本爲基礎，③ 匯集孔安國、包咸、周氏、馬融、鄭玄、陳群、王肅、周生烈等學者的注解，撰成一部集大成的著作——《論語集解》，這是現存最早也是最爲通行的《論語》注本。該書問世後，《齊論》《古論》乃至鄭玄注本均陸續亡佚，早期的《論語》版本幾乎蕩然無存。

　　20 世紀初以來，甘肅敦煌、新疆吐魯番相繼出土多件唐寫本《論語集解》《論語鄭氏注》，河北定州中山懷王墓、江西南昌海昏侯墓以及朝鮮平壤樂浪區域漢墓均有竹簡本《論語》出土，爲探索《論語集解》《論語鄭氏注》以及早期《論語》版本的面貌提供了條件。

1. 通行本《論語》研究

　　歷代學者對《論語》的注解，可謂汗牛充棟，難以枚舉。

---

① 《漢書·藝文志》認爲此事發生在漢武帝末年，《論衡·正説》謂在景帝時，王先謙以後説爲是，見王先謙：《漢書補注》，中華書局，1983 年 9 月，第868 頁。郭沂對此也有考辨，見郭沂：《郭店竹簡與先秦學術思想》，第340—341 頁。

② 魏徵等：《隋書（修訂本）》，中華書局，2019 年 1 月，第 1061 頁。

③ 黃懷信認爲何晏本是《張侯論》與鄭玄本的合校本，見黃懷信：《今本〈論語〉傳本由來考》，《文獻》2007 年第 2 期，第 73—76 頁。

現今流傳廣泛且影響巨大者，當數魏何晏《論語集解》、梁皇侃《論語義疏》、北宋邢昺《論語注疏》、南宋朱熹《論語集注》、清劉寶楠父子《論語正義》以及民國程樹德《論語集釋》等。自1949年至1978年，大陸的《論語》研究幾乎陷入停滯狀態。改革開放後，《論語》研究開始進入一個蓬勃發展的時期。根據中國國家書目數據庫、中國期刊全文數據庫的統計，自1978年至2007年，有關《論語》的專著已達400多種，論文2000餘篇，① 所討論的範圍主要集中在文獻學、訓詁學、語言學和哲學等領域，以下將擇要加以介紹。

（1）文獻學

書名來歷。馬叙倫推測《論語》應爲當時定名。② 趙貞信提出"論語"一名成立於漢景帝末或武帝初。③ 金德建認爲"論語"之名爲孔安國所定。④ 張舜徽也認爲"論語"係漢人補題。⑤ 朋星主張《論語》的書名爲後儒所定，最遲在秦漢之間已被使用。⑥

書名含義。劉義欽認爲"論語"指"選纂的孔子言語"。⑦ 李雁認爲"論語"意謂"經過選擇整理的對話錄"。⑧ 敫晶提出

---

① 數據轉引自郭素紅《20世紀中國〈論語〉文獻學研究回顧與展望》，《東疆學刊》2007年第1期，第24頁。
② 馬叙倫：《讀書續記》，中國書店，1985年6月，卷二第6頁。
③ 趙貞信：《"論語"一名之來歷與其解釋》，《國立北平研究院史學集刊》第2期，國立北平研究院，1936年9月，第18—20頁。
④ 金德建：《論語名稱起源於孔安國考》，《古籍叢考》，中華書局，1941年3月，第1—2頁。
⑤ 張舜徽：《廣校讎略》，中華書局，1963年4月，第19頁。
⑥ 朋星：《〈論語〉書名之謎》，《孔子研究》1989年第1期，第125頁。
⑦ 劉義欽：《〈論語〉書名意義之我見》，《信陽師院學報》1995年第3期，第72頁。
⑧ 李雁：《〈論語〉書名釋義》，《齊魯學刊》1996年第6期，第29頁。

"論語"即"編纂起來的孔子與其門人的對話"。① 柳向春將
"論"破讀爲"倫","論語"指對闡述大道、詮釋人類行爲規
則的論述的記載。② 余群認爲"論"當作"議"解,"語"具有
"言説""辯論"之義,"論語"指孔子的言論及其與弟子的辯
論。③ 牛鴻恩提出"論語"之"論"即郭店簡《性自命出》"侖
會"之"侖",編集、編次之義,"論語"指有倫次、有條理地
編集孔子的言論。④ 何茂活、程建功認爲"論語"之"論"指
有條理地選擇編纂。⑤

　　編纂者。趙貞信推測《論語》爲文景之時齊魯博士所編。⑥
黃立振認爲孔門弟子在《論語》的纂集中起主導作用,增訂可
能是再傳弟子的事。⑦ 楊伯峻提出《論語》係曾子弟子編定。⑧
蔡尚思主張《論語》成於衆人之手。⑨ 單承彬懷疑《論語》可
能出自"鄒魯之士"之手。⑩ 張信提出《論語》的主要作者是

① 敖晶:《〈論語〉釋名》,《浙江大學學報(人文社會科學版)》2002 年第 2
　　期,第 10 頁。
② 柳向春:《關於〈論語〉書名的研究——兼與敖晶女士商榷》,《圖書館雜
　　志》2003 年第 4 期,第 73—75 頁。
③ 余群:《〈論語〉書名新解——兼與敖晶先生商榷》,《孔子研究》2006 年第
　　3 期,第 121—126 頁。
④ 牛鴻恩:《〈論語〉的釋名現在可以論定了——〈郭店竹簡·性自命出〉的
　　"侖會"即〈論語〉之"論"的含義》,《長江學術》2007 年第 1 期,第
　　139—147 頁。
⑤ 何茂活、程建功:《從詞源學角度看〈論語〉之"論"及其異解》,《孔子研
　　究》2007 年第 6 期,第 106—112 頁。
⑥ 趙貞信:《〈論語〉究竟是誰編纂的》,《北京師範大學學報(社會科學版)》
　　1961 年第 4 期,第 22—24 頁。
⑦ 黃立振:《〈論語〉源流及其注釋版本初探》,《孔子研究》1987 年第 2 期,
　　第 11 頁。
⑧ 楊伯峻:《論語譯注·導言》,中華書局,1980 年 12 月,第 30 頁。
⑨ 蔡尚思:《論語導讀》,巴蜀書社,1996 年 9 月,第 8—9 頁。
⑩ 單承彬:《論語源流考述》,第 49—65 頁。

子貢、子夏、子張、子游、曾參。① 楊朝明認爲《論語》由子思主持編纂而成。②

　　篇章結構。崔述懷疑《論語》前十篇爲有子、曾子門人所記，後十篇係後人採之他書而成。③ 梁啓超從文體、稱呼、事實、學説思想等方面作了補充論證。④ 蔣伯潛也將《論語》分爲上論、下論，提出"上論十篇爲第一次論纂者，故以《鄉黨》篇殿之。下論九篇爲第二次論纂者，故以《子張》篇殿之。《堯曰》篇則爲後來讀《論語》者所附記"。⑤ 錢穆認爲《論語》的上論爲第一次結集，下論十篇爲續編。⑥ 劉純澤提出《論語》各篇的篇名就是主題，篇中各章圍繞主題進行編排，各篇之間存在嚴密的因果邏輯聯繫。⑦ 黃懷信認爲《論語》的每篇均有一定主旨，結構也存在邏輯關係。⑧ 劉華民認爲《論語》每篇圍繞一個主題展開，各篇章節的排列也有適當的次序。⑨ 黃克劍提出《論語》前十篇的主旨具有原創性，後十篇則以接續、補充等方式構成對上

①　張信：《論〈論語〉的主要作者》，《内蒙古師範大學學報（哲學社會科學版）》2002 年第 5 期，第 45 頁。

②　楊朝明：《新出竹書與〈論語〉成書問題再認識》，《中國哲學史》2003 年第 3 期，第 35—37 頁。

③　崔述：《崔東壁遺書》，上海古籍出版社，2013 年 11 月，第 616—617 頁。

④　梁啓超：《梁啓超全集》，北京出版社，1999 年 7 月，第 5074—5076 頁。李慶也從文體、内容、稱呼、篇名等方面對崔述説給予支持，見李慶：《關於定州漢墓竹簡〈論語〉的幾個問題——〈論語〉的文獻學探討》，《中國典籍與文化論叢》第 8 輯，北京大學出版社，2005 年 1 月，第 15—16 頁。

⑤　蔣伯潛：《諸子通考》，浙江古籍出版社，1985 年 2 月，第 299—302 頁。

⑥　錢穆：《論語新解》，巴蜀書社，1985 年 11 月，第 256 頁。

⑦　劉純澤：《〈論語〉篇序傳》，《孔子研究》2004 年第 2 期，第 61—66 頁。

⑧　黃懷信：《從内容與結構看〈論語〉成書》，《中國典籍與文化》2006 年第 4 期，第 4—8 頁。

⑨　劉華民：《試論〈論語〉篇章結構的邏輯性》，《常熟理工學院學報》2011 年第 5 期，第 79—83 頁。

編的呼應。①

（2）訓詁學

《論語》訓詁學的研究成果有專著和學術論文兩類。專著中比較知名的有楊伯峻《論語譯注》、錢穆《論語新解》、孫欽善《論語注譯》、李澤厚《論語今讀》、南懷瑾《論語別裁》、楊逢彬《論語新注新解》，此處不作詳細介紹。學術論文多聚焦於字詞訓釋，也有部分學者把視角延伸到思想闡釋層面，例如，戴玉斌提出"復禮"指反復實踐禮，而非復辟周禮。② 劉世鋒認爲"仕而優則學，學而優則仕"中的兩"優"字皆當作"有餘力"解。"仕而優則學，學而優則仕"既是對孔子辦學目的的確切表述，又是孔子爲封建政權選拔人才的重要原則。③ 陳劍根據郭店簡和傳抄古文"色"字構形或從"矣"，將《論語·鄉黨》"色斯舉矣"之"色"讀爲"疑"，"疑斯舉矣"，指鳥感到驚疑就飛起來。④ 黎業明提出"民可使由之，不可使知之"是説可以讓百姓按照要求去做，但無法讓他們都明白爲什麼要按照要求去做。⑤

（3）語言學

薛安勤分析了《論語》中"者""所"的含義和用法，提出"所""者"是一對很有個性的古漢語常用詞，主要作特殊指

① 黃克劍：《〈論語〉的義理旨歸、篇章結構及與"六經"的關係——我之〈論語〉觀》，《哲學動態》2011 年第 6 期，第 23—25 頁。

② 戴玉斌：《"克己復禮"辨正》，《江淮論壇》1982 年第 2 期，第 20—22 頁。

③ 劉世鋒：《略論"仕而優則學，學而優則仕"》，《東岳論叢》1983 年第 1 期，第 93—97 頁。

④ 陳劍：《據戰國竹簡文字校讀古書兩則》，《第四屆國際中國古文字學研討會論文集》，香港中文大學，2003 年 10 月，第 373—381 頁。

⑤ 黎業明：《論近現代學者對"民可使由之，不可使知之"的詮釋》，《學術研究》2007 年第 4 期，第 78—83 頁。

示代詞。① 劉劍儀考察了《論語》中"以"字作爲動詞、代詞、介詞、連詞、助詞、詞尾的若干用法。② 海柳文把《論語》中的單音節動詞"爲"歸納出五個義項，並對相應的句法結構作了討論。③ 陳志明、党厚認爲《論語》中的"矣"經常用來強調、確認某種事態，很多含"矣"的句子，是對某種不太希望見到的事態的確認。④ 劉冠才、劉佳秋考察了《論語》中"乎"與"與"的用法，認爲"乎""與"不僅本義完全不同，在作動詞、介詞、連詞、語氣詞和詞尾時也有很大差異。⑤ 劉香平對《論語》中"其"的詞性加以辨析，探討了它的凝固結構和習慣用法。⑥ 王景艷把《論語》中的語句省略歸納爲承上省略、探下省略、意會省略、語急省略、壓縮省略、對話省略六種類型，並探討了語句省略的功用。⑦

(4) 思想研究

爲政思想。車載就德、政、禮與刑、惠的內涵討論了孔子"爲政以德"的政治思想。⑧ 游喚民認爲孔子"爲政以德"思想

---

① 薛安勤:《從〈論語〉看上古"者""所"的用法》,《遼寧師院學報（社會科學版）》1983 年第 6 期, 第 82—86 頁。
② 劉劍儀:《〈論語〉"以"字用法的考察》,《徐州師範學院學報》1987 年第 1 期, 第 48—51、74 頁。
③ 海柳文:《〈論語〉的動詞"爲"及其句法結構》,《古漢語研究》1992 年第 2 期, 第 66—70 頁。
④ 陳志明、党厚:《〈論語〉"矣"字用法考察》,《山西師大學報（社會科學版）》1996 年第 2 期, 第 93—96 頁。
⑤ 劉冠才、劉佳秋:《〈論語〉中"乎"與"與"用法分析》,《錦州師範學院學報（哲學社會科學版）》2003 年第 6 期, 第 80—83 頁。
⑥ 劉香平:《〈論語〉中"其"字用法辨》,《呂梁高等專科學校學報》2004 年第 2 期, 第 14—16 頁。
⑦ 王景艷:《〈論語〉語句省略及其功用探析》,《聊城大學學報（社會科學版）》2004 年第 2 期, 第 123—125 頁。
⑧ 車載:《論孔子的"爲政以德"》,《哲學研究》1962 年第 6 期, 第 68—80 頁。

的核心是利民。孔子的德治思想既是對殷商西周以後德治思想的繼承，也是現實鬥爭的產物。① 王四達提出孔子政治思想的基本精神是"仁德"。② 歐陽矩明從"政者正也""政在選臣""富之教之"三個方面討論了孔子的執政思想。③ 李會欽分析了孔子德政學說的內容及其現實價值。④

　　哲學思想。許世榮探討了"仁"產生的背景及其意義，提出"仁"是孔子最高的道德標準和精神境界。⑤ 王樹人從精神境界與仁的界說、仁與聖的關係、仁與禮的關係三個方面分析了"仁"的含義。⑥ 吳澤提出孔子的中庸思想不僅蘊藏着深刻的變易思想、辯證思想因素，還有"執兩用中"的"忠恕"倫理原則，以及"執兩一貫"的論理方法。⑦ 吳桂就、全秋菊認爲"中庸"的實際意義是"用中"，孔子的"中庸"學說具有鮮明的實踐性、辯證性，是對前人思想的總結和發展。⑧ 何香枝提出"中庸"有"中度""執兩用中""和"等含義，"過猶不及"是

---

① 游喚民：《孔子德治思想新探》，《湖南師範大學社會科學學報》1992 年第 4 期，第 58—60 頁。

② 王四達：《從〈論語〉看孔子的政治思想構架——兼論孔子的"一貫之道"》，《華僑大學學報（哲學社會科學版）》1993 年第 2 期，第 49—58 頁。

③ 歐陽矩明：《孔子執政思想芻議》，《武漢大學學報（哲學社會科學版）》1996 年第 6 期，第 70—73 頁。

④ 李會欽：《論孔子的德政學說及其現實價值》，《錦州師範學院學報（哲學社會科學版）》2000 年第 2 期，第 89—92 頁。

⑤ 許世榮：《〈論語〉所反映的"仁"的思想簡論》，《成都大學學報（社會科學版）》1983 年第 2 期，第 20—25 頁。

⑥ 王樹人：《〈論語〉中仁的不同含義辨析》，《孔子研究》1991 年第 1 期，第 15—20 頁。

⑦ 吳澤：《論孔子的中庸思想》，《學術月刊》1962 年第 9 期，第 26—33 頁。

⑧ 吳桂就、全秋菊：《孔子"中庸"辨正》，《孔子研究》1988 年第 2 期，第 29—35 頁。

孔子中庸思想的理論核心，而中庸思想又是孔子思想體系的基礎。① 李耀仙認爲孔子的天命論思想包含"畏天命"和"受天命"兩部分，其中"畏天命"是教育各國奴隸主貴族的政治理論，"受天命"則是勉勵自己的思想體系。② 王瑞來提出孔子對天命觀的態度經歷了從相信到懷疑傳統天命觀，再到向自然天命觀轉化的過程，並探討了孔子社會歷史觀對其天命觀的影響。③ 王法周認爲孔子的鬼神思想表現爲輕鬼神、重祭祀，希望藉助祭祀理論及其倫理意義達到政治教化的目的。④ 沈海波認爲孔子不信鬼神卻敬畏鬼神，反映了他神道設教的思想，並探討了神道設教思想產生的背景和影響。⑤ 王棣棠從宇宙論、認識論、方法論三個方面探討了孔子的辯證法思想，認爲孔子在教育上的辯證法和社會政治上的形而上學存在矛盾。⑥

2. 出土《論語》研究

這裏所說的出土《論語》，特指 20 世紀初以來甘肅敦煌、新疆吐魯番出土的唐寫本《論語集解》《論語義疏》《論語音義》《論語鄭氏注》，河北定州中山懷王墓、江西南昌海昏侯墓以及朝鮮平壤樂浪區域漢墓出土的竹簡本《論語》。

---

① 何香枝：《簡論孔子的"中庸"思想》，《福州大學學報（社會科學版）》1998 年第 4 期，第 7—11 頁。
② 李耀仙：《孔子天命論思想之我見》，《南充師院學報（哲學社會科學版）》1979 年第 2 期，第 26—36 頁。
③ 王瑞來：《孔子天命觀新探》，《哲學研究》1982 年第 2 期，第 35—43 頁。
④ 王法周：《孔子鬼神思想管見》，《齊魯學刊》1987 年第 6 期，第 52—54 頁。
⑤ 沈海波：《論孔子的神道設教思想》，《同濟大學學報（人文社會科學版）》1996 年第 1 期，第 87—91 頁。
⑥ 王棣棠：《從〈論語〉一書看孔子的辯證法思想》，《雲南社會科學》1982 年第 1 期，第 91—96 頁。

（1）漢簡本

1973 年 5 月，河北定州中山懷王劉脩①墓出土《論語》《儒家者言》《哀公問五義》《保傅傳》等書，其中《論語》約有 620 枚竹簡，簡長 16.2 釐米，寬 0.7 釐米，每簡容 19—21 字，兩端和中腰用素絲連綴，共計 7576 字。② 簡本各篇的分章與今本多有不同，文字上的差異尤其明顯，爲考察《論語》的早期流傳與演變提供了非常有價值的材料。圍繞中山懷王墓出土簡本《論語》展開的研究，主要集中在文本校讀、簡本性質、簡本價值三個方面。

文本校讀。陳斯鵬通過簡本與今本《論語》的對讀，總結出據簡本訂正傳本、據簡本證實傳本正誤、簡本傳本異義兩通、簡本傳本異字同義、簡本訛誤等凡例。③ 孫欽善、李紅艷分別從不同角度對簡本《論語》釋文存在的問題作了辨析。④ 孔德琴考察了簡本《論語》中的通假字、古今字、異體字、俗省字和同義詞。⑤

簡本性質。孫欽善認爲簡本保留了古文《論語》的一些面貌。⑥

---

① 河北省文物研究所定州漢墓竹簡整理小組認爲中山懷王劉脩卒於漢宣帝五鳳三年（前 55），單承彬認爲當卒於五鳳四年（前 54），見單承彬：《定州漢墓竹簡本〈論語〉性質考辨》，《孔子研究》2002 年第 2 期，第 29 頁。

② 河北省文物研究所定州漢墓竹簡整理小組：《定州漢墓竹簡〈論語〉》，文物出版社，1997 年 7 月，第 1 頁。

③ 陳斯鵬：《定州漢簡〈論語〉校讀舉例》，《簡帛研究二〇〇一》，廣西師範大學出版社，2001 年 9 月，第 385—391 頁。

④ 孫欽善：《〈定州漢墓竹簡《論語》〉校勘指瑕》，《文獻》2007 年第 2 期，第 149—152 頁。李紅艷：《〈定州漢墓竹簡《論語》〉校勘指瑕》，《古籍研究》2007 年第 2 輯，安徽大學出版社，2007 年 7 月，第 208—216 頁。

⑤ 孔德琴：《定州漢墓竹簡〈論語〉的用字問題》，《湖北第二師範學院學報》2009 年第 5 期，第 28—29 頁。

⑥ 孫欽善：《四部要籍注疏叢刊本〈論語〉》，中華書局，1998 年 12 月，第 4 頁。

王素提出簡本是比《張侯論》更早的融合本，它雖然也以《魯論》爲底本、以《齊論》爲校本，但保存了較多的《魯論》原貌。① 李學勤推測簡本可能屬於《齊論》。② 單承彬認爲簡本與許慎所見壁中書、鄭玄用作校本的《古論》都明顯不同，應該屬於今文《魯論》系統。③ 陳東認爲簡本流行於漢初的高、惠、文、景時期，是《古論語》問世之前就已流傳的今文《論語》。④ 李慶提出簡本和《齊論》的關係很小，結合同出的蕭望之奏議看，簡本可能是一個接近《魯論》的本子。⑤ 李若暉認爲簡本很可能是一個與古、齊、魯三家《論語》並行而内容互有異同的文本。⑥ 鄭春汛主張簡本不屬於古、齊、魯三家《論語》中的任何一種，而是一個雜糅的早期寫本。⑦ 王澤强認爲簡本兼具今、古文經學的用字特色，是一個融合當時多個學派而成的文本。⑧

簡本價值。梁濤根據簡本否定了崔述所謂《論語》非孔氏遺書、蓋後人採之他書的判斷，提出《論語》的成書是孔門内部有統一組織、專門領導、弟子廣泛參與、時間跨度較大的集體

① 王素：《河北定州出土西漢簡本〈論語〉性質新探》，《簡帛研究》第 3 輯，廣西師範大學出版社，1998 年 12 月，第 459—470 頁。
② 李學勤：《八角廊漢簡儒書小議》，《簡帛佚籍與學術史》，江西教育出版社，2001 年 9 月，第 391 頁。
③ 單承彬：《定州漢墓竹簡本〈論語〉性質考辨》，《孔子研究》2002 年第 2 期，第 29—38 頁。
④ 陳東：《關於定州漢墓竹簡〈論語〉的幾個問題》，《孔子研究》2003 年第 2 期，第 7 頁。
⑤ 李慶：《關於定州漢墓竹簡本〈論語〉的幾個問題——〈論語〉的文獻學探討》，復旦大學中文系編：《朱東潤先生誕辰一百一十周年紀念文集》，第 373—376 頁。
⑥ 李若暉：《定州〈論語〉分章考》，《齊魯學刊》2006 年第 2 期，第 20—22 頁。
⑦ 鄭春汛：《從定州漢墓竹簡〈論語〉的性質看漢初〈論語〉面貌》，《重慶社會科學》2007 年第 5 期，第 38—40 頁。
⑧ 王澤强：《中山王墓出土的漢簡〈論語〉》，《孔子研究》2011 年第 4 期，第 33—38 頁。

編纂活動。① 趙晶認爲簡本對於研究《論語》和孔子思想具有重要意義，並有助於釐清今本在文字、文意上長期存在的分歧。②

　　20 世紀 90 年代初，朝鮮平壤樂浪區域發掘了 3000 多座漢墓，其中 364 號墓出土有一批《論語》竹簡，但朝鮮社會科學院遲遲未予公佈，祇有部分照片輾轉傳至日本、韓國，逐漸引起學術界的注意。這批竹簡約有 110 枚，能够看到的 44 枚竹簡（完簡 39 枚、殘簡 5 枚）中，有 33 枚的内容屬於《論語·先進》，存字 589 個，11 枚屬於《顏淵》，存字 167 個。同墓還出土一件《樂浪郡初元四年縣別户口簿》，可知這批竹簡的年代當在初元四年（前 45）前後，比河北定州漢墓（五鳳四年，前 54）祇晚十年左右，是《論語》現存最古老的資料之一。李成市、尹龍九、金慶浩在《木簡與文字》第 4 號（韓國木簡學會，2009 年 12 月 30 日）發表了一篇題爲《平壤貞柏洞 364 號墓出土竹簡〈論語〉》的論文，率先對這批竹簡進行了公佈和研究。根據這批竹簡或與今本、或與定州漢簡《論語》幾乎完全相同，祇有部分内容存在差異的情況，他們推斷平壤竹簡與定州竹簡《論語》大體爲同一時期、同一形態，佐證了漢宣帝、元帝時期儒家書籍和思想向邊境擴展的事實。③ 這批竹簡除年代較早外，它們的出土地也很特殊，因此學界的關注點主要集中在文本校讀和儒家文化傳播兩方面。

　　文本校讀。張光裕根據今本《論語·先進》"公西華侍坐"

① 梁濤：《定縣竹簡〈論語〉與〈論語〉的成書問題》，《管子學刊》2005 年第 1 期，第 98—102 頁。

② 趙晶：《淺析定州漢簡本〈論語〉的文獻價值》，《浙江社會科學》2005 年第 3 期，第 150—151、176 頁。

③ ［日］李成市、［韓］尹龍九、［韓］金慶浩著，劉思孟譯：《平壤貞柏洞 364 號墓出土竹簡〈論語〉》，《出土文獻研究》第 10 輯，中華書局，2011 年 7 月，第 174—206 頁。

章“夫子哂之”“吾子何哂由也”之“哂”平壤竹簡本皆作
“訊”，懷疑今本“哂”字乃“訊”之誤書。① 胡平生提出平壤
竹簡本“孔子訊之”之“訊”當係“誶”字之訛，訓爲“讓”。②
單承彬對平壤竹簡本《論語》釋文作了詳細校勘，分析了早期
《論語》在分章等方面的特徵。③

　　儒家文化傳播。郝樹聲提出西漢在武力開拓邊疆的同時，還
把當時代表主流意識形態的儒家文化和思想觀念傳播到了河西、
西域以及朝鮮半島，促進了東亞漢文化圈的形成。④ 金慶浩以定
州漢簡本、平壤漢簡本《論語》的格式、記敘内容爲中心，探
討了儒家思想在古代東亞社會的傳播和接受情況。⑤

　　2015—2016 年，江西南昌海昏侯墓出土 5200 餘枚竹簡，内
容以典籍爲主，包括《詩經》《禮記》《論語》《孝經》《春秋》
等，⑥ 其中《論語》内發現了久佚的《知道》篇，顯示這個
《論語》可能屬於《齊論》。⑦ 由於這批資料目前祇公佈了數枚

---

① 張光裕：《從簡牘材料談〈論語·先進〉篇“哂”之釋讀》，復旦大學出土
　　文獻與古文字研究中心網，2012 年 11 月 18 日。又載《歷史語言學研究》
　　2014 年第 1 期，第 182—188 頁。
② 胡平生：《平壤貞柏洞〈論語〉“孔子訊之”釋》，《簡帛研究二〇一一》，廣
　　西師範大學出版社，2013 年 6 月，第 103—106 頁。
③ 單承彬：《平壤出土西漢〈論語〉竹簡校勘記》，《文獻》2014 年第 4 期，第
　　33—45 頁。
④ 郝樹聲：《從西北漢簡和朝鮮半島出土〈論語〉簡看漢代儒家文化的流佈》，
　　《敦煌研究》2012 年第 3 期，第 63—68 頁。
⑤ ［韓］金慶浩著，戴衛紅譯：《出土文獻〈論語〉在古代東亞社會中的傳播
　　和接受》，《史學集刊》2017 年第 3 期，第 51—64 頁。
⑥ 參看江西省文物考古研究所等：《江西南昌西漢海昏侯劉賀墓出土簡牘》，
　　《文物》2018 年第 11 期，第 87—95 頁。
⑦ 參看江西省文物考古研究所等：《南昌市西漢海昏侯墓》，《考古》2016 年第
　　7 期，第 61 頁。陳侃理認爲海昏簡《論語》不是《漢書·藝文志》記載的
　　《齊論語》，它有《知道》而無《問玉》，是《齊論》形成過程中的一個中間
　　形態，見陳侃理：《海昏竹書〈論語〉初論》，朱鳳瀚主編：《海昏簡牘初
　　論》，北京大學出版社，2020 年 12 月，第 161 頁。

殘簡，故而研究者尚少。①

　　此外，羅布淖爾漢簡、居延甲渠候官漢簡、肩水金關漢簡、懸泉漢簡中均有零星的《論語》簡牘發現，② 韓國南部的金海市鳳凰洞和西部的仁川市桂陽山都出土了《論語·公冶長》木觚，日本德島縣觀音寺遺迹也有書寫《論語·學而》的木簡面世，③但因數量較少，未能引起學術界的廣泛關注。

（2）唐寫本

　　20 世紀初以來，敦煌、吐魯番等地先後出土 60 餘件唐寫本《論語集解》，其中以伯 3271 號最爲重要，存《論語·鄉黨》"足蹻蹻如有循"至篇末。李方認爲該本在《論語集解》的基礎上根據皇侃疏補入他家注解，是一種具有混合性質的《論語》集注寫本。④ 與《論語集解》同時發現的還有皇侃《論語義疏》（伯 3573 號）寫本殘卷，存《學而》《爲政》《八佾》《里仁》四篇，其中《學而》"學而時習之"章稍殘，《里仁》僅至"事父母幾諫"章。王重民認爲該本可能是《論語義疏》的原形。⑤李方對此有不同看法，她推測該本應該是一件《論語義疏》的

---

① 參看楊軍、王楚寧、徐長青：《西漢海昏侯劉賀墓出土〈論語·知道〉簡初探》，《文物》2016 年第 12 期，第 72—75 頁。王楚寧、張予正：《海昏侯墓〈齊論·問王〉章句蠡測》，復旦大學出土文獻與古文字研究中心網，2017年 8 月 17 日。

② 參看郝樹聲：《從西北漢簡和朝鮮半島出土〈論語〉簡看漢代儒家文化的流佈》，《敦煌研究》2012 年第 3 期，第 63—68 頁。王楚寧、張予正：《肩水金關漢簡〈齊論語〉整理》，《中國文物報》2017 年 8 月 11 日第 6 版。又載復旦大學出土文獻與古文字研究中心網，2017 年 8 月 11 日。

③ 參看［日］李成市、葛繼勇：《從韓國出土木簡看東亞世界論——以〈論語〉木簡爲中心》，《鄭州大學學報（哲學社會科學版）》2016 年第 6 期，第 107 頁。

④ 李方：《伯希和 3271 號寫本〈論語集解〉的性質及意義》，《敦煌研究》1995年第 4 期，第 97 頁。

⑤ 王重民：《敦煌古籍叙録》，中華書局，1958 年 6 月，第 71—72 頁。

講經提綱。①

　　敦煌莫高窟還出土一件編號爲殷 42 的唐寫本《論語音義》，現藏中國國家圖書館，存音義 42 條。許建平提出該本的底本應爲鄭玄《論語注》，而非《論語集解》，歷史上爲《論語》作音注的學者並非祇有《隋志》記載的徐邈一家。②

　　20 世紀初、1959—1975 年，敦煌莫高窟和吐魯番阿斯塔那 27、85、363、184 號墓先後發現多件唐寫本鄭玄《論語注》殘卷，分別是：英國斯坦因文書編號 3393 的《八佾》，英國斯坦因文書編號 6121 的《雍也》篇尾和《述而》篇首，法國伯希和文書編號 2510 的《述而》《太伯》《子罕》《鄉黨》，日本大谷光瑞文書（編號不詳）的《子路》，阿斯塔那寫本《公冶長》（60 行）、《爲政》至《公冶長》（178 行）、《雍也》（66 行）。1997 年，吐魯番鄯善縣洋海 1 號張祖墓也出土一件闞氏高昌國時期（460—488）的《論語鄭氏注》寫本殘葉。

　　羅振玉據《詩·棠棣》正義所引鄭玄注與寫本注語相合，判定《子路》殘注 9 行爲鄭玄注。③ 羅振玉還推測寫本題“孔氏本”的原因是鄭玄以孔氏《古論》改正張侯《魯論》，又據寫本中的注語對《論語古訓》一書誤以他注爲鄭注、誤以鄭注爲他注、徵引鄭注而不標明等現象作了總結。④ 王國維認爲寫本題“孔氏本”的原因是“鄭氏所據固爲自《魯論》出之《張侯

①　李方：《唐寫本〈論語皇疏〉的性質及其相關問題》，《文物》1988 年第 2 期，第 49—55 頁。

②　許建平：《北圖藏殷 42〈論語音義〉殘卷跋》，《敦煌吐魯番研究》第 2 卷，北京大學出版社，1997 年 10 月，第 337—339 頁。

③　羅振玉：《論語鄭氏子路篇殘卷跋》，《雪堂校刊群書叙録》卷下，《羅振玉學術論著集》第 9 集，上海古籍出版社，2010 年 12 月，第 279 頁。

④　羅振玉：《論語鄭注述而至鄉黨殘卷跋》，《雪堂校刊群書叙録》卷下，《羅振玉學術論著集》第 9 集，第 276—278 頁。

論》，及以《古論》校之，則篇章雖仍《魯》舊，而字句全從古文"。① 有學者提出寫本題"孔氏本"的原因是鄭玄認爲孔氏所傳的《古論》最標準，所以在他的注本上標寫"孔氏本"。② 中國科學院考古研究所資料室從景龍四年（710）《論語鄭氏注》等書中輯出 147 條鄭注，歸納爲前所未見的佚文、合於散見各書的鄭注、合於散見各書的他注三類。③ 王素推測唐代西北邊疆流行兩種鄭玄《論語注》，一爲原流行於南朝標"孔氏本"的本子，即《隋志》"梁有《古文論語》十卷鄭玄注"；一爲原流行於北朝不標"孔氏本"的本子，即《隋志》"《論語》十卷鄭玄注"。④ 孔仲溫通過對比寫本《論語》鄭玄注與《論語集解》所引鄭玄注，推測二者之間存在差異的原因是寫本混入了其他注，並探討了鄭玄對孔安國、包咸、周氏、馬融諸家注的因革損益情況。⑤ 單承彬將部分敦煌、吐魯番唐寫本鄭玄《論語注》與傳世各本進行比較，總結出《論語》鄭義體現的漢代古文經學派的某些特徵。⑥ 周文對敦煌本 S.6121《論語鄭注》作了輯録和考證，認爲其抄寫年代當在中唐以後。⑦ 朱玉麒認爲吐魯番鄯善縣

---

① 王國維：《書論語鄭氏注殘卷跋》，《觀堂集林》卷四，中華書局，1959 年 6 月，第 169 頁。

② 文物出版社：《唐寫本〈論語鄭氏注〉説明》，《文物》1972 年第 2 期，第 14 頁。

③ 中國科學院考古研究所資料室：《唐景龍四年寫本〈論語鄭氏注〉校勘記》，《考古》1972 年第 2 期，第 54—67 頁。

④ 王素：《唐寫本〈論語鄭氏注〉校讀劄記》，《唐寫本論語鄭氏注及其研究》，文物出版社，1991 年 11 月，第 244—248 頁。

⑤ 孔仲溫：《從敦煌伯二五一〇號殘卷論〈論語鄭氏注〉的一些問題》，《孔學研究（第三輯）——雲南孔子學術研究會海峽兩岸第二次學術研討會論文集》，國際文化出版公司，1996 年 12 月，第 436—458 頁。

⑥ 單承彬：《〈論語〉鄭義舉隅》，《齊魯學刊》2001 年第 3 期，第 108—112 頁。

⑦ 周文：《敦煌寫本 S.6121〈論語鄭注〉輯考》，《咸寧學院學報》2006 年第 2 期，第 52—53 頁。

洋海 1 號張祖墓出土的《論語》注寫本殘葉是《論語鄭氏注》，推測寫本來自當時的南方政權。① 華喆提出《論語》鄭玄注具有尊用《周禮》、參用《儀禮》《禮記》的特點，是鄭玄禮學的延伸。②

通過回顧可以看出，學者們對《論語》的解讀給予了極大關注，《論語》學的研究已經進入一個新的發展階段。但受資料匱乏的限制，《論語》中的許多重要問題至今尚未達成廣泛共識，如《論語》的書名來歷、編纂者、成書年代，仍將是未來學術界重點討論的對象。在疑難字詞的詮釋方面，雖然涌現出一大批研究成果，但不少觀點依然難以坐實，需要作進一步的探討。

（二）上博簡《論語》類文獻研究現狀

上博簡《論語》類文獻公佈後，學者們紛紛在簡帛研究網、孔子 2000 網、簡帛網、復旦大學出土文獻與古文字研究中心網等網站以及各種期刊上發表了爲數衆多的單篇論文，一批研究生學位論文、博士後報告和學術專著也如雨後春筍般不斷涌現，極大地推動了上博簡《論語》類文獻的深入研究。

單篇論文探討的內容，主要集中在竹簡的綴合編聯、字詞考釋和文本內涵解讀等方面，爲避免煩瑣和混亂，以下祇對學界基本認同或可備一説的意見進行介紹。

1. 竹簡的綴合編聯

《子羔》　陳劍將簡 6 與簡 2、港大簡 3 與簡 12 綴合，簡 1 與簡 6、簡 11 上與簡 10、簡 10 與簡 11 下、簡 11 下與港大簡 3、

---

① 朱玉麒：《吐魯番新出〈論語〉古注與〈孝經義〉寫本研究》，《敦煌吐魯番研究》第 10 卷，上海古籍出版社，2007 年 9 月，第 1—11 頁。

② 華喆：《鄭玄禮學的延伸——敦煌吐魯番出土寫本〈論語鄭氏注〉研究》，《西域研究》2012 年第 3 期，第 96—106 頁。

簡 12 與簡 13 編聯。① 陳偉將簡 8 與簡 7 編聯。② 裘錫圭將簡 7 與簡 14 綴合。③

《從政》 　陳劍將甲 12 與乙 5 綴合，甲 17、甲 18 與甲 12，乙 5 與甲 11，甲 15 與甲 5、甲 6、甲 7，乙 1 與乙 2，甲 16 與乙 3，甲 8 與甲 9 編聯。④ 史儀將乙 6 與甲 8 編聯。⑤

《仲弓》 　李學勤將簡 4 與簡 26 編聯。⑥ 陳劍將簡 27 與簡 15、簡 11 與簡 13、簡 6 與簡 23 下、簡 16 與簡 3 綴合，簡 17 與簡 11、簡 23 下與簡 23 上、簡 23 上與簡 24、簡 12 與簡 21 編聯；⑦ 後又提出簡 26 可與簡 18 編聯。⑧ 李銳將簡 5、簡 28、簡 7 綴合，簡 2 與簡 5、簡 15 與簡 20 下、簡 25 與簡 12 編聯。⑨ 周鳳五將簡 14 與簡 9、簡 16 與簡 3 綴合，簡 8 與簡 14、簡 12 與簡 21 編聯。⑩ 趙炳清將簡 1 與簡 4、簡 26 與簡 2、簡 14 與簡 9、

① 陳劍：《上博簡〈子羔〉〈從政〉篇的竹簡拼合與編聯問題小議》，簡帛研究網，2003 年 1 月 8 日。又載《文物》2003 年第 5 期，第 56—57 頁。

② 陳偉：《〈上海博物館藏戰國楚竹書（二）〉零釋》，簡帛研究網，2003 年 3 月 17 日。

③ 裘錫圭：《談談上博簡〈子羔〉篇的簡序》，《上博館藏戰國楚竹書研究續編》，上海書店出版社，2004 年 7 月，第 1—9 頁。

④ 陳劍：《上博簡〈子羔〉〈從政〉篇的竹簡拼合與編聯問題小議》，簡帛研究網，2003 年 1 月 8 日。又載《文物》2003 年第 5 期，第 58—59、64 頁。

⑤ 史儀：《〈從政〉篇編聯拾遺》，簡帛研究網，2003 年 1 月 17 日。

⑥ 見李銳：《清華大學簡帛講讀班第三十二次研討會綜述》，孔子 2000 網，2004 年 4 月 15 日。

⑦ 陳劍：《上博竹書〈仲弓〉篇新編釋文（稿）》，簡帛研究網，2004 年 4 月 18 日。收入《戰國竹書論集》，上海古籍出版社，2013 年 12 月，第 106—111 頁。

⑧ 陳劍：《〈上博（三）·仲弓〉膡義》，《簡帛》第 3 輯，上海古籍出版社，2008 年 10 月，第 73—76 頁。

⑨ 李銳：《〈仲弓〉新編》，孔子 2000 網，2004 年 4 月 22 日。

⑩ 周鳳五：《上博三〈仲弓〉篇重探》，《"多元視野中的中國歷史"：第二屆中國史學國際會議論文集》，清華大學，2004 年 8 月。此論文集未見，今所據為作者同名論文，收入《先秦文本及思想之形成、發展與轉化（下）》，臺大出版中心，2013 年 12 月，第 469—489 頁。

簡 16 與簡 3 綴合，簡 10 與簡 19 編聯。①

　　《季康子問於孔子》　　陳劍將簡 22 上與簡 13、簡 15 上與簡
9 綴合，簡 20 與簡 23 編聯。② 牛新房將簡 11 下與簡 18 上
編聯。③

　　《君子爲禮》　　陳劍將簡 15、簡 13、簡 16、簡 14 綴合，簡
11 與簡 15、簡 14 與簡 12 編聯。④ 陳偉將簡 9 拆成兩段，上段與
簡 4 綴合，再與下段編聯。⑤ 劉洪濤將簡 5 與簡 6 綴合。⑥ 李松
儒將《弟子問》簡 3 與《君子爲禮》簡 7、簡 8 綴成一枚
完簡。⑦

　　《弟子問》　　陳劍將簡 7 與簡 8、簡 11 與簡 24、簡 12 與簡
15、簡 17 與簡 20 綴合；⑧ 後又將簡 5 與簡 13 編聯。⑨

　　《孔子見季桓子》　　李銳將簡 2 與簡 7、簡 26 與簡 14 綴合，

① 趙炳清：《上博簡三〈仲弓〉的編聯及講釋》，簡帛研究網，2005 年 4 月
　　10 日。
② 陳劍：《談談〈上博五〉的竹簡分篇、拼合與編聯問題》，簡帛網，2006 年 2
　　月 19 日。收入《戰國竹書論集》，第 173—174 頁。
③ 牛新房：《讀上博（五）〈季康子問於孔子〉瑣議》，簡帛網，2006 年 3 月
　　9 日。
④ 陳劍：《談談〈上博五〉的竹簡分篇、拼合與編聯問題》，簡帛網，2006 年 2
　　月 19 日。收入《戰國竹書論集》，第 177—179 頁。
⑤ 陳偉：《〈君子爲禮〉9 號簡的綴合問題》，簡帛網，2006 年 3 月 6 日。收入
　　《新出楚簡研讀》，武漢大學出版社，2010 年 3 月，第 246—247 頁。
⑥ 劉洪濤：《談談上海博物館藏戰國楚竹書〈君子爲禮〉的拼合問題》，簡帛
　　網，2006 年 9 月 6 日。
⑦ 李松儒：《〈君子爲禮〉〈弟子問〉字迹研究》，《戰國簡帛字迹研究——以上
　　博簡爲中心》，上海古籍出版社，2015 年 7 月，第 346 頁。
⑧ 陳劍：《談談〈上博五〉的竹簡分篇、拼合與編聯問題》，簡帛網，2006 年 2
　　月 19 日。收入《戰國竹書論集》，第 177—179 頁。
⑨ 復旦大學出土文獻與古文字研究中心陳劍主持“上博簡字詞全編”項目成果
　　《〈弟子問〉釋文（工作本）》，轉引自蘇建洲《〈上博五·弟子問〉研究》，
　　《“中央研究院”歷史語言研究所集刊》83 本第 2 分，2012 年 6 月，第
　　187 頁。

簡 3 與簡 24、簡 4 與簡 20、簡 6 與簡 10、簡 22 與簡 19 編聯。① 福田哲之將簡 1 與簡 4 綴合。② 李銳將簡 11 與簡 22 綴合。③ 梁靜將簡 11 與簡 22 綴合。④ 陳劍將簡 20 與簡 3、簡 16 與簡 6、簡 19 與簡 17、簡 18 與簡 13 綴合，簡 12 與簡 2、簡 14 與簡 11 編聯。⑤ 顧史考將簡 10 與簡 12 綴合。⑥

《顏淵問於孔子》　　復旦吉大讀書會將簡 12 上與簡 2 下、簡 2 上與簡 11、簡 12 下綴合，簡 1 與簡 12 上、簡 12 下與簡 5、簡 7 與簡 9 編聯。⑦

《史䍔問於夫子》　　張峰將簡 4 與《孔子見季桓子》簡 9、簡 6 與簡 7 綴合。⑧ 王凱博將簡 9 與簡 8、簡 3 與簡 10、簡 5 與《孔子見季桓子》簡 25 綴合。⑨

2. 字詞考釋

《民之父母》　　由於該文可與《禮記·孔子閒居》《孔子家語·論禮》對讀，故而原釋文準確率較高，但也存在個別失誤，如高佑仁將簡 3、簡 4 之"志亦至安（焉）""豊（禮）亦至安（焉）""樂亦至安（焉）""懷（哀）亦至安（焉）"之

---

① 李銳：《〈孔子見季桓子〉新編》，簡帛網，2007 年 7 月 11 日。
② ［日］福田哲之：《〈孔子見季桓子〉1 號簡的釋讀與綴合》，簡帛網，2007 年 8 月 6 日。
③ 李銳：《〈孔子見季桓子〉重編》，簡帛網，2007 年 8 月 22 日。
④ 梁靜：《〈孔子見季桓子〉校讀》，簡帛網，2008 年 3 月 4 日。
⑤ 陳劍：《〈上博六·孔子見季桓子〉重編新釋》，復旦大學出土文獻與古文字研究中心網，2008 年 3 月 22 日。又載《出土文獻與古文字研究》第 2 輯，復旦大學出版社，2008 年 8 月，第 161 頁。
⑥ ［美］顧史考：《上博六〈孔子見季桓子〉簡序追補》，《出土文獻與古文字研究》第 6 輯，上海古籍出版社，2015 年 2 月，第 322 頁。
⑦ 復旦吉大古文字專業研究生聯合讀書會（下簡稱"復旦吉大讀書會"）：《〈上博八·顏淵問於孔子〉校讀》，復旦大學出土文獻與古文字研究中心網，2011 年 7 月 17 日。
⑧ 張峰：《〈上博九·史䍔問於夫子〉初讀》，簡帛網，2013 年 1 月 6 日。
⑨ 王凱博：《〈史䍔問於夫子〉綴合三例》，簡帛網，2013 年 1 月 10 日。

“亦”均改釋爲“夜”，讀爲“亦”。① 牛淑娟將簡 6、簡 7、簡 11、簡 12“亡（無）備（服）之喪”之“喪”改釋爲“桑”，讀爲“喪”。② 李天虹提出簡 9“亓才詄也”之“詄”當分析爲從言，馭省聲，是“語”的異體。③

　　《子羔》　李鋭將簡 2“鈴也”之“鈴”改釋爲“鈞”，讀爲“均”。④ 陳劍將簡 9“𣪏亦城（誠）天子也與（歟）”之“𣪏”讀爲“抑”，簡 10“㥫而畫（劃）於伓（背）而生”之“㥫”改釋爲“念”，讀爲“年”，港大簡 3“畫（劃）於雇”之“雇”改釋爲“雁”，讀爲“膺”，簡 2“伊堯之惪（德）則甚㬖塱（歟）”之“伊”讀爲“抑”，“㬖”係“盟”之異體，讀爲“明”，“䇦（舜）番於童土之田”之“番”改釋爲“嗇”。⑤ 何琳儀將簡 9“舊矣”之“舊”讀爲“久”，簡 12“顡（履）目（以）惉”之“惉”讀爲“忨”。⑥ 張富海將簡 12“遊於串咎之内”之“串”改釋爲“玄”。⑦ 黄德寬將簡 4“每目（以）□寺”之“每”讀爲“敏”，“寺”讀爲“詩”。⑧

① 高佑仁：《談戰國楚系“夜”字的一種特殊寫法》，孔子 2000 網，2005 年 4 月 3 日。

② 牛淑娟：《〈上海博物館藏戰國楚竹書（二）〉研究概況及文字編》，吉林大學碩士學位論文，2005 年 4 月，第 53 頁。

③ 李天虹：《上博館藏竹書（二）雜識》，簡帛研究網，2003 年 9 月 17 日。又載《武漢大學學報（哲學社會科學版）》2004 年第 4 期，第 501 頁。

④ 李鋭：《上海博物館藏楚簡（二）初劄》，簡帛研究網，2003 年 1 月 6 日。

⑤ 陳劍：《上博簡〈子羔〉〈從政〉篇的竹簡拼合與編聯問題小議》，簡帛研究網，2003 年 1 月 8 日。又載《文物》2003 年第 5 期，第 56—57 頁。

⑥ 何琳儀：《滬簡二册選釋》，簡帛研究網，2003 年 1 月 14 日。又載《上博館藏戰國楚竹書研究續編》，第 446—447 頁。

⑦ 張富海：《上博簡〈子羔〉篇“后稷之母”節考釋》，簡帛研究網，2003 年 1 月 17 日。又載《上博館藏戰國楚竹書研究續編》，第 46 頁。

⑧ 黄德寬：《〈戰國楚竹書〉（二）釋文補正》，簡帛研究網，2003 年 2 月 21 日。又載《上博館藏戰國楚竹書研究續編》，第 438 頁。

黃錫全認爲簡 1 "𦥑𡩡" 之 "𡩡" 從草得聲，與 "叟" 音近可通。① 陳偉將簡 7 "不奉盟王" 之 "奉" 讀爲 "逢"，認爲 "盟" 是 "盟（盟）" 的訛寫，讀爲 "明"。② 施謝捷提出簡 1 "𦥑𡩡" 之 "𦥑" 乃 "𦥑" 之異寫，讀爲 "瞽"。③ 郭永秉將簡 4 "每目（以）□寺" 之 "□" 補釋爲 "好"。④

　　《魯邦大旱》　黃德寬將簡 2 "㸲（庶）民智（知）敚之事，視也" 之 "視" 改釋爲 "祝"，讀爲 "鬼"。⑤ 俞志慧將簡 2 "之可才" 之 "才" 讀爲 "哉"，簡 3 "戝虐子女達命" 之 "戝" 讀爲 "抑"。⑥ 劉樂賢認爲簡 2 "女（汝）母（毋）恡珪璧希（幣）帛於山川" 之 "恡" 應如字讀，吝惜之義，"政坓（刑）與" 之 "政" 可讀爲 "正"。⑦ 李守奎將簡 6 "公剴（豈）不飤枛" 之 "飤" 改釋爲 "飯"，"枛" 隸定作 "枛"，讀爲 "粱"。⑧

① 黃錫全：《讀上博楚簡（二）劄記（壹）》，簡帛研究網，2003 年 2 月 25 日。又《讀上博楚簡（二）劄記八則》，《上博館藏戰國楚竹書研究續編》，第 458 頁。

② 陳偉：《〈上海博物館藏戰國楚竹書（二）〉零釋》，簡帛研究網，2003 年 3 月 17 日。

③ 施謝捷：《説〈子羔〉簡中的 "舜" 父之名 "𦥑𡩡" 之 "𦥑"》，國學研究網，2003 年 4 月 16 日。

④ 郭永秉：《説〈子羔〉簡 4 的 "敏以好詩"》，《出土文獻與古文字研究》第 1 輯，復旦大學出版社，2006 年 12 月，第 328 頁。

⑤ 黃德寬：《戰國楚竹書（二）釋文補正》，簡帛研究網，2003 年 1 月 21 日。又載《上博館藏戰國楚竹書研究續編》，第 439 頁。

⑥ 俞志慧：《〈魯邦大旱〉句讀獻疑》，簡帛研究網，2003 年 1 月 27 日。又《〈上博館藏戰國楚竹書〉（二）二題》，《上博館藏戰國楚竹書研究續編》，第 512 頁。

⑦ 劉樂賢：《上博簡〈魯邦大旱〉簡論》，《文物》2003 年第 5 期，第 60—61 頁。

⑧ 李守奎：《讀〈上海博物館藏戰國楚竹書（二）〉雜識》，《上博館藏戰國楚竹書研究續編》，第 481 頁。

施謝捷、王志平也分别將簡6之"飤"改釋爲"飯"。①

《從政》　陳劍將甲17"少（小）人先=則𡉚戠之"之"先="釋爲"先人"合文，甲15"毋𢍰"之"𢍰"改釋爲"暴"，"毋褶"之"褶"讀爲"虐"，"不攸（修）不武"之"武"當爲"戒"字之訛，甲8"㥯則亡（無）新（親）"之"㥯"讀爲"猛"。② 又將乙1"十曰惠而不係"之"係"讀爲"繼"。③ 周鳳五將甲9"正（政）之所=（之所）怠也"之"怠"讀爲"殆"，甲15"事必有𠔋"之"𠔋"讀爲"期"，甲19"鉛滄而毋𣪊"之"鉛滄"讀爲"飢寒"。④ 陳偉將甲3"𧦝（教）之昌（以）型（刑）則述"之"述"改釋爲"逐"，甲8"好"下所缺之字補釋爲"型"，讀爲"刑"。⑤ 劉樂賢將甲4"方亦坂是"之"方"讀爲"謗"，"坂"改釋爲"隨"。⑥ 王輝將甲19"從事而不説"之"説"改釋爲"誽（誤）"，應即"謗毁"之"毁"的專字。⑦

---

① 施説轉引自俞志慧《〈魯邦大旱〉句讀獻疑》，簡帛研究網，2003年1月27日。又《〈上博館藏戰國楚竹書〉（二）二題》，《上博館藏戰國楚竹書研究續編》，第514頁。王志平：《上博簡（二）劄記》，《上博館藏戰國楚竹書研究續編》，第500頁。

② 陳劍：《上博簡〈子羔〉〈從政〉篇的竹簡拼合與編聯問題小議》，簡帛研究網，2003年1月8日。又載《文物》2003年第5期，第58—59、64頁。

③ 陳劍：《上海博物館藏戰國楚竹書〈從政〉篇研究（三題）》，復旦大學出土文獻與古文字研究中心網，2008年2月28日。又載《簡帛研究二〇〇五》，廣西師範大學出版社，2008年9月，第34—35頁。

④ 周鳳五：《讀上博楚竹書〈從政〉（甲篇）劄記》，簡帛研究網，2003年1月10日。又載《上博館藏戰國楚竹書研究續編》，第186、190、192頁。

⑤ 陳偉：《上海博物館藏楚竹書〈從政〉校讀》，簡帛研究網，2003年1月10日。收入《新出楚簡研讀》，武漢大學出版社，2010年3月，第152—154頁。

⑥ 劉樂賢：《讀上博簡〈民之父母〉等三篇劄記》，簡帛研究網，2003年1月10日。

⑦ 王輝：《釋上博藏竹書〈從政〉甲篇第19簡的𣪊和説》，《江漢考古》2014年第2期，第113—114頁。

《仲弓》 陳劍將簡26“忑（恐）愲虗（吾）子慝”之“愲”“慝”分別讀爲“貽”“羞”，簡7“惑化𢍰辠”讀爲“宥過赦罪”，簡8“夫民安舊而砫（重）遷”之“遷”改釋爲“遷”，簡19“胃=（日月）星唇（辰）猷（猶）差民”之“民”改屬下讀，簡27+15“敢昏（問）民悉”之“悉”讀爲“務”，“善才昏虐”之“昏虐”讀爲“問乎”，簡17+11“若出三者”之“出”改釋爲“此”，簡23下“夫喪”之“喪”改釋爲“䘮”，讀爲“喪”，簡25“所學（教）皆亞”之“亞”改釋爲“崩”，簡20上“孚化”讀爲“愎過”；① 又將簡23上+24“巽學（教）之”之“巽”讀爲“旬”，“”釋爲“年”。② 李銳將簡11“迪之備（服）之”之“迪”讀爲“陳”，簡20下“害近矣”之“害”讀爲“蓋”。③ 禤健聰將簡5“爲之宗悬女（汝）”之“宗”改釋爲“余”，“悬”讀爲“誨”，該句斷作“爲之，余誨汝”。④ 史傑鵬將簡14“妥㞷”讀爲“委蛇”，從容貌。⑤ 陳偉將簡26“忑（願）因虗（吾）子而訇”之“訇”讀爲“辭”。⑥

《相邦之道》 范常喜將簡3“目（以）備軍伇”之“伇”

① 陳劍:《上博竹書〈仲弓〉篇新編釋文（稿）》，簡帛研究網，2004年4月18日。收入《戰國竹書論集》，第106—111頁。

② 陳劍:《〈上博（三）·仲弓〉賸義》,《簡帛》第3輯，第89—90頁。

③ 李銳:《〈仲弓〉新編》，孔子2000網，2004年4月22日。

④ 禤健聰:《上博簡（三）小劄》，簡帛研究網，2004年5月12日。

⑤ 史傑鵬:《上博竹簡（三）注釋補正》，簡帛研究網，2005年7月16日。收入《畏此簡書：戰國楚簡與訓詁論集》，江西高校出版社，2018年12月，第65—66頁。

⑥ 陳偉:《竹書〈仲弓〉詞句試解（三則）》，簡帛網，2005年11月6日。又載《古文字研究》第26輯，中華書局，2006年11月，第280—281頁。

改釋爲"旅"。① "虛一而靜"將簡 1 最後一字補釋爲"事"。②
裘錫圭將簡 1 "宵（靜）目（以）寺（待），寺＝（待時）出，
古（故）此事＝（事使）出政＝（政，政）毋忘所司（治）"
改讀爲"宵（靜）目（以）寺（待）時＝（時，時）出古此
〈古＝（故，故）出〉事＝（事，事）出政＝（政，政）母
（毋）忘所旬（始）"。③

《季康子問於孔子》 　季旭昇將簡 18 下"能爲視"之
"視"改釋爲"䰏（鬼）"，簡 19 "母（毋）詣逐"之"逐"
改釋爲"逐"，簡［22 上＋13］"句（苟）能固戰而行之"之
"戰"改釋爲"獸"，讀爲"守"，簡 22 下"邦相懷毀"之
"懷"改釋爲"𢜽"。④ 陳劍將簡 14 "㱾三代之逋（傳）叟
（史）"之"㱾"改釋爲"茪"，簡 19 "足言而窨（密）獸
（守）之"之"足"改釋爲"疋"，讀爲"疏"。⑤ 陳偉將簡 1
"唯子之旬脰"之"旬脰"讀爲"貽羞"。⑥ 李鋭將簡 6 "丘昏
（聞）之孟者吳曰"之"吳"改釋爲"昃"，讀爲"側"，"孟者
側"即孟子反；⑦ 又將簡 18 下之"脞"讀爲"瘠"。⑧ 楊澤生將
簡 19 "母（毋）詣逐"之"逐"讀爲"邇"，"惡人勿歇"之

① 范常喜：《讀〈上博四〉劄記四則》，簡帛研究網，2005 年 3 月 31 日。
② "虛一而靜"：《〈相邦之道〉釋字一則》，簡帛網—簡帛論壇第 0 樓，2005 年
　10 月 30 日。
③ 裘錫圭：《上博簡〈相邦之道〉1 號簡考釋》，《中國文字學報》第 1 輯，商
　務印書館，2006 年 12 月，第 71 頁。
④ 季旭昇：《上博五芻議（上）》，簡帛網，2006 年 2 月 18 日。
⑤ 陳劍：《談談〈上博五〉的竹簡分篇、拼合與編聯問題》，簡帛網，2006 年 2
　月 19 日。收入《戰國竹書論集》，第 173—174 頁。
⑥ 陳偉：《〈季康子問孔子〉零識（續）》，簡帛網，2006 年 2 月 3 日。收入
　《新出楚簡研讀》，第 223—224 頁。
⑦ 李鋭：《讀〈季康子問於孔子〉劄記》，孔子 2000 網，2006 年 2 月 26 日。
⑧ 李鋭：《讀上博（五）補劄》，孔子 2000 網，2006 年 2 月 28 日。

"歟"讀爲"陷"。① 侯乃峰將簡1"罷不智（知）民秀（務）之安（焉）才（在）"之"罷"讀爲"一"，是加強語氣的虛詞。②

　　《君子爲禮》　禤健聰將簡7"足無豸"之"豸"改釋爲"鞭"，讀爲"偏"。③ 季旭昇將簡7"脊毋發（廢）"之"脊"改釋爲"肩"。④ 陳劍將簡3"虖（吾）子可（何）亓（其）膡也"之"膡"讀爲"瘠"，簡11"非子人子羽畐（問）於子贛（贛）曰"之"非"改釋爲"行"，"子人"之"子"應涉下文"子羽"而衍，簡14+12"契舜管（舉）臤（賢）"之"契"改釋爲"與"。⑤ 何有祖將簡7"骳而秀"之"骳"改釋爲"頸"，簡14"非以㠱（己）名"之"非"改釋爲"亦"。⑥ 范麗梅將簡7"行毋臣"之"臣"讀爲"蹶"。⑦ 李守奎將簡4"智而□𪘆"之"□"補釋爲"比"，簡9下"貴而能壤（讓）"之"能"改釋爲"罷"。⑧ 鄔可晶提出簡3"虖（吾）子可（何）亓（其）膡也"之"膡"應是"骴/髊"的初文變體，讀爲"瘠"。⑨

---

① 楊澤生：《〈上博五〉零釋十二則》，簡帛網，2006年3月20日。

② 侯乃峰：《讀簡帛散劄》，簡帛網，2006年11月26日。

③ 禤健聰：《上博楚簡（五）零劄（二）》，簡帛網，2006年2月26日。

④ 季旭昇：《上博五芻議（下）》，簡帛網，2006年2月18日。又《上博五〈君子爲禮〉"毋欽毋去"解》，《出土文獻研究》第16輯，中西書局，2017年9月，第12—18頁。

⑤ 陳劍：《談談〈上博五〉的竹簡分篇、拼合與編聯問題》，簡帛網，2006年2月19日。收入《戰國竹書論集》，第175—176頁。

⑥ 何有祖：《上博五〈君子爲禮〉試讀》，簡帛網，2006年2月19日。

⑦ 范麗梅：《楚簡文字零釋》，《臺大中文學報》第26期，（臺北）臺灣大學中國文學系，2007年6月，第75—76頁。

⑧ 李守奎：《上博簡殘字叢考》，《古文字研究》第27輯，中華書局，2008年9月，第432—433頁。

⑨ 鄔可晶：《説"脊""骴"》，《出土文獻》第13輯，中西書局，2018年10月，第170—171頁。

《弟子問》　　陳劍將簡 20 "子盧虎（乎）軒而"之"盧"改釋爲"虞"，讀爲"據"，"軒"改釋爲"軗"，是"軗"的異體。① 何有祖將簡 10 "以新（親）受備"之"備"改釋爲"彔"，讀爲"祿"。② 又將簡 21 "虖（吾）未見邦而信者"之"邦"改釋爲"芌"，讀爲"華"。③ 陳偉將簡 5 "春秋不丕（恒）至"之"春秋"改釋爲"豐年"，簡 10 "見以𤕝官"之"見"改釋爲"色"，簡 16 "募（寡）𦖞（聞）則沽"之"沽"讀爲"固"；④ 又將簡 21 "虖（吾）未見邦而信褖，未見善事人而悬（憂）褖"二"褖"字皆改釋爲"者"。⑤ 李天虹將簡 5 "取余言"之"取"改釋爲"耴"，讀爲"聽"。⑥ 張振謙將簡 10 "士钺以力則然"之"然"改釋爲"俎"，讀爲"沮"。⑦ 牛新房將簡 10 之"繇"讀爲"由"，指仲由，簡 17 "夫安（焉）能王人"之"夫"與上文"善歟（矣）"連讀。⑧ 陳斯鵬將簡 5 "可迏而告也"之"迏"讀爲"略"。⑨ 劉雲將簡 4 "子曰"下缺釋之字補釋爲"侒"，認爲是"偃"的異體。⑩

① 陳劍：《談談〈上博五〉的竹簡分篇、拼合與編聯問題》，簡帛網，2006 年 2 月 19 日。收入《戰國竹書論集》，第 177—179 頁。

② 何有祖：《上博五〈弟子問〉試讀三則》，簡帛網，2006 年 2 月 20 日。

③ 何有祖：《上博五〈弟子問〉校讀劄記》，簡帛網，2008 年 4 月 5 日。

④ 陳偉：《上博五〈弟子問〉零釋》，簡帛網，2006 年 2 月 21 日。收入《新出楚簡研讀》，第 242—245 頁。

⑤ 陳偉：《〈弟子問〉零識（續）》，簡帛網，2006 年 3 月 7 日。收入《新出楚簡研讀》，第 245—246 頁。

⑥ 李天虹：《〈上博（五）〉零釋三則》，簡帛網，2006 年 2 月 26 日。

⑦ 張振謙：《上博（五）劄記二則》，簡帛網，2006 年 2 月 27 日。

⑧ 牛新房：《讀上博（五）〈弟子問〉劄記一則》，簡帛網，2006 年 3 月 4 日。

⑨ 陳斯鵬：《讀〈上博竹書（五）〉小記》，簡帛網，2006 年 4 月 10 日。

⑩ 劉雲：《釋〈弟子問〉中"偃"字的一種異體》，復旦大學出土文獻與古文字研究中心網，2009 年 7 月 13 日。

劉洪濤將簡 2 "前陵季子"之"前"改釋爲"脡"，讀爲
"延"。①

　　《孔子見季桓子》　　陳偉將簡 4 "晜能行耴（聖）人之道"
之"晜"改釋爲"是"，簡 22 "則忎（恐）舊（久）巠子"之
"巠"改釋爲"虗"，讀爲"吾"，簡 22+19 "皇（況）亓（其）
女（如）岂（微）言之瑞"之"瑞"改釋爲"虖"，讀爲
"乎"；② 又將簡 3 "而桀専餌（問）亓（其）訇（辭）於僻人
君"之"僻人"讀爲"逸人"，"君"改釋爲"虖"，讀爲
"乎"。③ 何有祖將簡 1 "害臤（賢）者是矣"之"矣"改釋爲
"能"，簡 7 之"觀佟不求 收人"之"觀佟"讀爲"容貌"，
"收"改釋爲"於"，簡 14 "鳴居危杒"之"杒"改釋爲
"杆"，簡 17 "旨求 於人"之"旨"改釋爲"皆"，簡 5 "行
君子"之"君子"改釋爲"冠"，簡 21 "孨=（君子）德（得）
㠯（己）而立仔保"之"仔"改釋爲"師"。④ 又將簡 6+10
"可明而智（知）与（歟）"之"明"改釋爲"名"，簡 14
"鳴居危杆"之"鳴"改釋爲"罜"，讀爲"擇"，簡 11 "夫民
虗之求"之"民"改釋爲"與"，"求"改釋爲"民"，簡 17
"不㫊亓（其）所"之"㫊"改釋爲"堂"，讀爲"當"；⑤ 又
將簡 26 "□不奉芷"之"□"補釋爲"役"，簡 14 "則不難虗

---

①　劉洪濤：《上博竹簡〈弟子問〉考證二則》，《古文字研究》第 32 輯，中華
　　書局，2018 年 8 月，第 424—425 頁。

②　陳偉：《讀〈上博六〉條記》，簡帛網，2007 年 7 月 9 日。又《竹書〈孔子
　　見季桓子〉初讀》，《簡帛》第 3 輯，上海古籍出版社，2008 年 10 月，第
　　100—102 頁。

③　陳偉：《讀〈上博六〉條記之二》，簡帛網，2007 年 7 月 10 日。又《竹書
　　〈孔子見季桓子〉初讀》，《簡帛》第 3 輯，第 100—102 頁。

④　何有祖：《讀〈上博六〉劄記》，簡帛網，2007 年 7 月 9 日。

⑤　何有祖：《上博六劄記（三）》，簡帛網，2007 年 7 月 13 日。

（乎）"之"則"改釋爲"剴"，讀爲"豈"。① 李鋭將簡 12 "審二逃者昌（以）觀於民"之"逃"讀爲"道"，簡 2+7 "□虖（吾）子勿餌（聞）"之"□"補釋爲"唯"，讀爲"雖"，"餌"改讀爲"問"，簡 13 "昂不觉"之"昂"改釋爲"邑"，讀爲"色"。② 福田哲之將簡 1 "害□者""□急"之"□"分別補釋爲"臤（賢）""皋"。③ 侯乃峰將簡 26 "不味西匀"之"匀"改釋爲"肉"。④ 陳劍將簡 1 "虖餌（聞）之"之"虖"改釋爲"曐"，讀爲"斯"，簡 4 "未足"之"未"改釋爲"不"，"豹敢訌之"之"豹"乃"剴"之訛字，讀爲"豈"，"訌"讀爲"望"，簡 12 "亓（其）易"之"易"改釋爲"勿"，讀爲"物"，"與罱之民"之"罱"改釋爲"蝎"，"與蝎"讀爲"邪僞"，簡 7 "衣備（服）此中"之"此"改釋爲"北"，讀爲"必"，簡 14 "戝昙民之行也"之"戝"改釋爲"戝"，"殹"之異體，讀爲"抑"，簡 11 "夫與虐之民"之"虐"改釋爲"蝎"，"與蝎"亦讀爲"邪僞"，簡 11+22 "安迷言之"之"安"改釋爲"女"，讀爲"如"，"迷"讀爲"悉"，簡 17 "道學禹言"之"禹"改釋爲"壬"，讀爲"淫"，簡 13 "此言不忑"之"此"改釋爲"出"。⑤ 復旦大學讀書會將簡 26

---

① 何有祖：《讀上博六劄記（四）》，簡帛網，2007 年 7 月 14 日。
② 李鋭：《〈孔子見季桓子〉新編》，簡帛網，2007 年 7 月 11 日。
③ ［日］福田哲之：《〈孔子見季桓子〉1 號簡的釋讀與綴合》，簡帛網，2007 年 8 月 6 日。
④ 侯乃峰：《上博六賸義贅言》，簡帛網，2007 年 10 月 30 日。
⑤ 陳劍：《〈上博六·孔子見季桓子〉重編新釋》，復旦大學出土文獻與古文字研究中心網，2008 年 3 月 22 日。又載《出土文獻與古文字研究》第 2 輯，復旦大學出版社，2008 年 8 月，第 160—187 頁。

"□不奉苂"之"苂"改釋爲"芒"，讀爲"亡"。① 郭永秉將簡
15"陀之目（以）元（其）所陀"之"陀"改釋爲"畏"，簡
5"是古（故）魚道之孯＝（君子）"之"魚"改釋爲"備"，
讀爲"服"。②

　　《顏淵問於孔子》　　復旦吉大讀書會將簡 1+12 上"敬又征
而□ [圖] [圖]"之"□ [圖] [圖]"補釋爲"先又司"，簡 12 上"薦＝
（薦薦）而戀（戀）孯（幽）"改釋爲"老＝（老老）而慈
（慈）孯（幼）"，"彔（祿）不足，則青（情）又（有）余
（餘），則詒"改讀爲"彔（祿）不足則青（請），又（有）余
（餘）則論（辭）"，簡 11"所目（以）尻（處）愱也"之
"愱"改釋爲"旬"，讀爲"仁"，簡 12 下＋5"又（有）余
（餘）則訧"之"訧"改釋爲"旬"，讀爲"辭"，簡 5"奮君
子之內事也女（如）此矣"之"奮"改釋爲"害"，讀爲
"蓋"，簡 6"攸（修）身目（以）尤"之"尤"改釋爲"先"，
簡 10"名至必俾壬"之"壬"改釋爲"身"。③ 單育辰將簡 2 下
"所目（以）爲退也"之"退"改釋爲"緩"，讀爲"寬"。④
陳哲將簡 6—7"耉目（以）專㤀"之"㤀"改釋爲"㤅"，讀
爲"愛"。⑤

① 復旦大學出土文獻與古文字研究中心研究生讀書會：《攻研雜志（三）——
　讀〈上博（六）·孔子見季桓子〉劄記（四則）》，復旦大學出土文獻與古
　文字研究中心網，2008 年 5 月 23 日。
② 郭永秉：《上博竹書〈孔子見季桓子〉考釋二題》，《文史》2011 年第 4 輯，
　第 216—217、220 頁。
③ 復旦吉大讀書會：《〈上博八·顏淵問於孔子〉校讀》，復旦大學出土文獻與
　古文字研究中心網，2011 年 7 月 17 日。
④ 單育辰：《佔畢隨錄之十五》，復旦大學出土文獻與古文字研究中心網，2011
　年 7 月 22 日。
⑤ 陳哲：《釋上博竹書〈顏淵問於孔子〉用爲"愛"之字》，《漢語史學報》第
　25 輯，上海教育出版社，2021 年 11 月，第 258—261 頁。

《史蒥問於夫子》　　"無語"將簡 8 "![字]人之奠＝亓爲之爲"之"![字]"釋爲"詹"，讀爲"瞻"，"奠＝"乃"顔色"合文。①何有祖提出簡 10 "鼠或不免又（有）**諿**"之"鼠"乃"一"字異構，將簡 7 "區（驅）**軭**攻乘"之"乘"改釋爲"獵"，"易所以**逰**（失）"之"易"改釋爲"此"。② 張峰將簡 1 "亡（無）女煮也"之"煮"讀爲"圖"，簡 6 "内与賕"讀爲"内與貨"，指接受説情和收受賄賂。③ 程燕將簡 7 "區（驅）**軭**攽乘"之"**軭**"讀爲"騁"，"乘"改釋爲"邋"，讀爲"獵"。④高佑仁將簡 2 "亓（其）身之或也"之"或"改釋爲"弌"，簡 3 "塦（禹）濠（湯）則**壆**"之"**壆**"改釋爲"學"，簡 7 "區（驅）**軭**攻乘"之"**軭**"改釋爲"輕"，"攻"改釋爲"攽"。⑤

3. 文本内涵解讀

《民之父母》　　龐樸認爲該篇强調的"志""氣"及其塞於四海、四方的説法，是孟子浩然之氣的前驅。⑥ 方旭東提出孔子"民之父母"的政治意涵由禮所代表的秩序原則、樂所代表的和諧原則以及實施二者的主體所具備的德行因素構成，在一定意義

---

① "無語"：《〈史蒥問於夫子〉初讀》，簡帛網—簡帛論壇第 1 樓，2013 年 1 月 5 日。
② 何有祖：《讀〈上海博物館藏戰國楚竹書（九）〉劄記》，簡帛網，2013 年 1 月 6 日。又載《中國文字》新 41 期，（臺北）藝文印書館，2015 年 7 月，第 143—144 頁。
③ 張峰：《〈上博九·史蒥問於夫子〉初讀》，簡帛網，2013 年 1 月 6 日。又《〈上博九·史蒥問於夫子〉重編釋文》，《中國文字》新 42 期，（臺北）藝文印書館，2016 年 3 月，第 180、183 頁。
④ 程燕：《讀〈上博九〉劄記（二）》，簡帛網，2013 年 1 月 7 日。
⑤ 高佑仁：《〈上博九〉初讀》，簡帛網，2013 年 1 月 8 日。又《〈史蒥問於夫子〉初讀》，《中國文字》新 42 期，（臺北）藝文印書館，2016 年 3 月，第 147—149 頁。
⑥ 龐樸：《話説"五至三無"》，《文史哲》2004 年第 1 期，第 71—76 頁。

上成爲儒家政治學的經典表述。① 姚小鷗、鄭永扣通過《民之父母》討論了中國古代樂論的早期形態問題。② 陳麗桂從句法形式、義理結構等角度對《民之父母》與《禮記·孔子閒居》《孔子家語·論禮》的優劣作了比較。③ 王齊洲認爲《民之父母》談論的核心是政治問題，典籍對"五至"的改動和"五起"順序的顛倒不符合孔子的《詩》教精神。④ 徐少華認爲《民之父母》是儒家學説中以《詩》教的形式宣揚儒家道德倫理的代表作，其主體思想與孔子學説差異較大，而與子思、孟子的學説相近。⑤ 張三夕詳細分析了《民之父母》與《禮記·孔子閒居》《孔子家語·論禮》中的"五至"，認爲前者對"五至"的記載更加切合"民之父母"的題旨。⑥ 西信康對《民之父母》"物之所至者，志亦至焉"兩句提出新解，並探索了該篇的思想背景。⑦ 吳建偉認爲《民之父母》"五至"反映了孔子"仁"的理念和"爲政以德"的思想，"三無"是孔子爲世人勾勒的理想社會藍圖。⑧

---

① 方旭東：《二重證據法研究思想史之一例——上博簡〈民之父母〉篇論析》，《學術月刊》2004 年第 1 期，第 60—67 頁。

② 姚小鷗、鄭永扣：《論上博簡〈民之父母〉的"五至"説》，《哲學研究》2004 年第 4 期，第 48—51 頁。

③ 陳麗桂：《由表述形式與義理結構論〈民之父母〉與〈孔子閒居〉及〈論禮〉之優劣》，《上博館藏戰國楚竹書研究續編》，第 236—250 頁。

④ 王齊洲：《從〈民之父母〉看孔子〈詩〉教》，《中國文學觀念論稿》，湖北教育出版社，2004 年 3 月，第 96—106 頁。

⑤ 徐少華：《楚竹書〈民之父母〉思想源流探論》，《中國哲學史》2005 年第 4 期，第 71—77 頁。

⑥ 張三夕：《"五至"異文考釋》，《北方論叢》2009 年第 3 期，第 8—11 頁。

⑦ ［日］西信康：《試論上海簡〈民之父母〉中的"物之所至者，志亦至焉"》，《2011 年國際修辭傳播學前沿論壇——語言文化教育與跨文化交流大會論文集》，日本札幌，2011 年 10 月，第 43—47 頁。

⑧ 吳建偉：《"五至""三無"説新釋》，《中國文字研究》第 21 輯，上海書店出版社，2015 年 8 月，第 93—95 頁。

　　《子羔》　　裘錫圭認爲本篇是早期儒家宣揚尚賢思想和禪讓制的作品。[1] 李學勤提出《子羔》的主旨是以舜爲例説明黎民有德也能受命爲帝，而且超越三王之上。[2] 魯瑞菁對該篇記載的三代始祖感生説加以復原，由此探討了該篇的核心思想與文獻價值。[3] 謝維揚根據幽公盨、《子羔》、《容成氏》對顧頡剛提出的"層累説"進行反駁，提出古史記述資料的形成是一個比較複雜的、多綫條、多系統的過程。[4] 黄武智從先秦儒家"禪讓觀"的角度探討了《子羔》的時代背景，推測該篇是戰國儒家假托孔子、子羔闡述其禪讓思想的作品。[5] 洪曉波、代秀松總結了《子羔》反映的三王感生特徵，並探討了其背後的"君權神授"思想。[6]

　　《魯邦大旱》　　楊朝明討論了該篇反映的孔子重人事、輕鬼神的思想及其在文獻學上的價值，魯國此次大旱可能發生在魯哀公十一年（前484）至十六年（前479）之間。[7] 劉樂賢認爲《魯邦大旱》反映出天人感應和災異學説在先秦儒學中已啓其

① 裘錫圭：《談談上博簡〈子羔〉篇的簡序》，《上博館藏戰國楚竹書研究續編》，第9頁。

② 李學勤：《楚簡〈子羔〉研究》，《上博館藏戰國楚竹書研究續編》，第16頁。

③ 魯瑞菁：《上海博物館藏戰國楚竹書〈子羔〉感生神話内容析論——兼論其與兩漢經説的關係》，《傳統中國研究集刊》第1輯，上海人民出版社，2006年12月，第1—12頁。

④ 謝維揚：《從幽公盨、〈子羔〉篇和〈容成氏〉看古史記述資料生成的真實過程》，《上海文博論叢》2009年第3期，第56—62頁。

⑤ 黄武智：《論上博楚簡〈子羔〉之禪讓觀及其文獻性質》，《慈惠學報》2013年第9期，第1—12頁。

⑥ 洪曉波、代秀松：《以〈子羔〉爲例淺析三王感生神話及其背後的"君權神授"思想》，《蚌埠學院學報》2014年第2期，第49—51頁。

⑦ 楊朝明：《上博竹書〈魯邦大旱〉管見》，《東岳論叢》2002年第5期，第113—117頁。

端，它與孔子思想具有淵源關係。① 廖名春提出《魯邦大旱》體現出孔子有"神道設教"的用心和"道德之天"的觀念。② 林志鵬認爲該篇反映了孔子德禮兼重的思想。③ 李桂民提出《魯邦大旱》表現出的重刑特色和現實主義品格，有違於早期儒家重祭的傳統，應是荀子後學的作品。④ 陳侃理也認爲該篇出自戰國儒家某一學派的構擬，其作者相信天人相關，不僅要求改善政治，還重視祭祀鬼神。⑤ 孔德立、楊兆貴主張《魯邦大旱》的主題思想是"神道設教"，而非人道教化。⑥ 顧史考認爲《魯邦大旱》的資料來源於《晏子春秋》，後被儒者借用、改寫成儒家作品，以爲孔門之道服務。⑦ 黃君良認爲《魯邦大旱》強調祭祀山川對統治者起到自我檢討、約束的作用，它的寫作年代約在戰國初年。⑧

　　《從政》　　周鳳五認爲《論語·堯曰》"子張問從政"章與《陽貨》"子張問仁"章可能是《從政》的藍本，《從政》的作

---

① 劉樂賢：《上博簡〈魯邦大旱〉簡論》，《文物》2003 年第 5 期，第 60—63 頁。

② 廖名春：《試論楚簡〈魯邦大旱〉篇的内容與思想》，《孔子研究》2004 年第 1 期，第 14—15 頁。

③ 林志鵬：《〈魯邦大旱〉詮解》，《上博館藏戰國楚竹書研究續編》，第 153—156 頁。

④ 李桂民：《上博簡〈魯邦大旱〉的史實背景和思想特點新論》，《聊城大學學報（社會科學版）》2007 年第 2 期，第 21—24 頁。

⑤ 陳侃理：《上博楚簡〈魯邦大旱〉的思想史坐標》，《中國歷史文物》2010 年第 6 期，第 75—78 頁。

⑥ 孔德立、楊兆貴：《新出楚簡的歷史失憶及思想史意義——以上博楚簡〈魯邦大旱〉爲例》，《江漢論壇》2013 年第 2 期，第 58—62 頁。

⑦ ［美］顧史考：《上博竹書〈魯邦大旱〉篇及其形成探索》，《簡帛》第 15 輯，上海古籍出版社，2017 年 11 月，第 27—30 頁。

⑧ 黃君良：《〈魯邦大旱〉的人文情懷》，《管子學刊》2017 年第 4 期，第 107—112 頁。

者似與子張有關。① 楊朝明分析了《從政》“五德”的含義，從“聞之曰”的起始方式、全文的結構以及與子思著作的聯繫，提出該篇的作者當爲子思。② 陳劍認爲《從政》應是子張之儒的作品，其性質可能是《論語》的原始材料或當時流傳的《論語》別本。③ 宋立林分析了《從政》與子張之儒的關係，認爲子張與子思之間可能存在師承關係。④ 梁静認爲《從政》與孔子及其後學關係密切，但無法把它落實爲某人或某派的作品。⑤

　　《仲弓》　　林志鵬提出仲弓任季桓子家宰的時間應在魯定公十三年（前 497）至哀公三年（前 492）之間。⑥ 晁福林認爲《仲弓》反映出選拔和管理官員在孔子爲政思想中具有重要地位。⑦ 楊朝明主張“仲弓”即《荀子·非十二子》中的“子弓”，荀子的政治主張是對孔子禮、法結合思想的繼承，仲弓是承上啓下的重要環節。⑧ 劉冬穎認爲仲弓將倫理道德與從政緊密

---

① 周鳳五：《讀上博楚竹書〈從政〉（甲篇）劄記》，簡帛研究網，2003 年 1 月 10 日。又載《上博館藏戰國楚竹書研究續編》，第 187—189 頁。
② 楊朝明：《上博藏竹書〈從政〉篇略議——兼説〈從政〉應該屬於〈子思子〉佚篇》，簡帛研究網，2003 年 4 月 23 日。又《上博竹書〈從政〉篇與〈子思子〉》，《孔子研究》2005 年第 2 期，第 17—24 頁。
③ 陳劍：《上海博物館藏戰國楚竹書〈從政〉篇研究（三題）》，復旦大學出土文獻與古文字研究中心網，2008 年 2 月 28 日。又載《簡帛研究二〇〇五》，第 35—42 頁。
④ 宋立林：《由新出簡帛〈忠信之道〉〈從政〉看子張與子思之師承關係》，《哲學研究》2011 年第 7 期，第 48—54 頁。
⑤ 梁静：《上博楚簡〈從政〉研究》，《故宫博物院院刊》2013 年第 4 期，第 95—105 頁。
⑥ 林志鵬：《仲弓任季氏宰小考》，簡帛研究網，2004 年 6 月 6 日。又載《孔子研究》2010 年第 4 期，第 58—60 頁。
⑦ 晁福林：《從上博簡〈仲弓〉篇看孔子的“爲政”思想》，《齊魯學刊》2004 年第 6 期，第 16—20 頁。
⑧ 楊朝明：《從孔子弟子到孟、荀異途——由上博竹書〈中弓〉思考孔門學術分别》，《齊魯學刊》2005 年第 3 期，第 11—16 頁。

聯繫，使孔子的"德治"思想在現實生活中得到了實踐和發揚。① 羅新慧認爲《仲弓》的寫成與《論語》的編定時間大體相同，該篇反映出孔子雖然反對三桓的僭禮行爲，但又願意與之合作，力圖在現實政治中有所作爲的入仕觀。② 陳桐生提出《仲弓》與《論語·子路》"仲弓爲季氏宰"章内容相似，但二者在文字、結構、篇幅等方面差異很大，《論語·子路》"仲弓爲季氏宰"章應是孔子語録的"節本"，《仲弓》則爲"繁本"。③ 王化平認爲《仲弓》的"刑政不緩，德教不倦"與《論語》反映的孔子德治思想有明顯差異，懷疑該篇在戰國時期經過潤色，因此摻雜了一些孔子後學的思想。④ 梁静對仲弓出任季氏宰的背景作了討論。⑤ 秦飛提出仲弓在早期儒家刑政思想的傳承中起過重要作用。⑥

《相邦之道》　淺野裕一認爲《相邦之道》的基本結構與《魯邦大旱》相似，應係同一作者所爲。⑦ 梁静認爲該篇反映出春秋末期宗法制逐漸解體的事實，推測文中的"公"可能是魯哀公。⑧

---

① 劉冬穎：《上博簡〈中弓〉與早期儒學傳承的再評價》，《社會科學戰綫》2005 年第 3 期，第 283—286 頁。

② 羅新慧：《孔子的歷史觀、入仕觀及其他——從上博楚竹書〈仲弓〉篇談起》，《史學史研究》2005 年第 3 期，第 36—43 頁。

③ 陳桐生：《孔子語録的節本和繁本——從〈仲弓〉看〈論語〉與七十子後學散文的形式差異》，《孔子研究》2006 年第 2 期，第 116—122 頁。

④ 王化平：《上博簡〈中弓〉與〈論語〉及相關問題探討》，《北方論叢》2009 年第 4 期，第 5—8 頁。

⑤ 梁静：《上博楚簡〈仲弓〉篇研究》，《中國典籍與文化》2013 年第 1 期，第 28—34 頁。

⑥ 秦飛：《出土文獻與古書反思——從上博簡〈中弓〉之刑政思想説起》，《濟南大學學報（社會科學版）》2014 年第 1 期，第 38—41 頁。

⑦ ［日］淺野裕一著，王綉雯譯：《上博楚簡〈相邦之道〉的整體結構》，李學勤、林慶彰等著：《新出土文獻與先秦思想重構》，（臺北）臺灣書房出版有限公司，2007 年 8 月，第 473—484 頁。

⑧ 梁静：《上博楚簡〈子貢〉篇研究》，《考古與文物》2014 年第 4 期，第 104—107 頁。

《季康子問於孔子》　　福田哲之認爲該篇的主旨是孔子向季康子闡述德治、寬政的重要性。① 梁静推測孔子晚年不仕的原因是季康子與孔子的爲政思想存在根本性分歧。② 馬志亮認爲該篇中的季康子是一個足以和孔子分庭抗禮的合格執政者，這與《論語》中的季康子形象大相徑庭，表明戰國時期孔門後學對季康子的解構仍在繼續。③

《君子爲禮》　　徐少華認爲該篇反映出的儒家後學對孔子的極力吹捧，與戰國中晚期各家流派論辯言辭多顯極端的政治和學術背景有關。④ 徐少華又提出《君子爲禮》可能是一篇介於孔、孟之間的早期 “禮” 類文獻。⑤ 淺野裕一對該篇與孔子素王説的關聯以及孔子素王説的形成過程作了解讀。⑥ 黃人二將《君子爲禮》與《弟子問》合稱爲《論語弟子問》或《論言弟子籍》，推測《論語》的編纂時間當在魯哀公元年（前 494）至三年（前 492）之間。⑦ 宋立林提出《君子爲禮》是一篇闡述孔子爲政思想的文獻，當爲顏氏之儒所傳，反映出顏氏之儒所受孔子之

① ［日］福田哲之：《上博五〈季康子問於孔子〉的結構與編聯》，《楚地簡帛思想研究（三）》，湖北教育出版社，2007 年 6 月，第 53—69 頁。

② 梁静：《從上博簡〈季康子問於孔子〉看孔子晚年不仕的原因》，《人文論叢（2011 年卷）》，中國社會科學出版社，2011 年 12 月，第 80—86 頁。

③ 馬志亮：《從季康子形象看早期儒家文獻的形成——出土簡帛與傳世文獻的對比考察》，《人文論叢》2015 年第 2 輯，武漢大學出版社，2015 年 12 月，第 36—39 頁。

④ 徐少華：《論〈上博五·君子爲禮〉的編聯與文本結構》，《楚地簡帛思想研究（三）》，湖北教育出版社，2007 年 6 月，第 70—78 頁。

⑤ 徐少華：《論竹書〈君子爲禮〉的思想内涵與特徵》，《中國哲學史》2007 年第 2 期，第 22—31 頁。

⑥ ［日］淺野裕一著，［日］藤井倫明譯：《上博楚簡〈君子爲禮〉與孔子素王説》，《簡帛》第 2 輯，上海古籍出版社，2007 年 11 月，第 285—301 頁。

⑦ 黃人二：《上博藏簡（五）〈君子爲禮〉與〈弟子問〉試釋——兼論本篇篇名爲〈論語弟子問〉與〈論語〉之形成和主要編輯時間》，《中國國家博物館館刊》2011 年第 6 期，第 65—78 頁。

教的某些特點。①

《弟子問》　常佩雨認爲該篇集中體現了孔子的"言行觀"，包括言語信實、言語謹慎、言行一致、反對巧言令色等。②

《孔子見季桓子》　蘇建洲提出該文的底本可能出自齊魯一系。③ 林聖峰對此作了補充討論。④ 郭永秉認爲本篇不是孔子言論的實録，很可能是受到重法思想影響的戰國儒者順應時勢闡發政治理論的作品。⑤ 顧史考認爲《孔子見季桓子》的主題是季桓子向孔子請教徵用人才之道，主要圍繞"仁人"與"邪民"進行展開。⑥

《顏淵問於孔子》　李國勇、常佩雨認爲該篇反映出"顏氏之學"的特徵以及儒家思想在楚地傳播的重點。⑦ 劉承認爲《顏淵問於孔子》爲瞭解孔子的爲政觀、教化觀、處世觀提供了重要參考。⑧ 湯淺邦弘對《顏淵問於孔子》在思想史上的意義作了考察，還討論了儒家文獻的形成過程。⑨

《史蒥問於夫子》　羅運環認爲該篇的主旨是史蒥向孔子請教

① 宋立林：《上博簡〈君子爲禮〉與顏氏之儒》，《中國哲學史》2014 年第 4 期，第 20—25 頁。

② 常佩雨：《言行相近，然後君子——從上博簡〈弟子問〉看孔子的言行觀》，《文藝評論》2012 年第 4 期，第 7—12 頁。

③ 蘇建洲：《讀〈上博六·孔子見季桓子〉筆記》，簡帛網，2007 年 7 月 24 日。

④ 林聖峰：《〈上博六·孔子見季桓子〉底本國別問題補説》，簡帛網，2008 年 6 月 7 日。

⑤ 郭永秉：《上博竹書〈孔子見季桓子〉考釋二題》，《文史》2011 年第 4 輯，第 220 頁。

⑥ ［美］顧史考：《上博六〈孔子見季桓子〉簡序追補》，《出土文獻與古文字研究》第 6 輯，第 320—325 頁。

⑦ 李國勇、常佩雨：《上博簡〈顏淵問於孔子〉簡文釋讀與文獻價值新探》，《四川文物》2014 年第 2 期，第 54—55 頁。

⑧ 劉承：《上博簡〈顏淵問於孔子〉篇釋義與孔子若干思想考析》，《古籍整理研究學刊》2015 年第 5 期，第 4—7、16 頁。

⑨ ［日］湯淺邦弘：《上博楚簡〈顏淵問於孔子〉與儒家文獻形成史》，《竹簡學——中國古代思想的探究》，東方出版中心，2017 年 1 月，第 31—42 頁。

如何教輔齊國太子，其時間約在孔子由齊返魯之後、齊景公去世之前。① 王志平提出"史䚡"即"史鰌"，本爲齊人，卻出仕於衛國。② 梁静探討了《史䚡問於夫子》一文中"史䚡""夫子"的身份，認爲他們與文獻記載的"史鰌""孔子"有一定相合之處。③

　　以上是單篇論文的大致情況。下面再對研究生學位論文、博士後報告和學術專著略作介紹。

　　季旭昇主編的《〈上海博物館藏戰國楚竹書（二）〉讀本》《〈上海博物館藏戰國楚竹書（三）〉讀本》《〈上海博物館藏戰國楚竹書（四）〉讀本》以及季旭昇、高佑仁共同主編的《〈上海博物館藏戰國楚竹書（九）〉讀本》全面檢討了學界對《民之父母》《子羔》《魯邦大旱》《從政》《仲弓》《相邦之道》《史䚡問於夫子》等篇的研究成果，重新整理釋文並逐節進行翻譯，同時重點關注了各篇中遺留的一些疑難字詞。④

　　黄人二《上海博物館藏戰國楚竹書（二）研究》對《民之父母》《子羔》《魯邦大旱》《從政》的文本重新加以整理，探

---

① 羅運環：《楚簡〈史䚡問於夫子〉的主旨及其他》，《中原文化研究》2017年第2期，第48—51頁。

② 王志平：《上博九〈史䚡問於夫子〉之"史䚡"考》，《陝西師範大學學報（哲學社會科學版）》2017年第5期，第57—61頁。

③ 梁静：《上博簡〈史䚡問於夫子〉拼合補説及人物試探》，《簡帛研究》第21輯，上海古籍出版社，2020年11月，第81—89頁。

④ 季旭昇主編：《〈上海博物館藏戰國楚竹書（二）〉讀本》，（臺北）萬卷樓圖書股份有限公司，2003年7月，第1—85頁。季旭昇主編：《〈上海博物館藏戰國楚竹書（三）〉讀本》，（臺北）萬卷樓圖書股份有限公司，2005年10月，第175—196頁。季旭昇主編：《〈上海博物館藏戰國楚竹書（四）〉讀本》，第125—136頁。季旭昇主編：《〈上海博物館藏戰國楚竹書（四）〉讀本》，（臺北）萬卷樓圖書股份有限公司，2007年3月，第125—136頁。季旭昇、高佑仁主編：《〈上海博物館藏戰國楚竹書（九）〉讀本》，（臺北）萬卷樓圖書股份有限公司，2017年5月，第233—278頁。

討了各篇的篇名、主旨和性質等問題。① 與之相似，蘇建洲
《〈上海博物館藏戰國楚竹書（二）〉校釋》（下册）詳細梳理
了《民之父母》《子羔》《魯邦大旱》《從政》的釋文，對各篇
的疑難字詞提出新的思考，還疏通了部分簡文的文意。②

　　余小調《上博簡〈緇衣〉〈民之父母〉與相關文獻的異文研
究》從文字、詞彙、句式等角度對《民之父母》與《禮記·孔
子閒居》《孔子家語·論禮》之間的異文進行考察，細緻分析了
異文產生的原因。③ 劉洪濤《上博竹書〈民之父母〉研究》重
新整理了《民之父母》的釋文並詳加注釋，又從異文和文本結
構兩方面探討了《禮記·孔子閒居》《孔子家語·論禮》的成篇
過程。④

　　甄真《上海博物館藏戰國楚竹書（三）〈中（仲）弓〉集
釋》系統總結學者對《仲弓》的綴合、編聯和釋讀意見，基本
實現了疏通全文的研究目標。⑤ 連德榮《〈上海博物館藏戰國楚
竹書（三）·仲弓〉研究》從字詞考釋、文意疏通兩方面對
《仲弓》展開研究，並考察了《仲弓》與《論語》的關係以及
孔子的爲政思想。⑥

　　陳思婷《〈上海博物館藏戰國楚竹書（四）·采風曲目、逸

① 黃人二：《上海博物館藏戰國楚竹書（二）研究》，中山大學博士後研究工作
報告，2005 年 5 月，第 6—55 頁。
② 蘇建洲：《〈上海博物館藏戰國楚竹書（二）〉校釋》（下册），（臺北）花
木蘭文化出版社，2006 年 9 月，第 267—464 頁。
③ 余小調：《上博簡〈緇衣〉〈民之父母〉與相關文獻的異文研究》，華南師範
大學碩士學位論文，2007 年 5 月。
④ 劉洪濤：《上博竹書〈民之父母〉研究》，北京大學碩士學位論文，2008 年
5 月。
⑤ 甄真：《上海博物館藏戰國楚竹書（三）〈中（仲）弓〉集釋》，吉林大學碩
士學位論文，2007 年 4 月。
⑥ 連德榮：《〈上海博物館藏戰國楚竹書（三）·仲弓〉研究》，（臺北）臺灣
師範大學碩士學位論文，2008 年 6 月。

詩、内豊、相邦之道〉研究（下）》把《相邦之道》的内容分
爲兩個部分，第一部分（簡 1—3）是魯哀公與孔子關於“相邦
之道”“民事”的問答，第二部分（簡 4）是孔子退朝後與子贛
的交談，孔子認爲哀公詢問“相邦之道”有所不當。①

　　唐洪志《上博簡（五）孔子文獻校理》對《季庚子問於孔
子》《君子爲禮》《弟子問》的研究成果作了梳理，不僅在簡序
調整、字詞考釋上提出一些新見，還探討了部分簡文反映的歷史
背景。② 白海燕《〈季庚子問於孔子〉集釋》全面回顧了學界關
於《季庚子問於孔子》的研究意見，在字詞釋讀和文意疏通方
面作了許多努力和嘗試。③ 李丹丹《〈季庚子問於孔子〉集釋及
相關問題研究》除對各家的綴合編聯、字詞考釋等意見進行梳
理外，還細緻分析了孔子的爲政觀。④

　　葉苊《上博六之〈景公瘧〉等四篇竹書集釋》、洪淑玲
《〈上博六・孔子見季桓子〉研究》都對《孔子見季桓子》的研
究狀況作了必要檢討，前者提出簡 26+14 應調整至簡 18+13 之
後，又重新考釋了個別疑難字詞。⑤

　　馬志亮《〈上海博物館藏戰國楚竹書（八）〉集釋》、徐尚
巧《〈上海博物館藏戰國楚竹書（八）〉集釋》分別回顧和梳

①　陳思婷：《〈上海博物館藏戰國楚竹書（四）・采風曲目、逸詩、内豊、相邦
之道〉研究（下）》，（臺北）花木蘭文化出版社，2008 年 9 月，第 361—
400 頁。
②　唐洪志：《上博簡（五）孔子文獻校理》，華南師範大學碩士學位論文，2007
年 6 月。
③　白海燕：《〈季庚子問於孔子〉集釋》，吉林大學碩士學位論文，2009 年 4 月。
④　李丹丹：《〈季庚子問於孔子〉集釋及相關問題研究》，哈爾濱師範大學碩士
學位論文，2010 年 5 月。
⑤　葉苊：《〈上博六之〈景公瘧〉等四篇竹書集釋》，武漢大學碩士學位論文，
2008 年 6 月，第 23—47 頁。洪淑玲：《〈上博六・孔子見季桓子〉研究》，
（臺北）臺灣師範大學碩士學位論文，2009 年 6 月。

理了學界關於《顏淵問於孔子》編聯、句讀、釋讀等方面的研究意見。①

黃武智《上博楚簡"禮記類"文獻研究》對《民之父母》《子羔》《魯邦大旱》《從政》《仲弓》《相邦之道》《季康子問於孔子》《君子爲禮》《弟子問》《孔子見季桓子》的釋文重新加以整理，在此基礎上探討了這批文獻反映的儒家思想特徵以及它們在文獻學上的價值。②

歐陽禎人《從簡帛中挖掘出來的政治哲學》認爲《民之父母》旨在討論政治權力的合法性來源問題。《魯邦大旱》反映出孔子雖然也有祖先崇拜思想，但已對商周以後的宗教觀念作了徹底改造。《仲弓》所記應非歷史事實，而是仲弓思想的傳人爲擴大孔子、仲弓的影響而有意編造的文獻，可能産生於戰國時期。③

常佩雨《上博簡孔子言論研究》考察了《魯邦大旱》《仲弓》《孔子見季桓子》《君子爲禮》《弟子問》的竹簡形制和編聯綴合情況，重新對釋文文本進行整理，並揭示出各篇中孔子言論的語言學、文獻學和文學價值。④

高榮鴻《上博楚簡論語類文獻疏證》對《民之父母》《子羔》《魯邦大旱》《從政》《仲弓》《相邦之道》《季康子問於孔子》《君子爲禮》《弟子問》《孔子見季桓子》《顏淵問於孔子》

---

① 馬志亮：《〈上海博物館藏戰國楚竹書（八）〉集釋》，武漢大學碩士學位論文，2012 年 6 月，第 14—35 頁。徐尚巧：《〈上海博物館藏戰國楚竹書（八）〉集釋》，安徽大學碩士學位論文，2013 年 5 月，第 20—49 頁。

② 黃武智：《上博楚簡"禮記類"文獻研究》，（高雄）中山大學博士學位論文，2009 年 2 月。

③ 歐陽禎人：《從簡帛中挖掘出來的政治哲學》，武漢大學出版社，2010 年 8 月，第 46—56、87—102、103—113 頁。

④ 常佩雨：《上博簡孔子言論研究》，鄭州大學博士學位論文，2012 年 5 月。

11 篇文獻做了細緻的疏通工作，在竹簡綴合編聯、字詞考釋、文意疏通等方面提出不少新見，還討論了上博簡《論語》類文獻的思想特色和文獻學價值。①

顧史考《上博竹書孔子語録文獻研究》按人物和體裁將上博簡中的 12 篇孔子語録類文獻分爲四類，分別是"弟子接聞於夫子及孔子應答弟子之短語"（《從政》《君子爲禮》《弟子問》），"孔子應答弟子的長篇對話"（《仲弓》《顏淵問於孔子》《民之父母》《子羔》），"孔子應答魯公及弟子的長篇對話"（《魯邦大旱》《相邦之道》），以及"孔子應答公卿士大夫的長篇對話"（《孔子見季桓子》《史蒥問於夫子》《季康子問於孔子》），並逐篇作了細緻解讀，涉及簡序編排、文字釋讀、義理闡述諸多方面，還探討了部分文獻的性質和形成過程。②

通過梳理可知，學者們在竹簡綴合編聯、字詞釋讀、文本内涵方面取得了較爲豐碩的成果。然而隨着研究的不斷深入，許多問題也逐漸顯露出來：

第一，研究者在竹簡的綴合編聯、字詞考釋方面成績斐然，但仍有不少殘簡無法綴合或編聯，甚至在分篇上還存在爭議。有一些奇字目前仍舊難以釋讀，部分得到確釋的字，其讀法也有爭議。

第二，部分文句的斷讀有待商榷。由於古今語言習慣、思想觀念等方面的差異，即使在字詞考釋基本準確的情況下，有些句子還是無法解釋通順，導致對其施加的標點難免出現失誤，需要作進一步的推敲。

---

① 高榮鴻：《上博楚簡論語類文獻疏證》，（臺中）中興大學博士學位論文，2013 年 7 月。

② ［美］顧史考：《上博竹書孔子語録文獻研究》，中西書局，2021 年 12 月。

　　第三，文本內涵的研究尚待深入。上博簡公佈之初，研究者除疏解字詞文義外，還對《子羔》《魯邦大旱》《仲弓》等篇的結構、主旨加以探析。但對後來陸續發行的文獻，學者多將目光聚焦在字詞考釋層面，對各篇內容展開的研究幾乎處於停滯的狀態。

　　第四，對上博簡《論語》類文獻的研究缺乏宏觀視野。學者以上博簡《論語》類文獻爲對象進行的研究，目前多停留在文本的解讀層面，從整體上把握上博簡《論語》類文獻的性質、特點與流傳，探討它與《論語》的關係，以及辨析《論語》的成書問題，都有繼續深化的必要。

　　本書擬從微觀（字詞斷句）、中觀（人物思想）、宏觀（傳播影響）角度對上博簡《論語》類文獻進行綜合研究，總體框架如下。

　　1. 疑難字詞研究。依托新材料和新綫索對上博簡《論語》類文獻中遺留的部分疑難字詞進行考釋，並嘗試修訂一些關鍵的斷句錯誤。

　　2. 人物研究。考察上博簡《論語》類文獻中的代表人物，如顏淵、子贛、史䛣，細緻分析他們的身份、思想和歷史地位。

　　3. 思想研究。揭示上博簡《論語》類文獻反映出的孔子“親仁”思想、“民務”思想、“賢人”理念，以便更加全面、客觀地認識孔子。

　　4. 宏觀專題研究。從整體上考察上博簡《論語》類文獻的性質、特點以及傳播情況，辨析它們與《論語》的關係，探索今本《論語》的成書過程。

　　5. 附錄。本書最後附錄了上博簡《論語》類文獻全部釋文和三篇相關研究論文，爲學界閱讀和利用上博簡《論語》類文獻提供方便。

第一章
疑難字詞研究

第一節　《魯邦大旱》"抑吾子如重命其與"

上博二《魯邦大旱》簡1—4云：

　　魯邦大旱，哀公胃（謂）孔＝（孔子）："子不爲我圉
（圖）之?"孔＝（孔子）畬（答）曰："邦大旱，母（毋）
乃遊（失）者（諸）型（刑）與惪（德）虗（乎）？唯☒1
之可（何）才（哉）？"① 孔＝（孔子）曰："冢（庶）民智
（知）敓之事禑（鬼）也，② 不智（知）型（刑）與惪

---

① 才，整理者讀爲"在"，俞志慧讀爲"哉"，見俞志慧：《〈魯邦大旱〉句讀
獻疑》，簡帛研究網，2003年1月27日。又《上博館藏戰國楚竹書（二）二
題》，《上博館藏戰國楚竹書研究續編》，第515頁。

② 禑，整理者釋爲"視"，黃德寬釋爲"禑"，認爲是"鬼"的異體，見黃德
寬：《戰國楚竹書（二）釋文補正》，簡帛研究網，2003年1月21日。又載
《上博館藏戰國楚竹書研究續編》，第439頁。本句的標點，整理者原在
"事"下斷句，陳偉改與下文"鬼也"連讀，見陳偉：《讀〈魯邦大旱〉劄
記》，簡帛研究網，2003年1月27日。又載《上博館藏戰國楚竹書研究續
編》，第117頁。

（德）。女（汝）母（毋）悉（愛）珪璧帝（幣）帛於山川，①政（正）坙（刑）與[德]囗②2出，過子贛（贛），曰："賜，而昏（聞）箮（巷）逢（路）之言，母（毋）乃胃（謂）丘之含（答）非與（歟）?"子贛（贛）曰："否。戲（抑）虐（吾）子女（如）達（重）命丌（其）與。③女夫政（正）坙（刑）與惪（德），㠯（以）事上天，此是才（哉）。女（若）天〈夫〉母（毋）悉（愛）圭（珪）璧3帝（幣）帛於山川，母（毋）乃不可?"4

戲虐子女達命丌與，整理者與上"否"字連讀作"否也，吾子若重名其歟"。④ 李學勤讀爲"偕乎子女，踵命其與"，謂偕同其子女往來告其親友。⑤ 廖名春讀作"抑吾子如重命其歟"，認爲"命"指祭祀鬼神以禳除旱災，全句意爲"難道您就是如此重視祭祀鬼神嗎"。⑥ 俞志慧讀爲"緊吾子若重其名歟"，把

---

① 女，整理者讀爲"如"，筆者讀爲"汝"，參看附錄一《先秦時期臣下稱君爲"爾""汝"現象新論》。

② 政，劉樂賢讀爲"正"，"德"字殘缺，劉樂賢據下文補，皆見劉樂賢：《上博簡〈魯邦大旱〉簡論》，《文物》2003 年第 5 期，第 61 頁。

③ 戲，整理者認爲即"殹"字異體，讀爲"也"，連上"否"字爲句。何琳儀讀爲"緊"，屬下句讀，作爲句首助詞，見何琳儀：《滬簡二冊選釋》，簡帛研究網，2003 年 1 月 14 日。又載《上博館藏戰國楚竹書研究續編》，第 447 頁。俞志慧讀爲"抑"，屬下句讀，見俞志慧：《〈魯邦大旱〉句讀獻疑》，簡帛研究網，2003 年 1 月 27 日。又《上博館藏戰國楚竹書（二）二題》，《上博館藏戰國楚竹書研究續編》，第 512 頁。

④ 馬承源主編：《上海博物館藏戰國楚竹書（二）》，第 207 頁。

⑤ 李學勤：《上博楚簡〈魯邦大旱〉解義》，《孔子研究》2004 年第 1 期，第 5 頁。

⑥ 廖名春：《試論楚簡〈魯邦大旱〉篇的内容與思想》，《孔子研究》2004 年第 1 期，第 10 頁。

“命（名）丌（其）”視作“丌（其）命（名）”的誤寫。①
廣瀬薰雄讀作“毆吾子女遑命，其與”，認爲本句不是一個疑問
句，“其”是“乃”的意思，“與”訓爲“參與”“支持”，全句
謂“如果您重複命令的話，民衆會隨從您的”。② 范麗梅亦將此
句與上“否”字連讀爲“否也，夫子若重命，其歟”。③ 裘錫圭
讀作“抑吾子如重命忌歟”，認爲“重命”指重疊的囑咐，
“忌”是句末語氣詞，全句譯爲“然而夫子您是不是把話説得
有點疊床架屋了呢”“然而夫子的囑咐是不是有點疊床架
屋呢”。④

今按：“重命其與”似不成句，廣瀬薰雄、范麗梅均在“重
命”下點斷，而以“其”字連下讀，可謂卓識。尤其值得稱道
的是，廣瀬氏提出本句不是一個疑問句，“與”應理解爲“支
持”，已經非常接近事實，但“其”字並非“乃”的意思，“其
與”二字連讀，後面卻没有賓語，也顯得不合文法。筆者以爲，
“其與”當與下文“女”字連讀，“女”讀爲“汝”。“其與汝”
之“其”，第三人稱代詞，簡文中子贛用以代指自己，表示謙
卑，有關辭例如下：

　　　　宋穆公疾，召大司馬孔父而屬殤公焉，曰：“先君舍與
　　　夷而立寡人，寡人弗敢忘。若以大夫之靈，得保首領以没，

---

① 俞志慧：《〈魯邦大旱〉句讀獻疑》，簡帛研究網，2003 年 1 月 27 日。又
　　《上博館藏戰國楚竹書（二）二題》，《上博館藏戰國楚竹書研究續編》，第
　　515 頁。
② ［日］廣瀬薰雄：《關於〈魯邦大旱〉的幾個問題》，《武漢大學學報（哲學
　　社會科學版）》2004 年第 4 期，第 508—509 頁。
③ 范麗梅：《上博楚簡〈魯邦大旱〉注譯》，《上博館藏戰國楚竹書研究續編》，
　　第 172 頁。
④ 裘錫圭：《説〈魯邦大旱〉“抑吾子如重命丌歟”句》，《華學》第 9、10 合
　　輯，上海古籍出版社，2008 年 8 月，第 285—287 頁。

先君若問與夷，<u>其</u>將何辭以對？"（《左傳》隱公三年）①

（子家子曰）若羈也，則君知<u>其</u>出也，而未知<u>其</u>入也。（《左傳》定公元年）②

（滕世子）謂然友曰："吾他日未嘗學問，好馳馬試劍，今也父兄百官不我足也，恐<u>其</u>不能盡於大事，子爲我問孟子。"（《孟子·滕文公上》）③

　　張志華指出，《左傳》中的"其"，常用作第一人稱代詞，相當於"我、余、吾、在下"，多帶有自謙之意。在句子中，"其"常作定語、主謂短語的主語或分句的主語。④ 趙宏認爲"其"在實指發話人時，不應簡單地翻譯爲"我"，保留其第三人稱更顯恰當。"其"是語用上指事轉移的活用，借以表示客觀、謙虛的意味。⑤ 上舉《左傳》隱公三年"先君若問與夷，其將何辭以對"，與《魯邦大旱》"抑吾子如重命，其與汝"的句式比較相近，均爲假設復句，"其"用作後一分句的主語。"先君若問與夷，其將何辭以對"，謂如果先君問起與夷，那麽他（宋穆公自指）將怎麽回答呢。"抑吾子如重命，其與汝"，謂如果您重視對百姓的教化，那麽他（子貢自指）贊同您（"與"訓爲贊同）。上博簡《鄭子家喪》簡 2-3 云："女（如）上帝槐（鬼）神目（以）爲惹（怒），虐（吾）牱（將）可

① 孔穎達：《春秋左傳正義》，《十三經注疏》第 4 册，中華書局，2009 年 10 月，第 3741 頁。

② 孔穎達：《春秋左傳正義》，《十三經注疏》第 4 册，第 4630 頁。

③ 孫奭：《孟子注疏》，《十三經注疏》第 5 册，中華書局，2009 年 10 月，第 5875 頁。

④ 張志華：《〈左傳〉中的"其"字》，《漢字文化》2005 年第 1 期，第 59 頁。

⑤ 趙宏：《古代漢語中第三人稱代詞"其"字活用的語用分析》，《貴州大學學報（社會科學版）》2006 年第 2 期，第 102—103 頁。

（何）呂（以）畲（答）？"① 拿它和《左傳》"先君若問與夷，其將何辭以對"、《魯邦大旱》"抑吾子如重命，其與汝"相比勘，很容易能得出"吾"相當於"其"的結論，這也從側面證實《左傳》"其將何辭以對"和《魯邦大旱》"其與汝"中的"其"應作第一人稱理解。

至於簡文"其與汝"的結構，則有以下幾個例證可以參照：

令尹子玉使宛春來告曰："請復衛侯而封曹，臣亦釋宋之圍。"舅犯慍曰："子玉無禮哉！君取一，臣取二，必擊之。"先軫曰："子與之。我不許曹、衛之請，是不許釋宋也，宋眾無乃彊乎！是楚一言而有三施，子一言而有三怨，怨已多矣，難以擊人。不若私許復曹、衛以攜之，執宛春以怒楚，既戰而後圖之。"韋昭注："與，許之。"（《國語·晉語四》）②

王問諸屈巫，對曰："其信！知罃之父，成公之嬖也，而中行伯之季弟也，新佐中軍，而善鄭皇戌，甚愛此子，其必因鄭而歸王子與襄老之尸以求之。鄭人懼於邲之役，而欲求媚於晉，其必許之。"（《左傳》成公二年）③

（曾點）曰："莫春者，春服既成，冠者五六人，童子六七人，浴乎沂，風乎舞雩，詠而歸。"夫子喟然歎曰："吾與點也！"（《論語·先進》）④

---

① 馬承源主編：《上海博物館藏戰國楚竹書（七）》，上海古籍出版社，2008年12月，第174—175頁。
② 董增齡：《國語正義》，巴蜀書社，1985年4月，第826—827頁。
③ 孔穎達：《春秋左傳正義》，《十三經注疏》第4冊，第4117頁。
④ 邢昺：《論語注疏》，《十三經注疏》第5冊，中華書局，2009年10月，第5430頁。

　　《國語・晉語四》"子與之"、《左傳》成公二年"其必許之"以及《論語・先進》"吾與點",與《魯邦大旱》"其與汝"的結構比較接近,説明這種斷句在上古漢語中是完全能够存在的。

　　雖然學界目前對"抑吾子如重命"之"重命"一詞的解釋還有較大爭議,① 但若把它理解成孔子的一種政治主張,應該没有太大問題。當孔子詢問"巷路"之人是否對其有所非議時,子贛回答説"否",馬上加以否認,然後説"抑吾子如重命,其與汝",子贛贊同孔子"重命"的主張,這無疑是維護老師的一種做法。不過,子贛認爲孔子提出的"正刑與德"合乎情理,對"毋愛珪璧幣帛於山川"卻心存疑慮,所以下文子贛説"夫正刑與德,以事上天,此是哉。若夫毋愛珪璧幣帛於山川,毋乃不可",前後的邏輯關係非常清晰。

　　研究者之所以没有將"其與"與下文"女(汝)"連讀,除了"重命"一詞比較費解外,還當出於以下兩種考慮:

　　第一,子贛是孔子的弟子,他似乎不能稱孔子爲"汝"。

---

① 顔世鉉認爲"命"指生命,"重命"即重視百姓生命,見顔世鉉:《上博楚竹書散論(三)》,簡帛研究網,2003 年 1 月 19 日。廖名春認爲"重命"指看重攘除旱災的祭祀,見廖名春:《上博藏楚簡〈魯邦大旱〉校補》,《古籍整理研究學刊》2004 年第 1 期,第 6 頁。李學勤將"𨔻"讀爲"踵",訓爲往來,"命"訓爲告,"踵命"即往來告訴,見李學勤:《上博楚簡〈魯邦大旱〉解義》,《孔子研究》2004 年第 1 期,第 5 頁。廣瀬薫雄認爲"重命"指遵守哀公的命令,抑或指重複命令,見[日]廣瀬薫雄:《關於〈魯邦大旱〉的幾個問題》,第 508 頁。劉信芳亦讀"𨔻"爲"踵",義爲追尋,"命"是人對事物的稱呼,"踵命"即追尋山川之所以稱名,見劉信芳:《上博藏楚簡〈魯邦大旱〉"踵命"試解》,《孔子研究》2005 年第 5 期,第 62 頁。秦樺林認爲"重命"猶言"明命",尊名之義,見秦樺林:《楚簡〈魯邦大旱〉"重命"解》,簡帛網,2006 年 1 月 9 日。今按:"重命"之"命",疑指教令。《詩・大雅・下武》"永言配命",鄭玄箋:"命,猶教令也。"《禮記・坊記》"命以坊欲",鄭玄注:"命,謂教令也。"《逸周書・皇門》"命用迷亂",孔晁注:"命者,教也。"重命,謂重視對百姓的教化。

第二，將"女"讀爲"若"，與"夫正刑與德，以事上天，此是哉"連讀，恰好同下文"女（若）夫毋愛珪璧幣帛於山川，毋乃不可"構成並列句的關係。

先看作爲弟子的子贛可否稱孔子爲"汝"。張玉金曾指出，在春秋時代，至少是在春秋的早中期，第二人稱代詞"爾""女（汝）"還不是賤稱，而是通稱。[1] 他列舉的三條證據是：

> 父義和，汝克紹乃顯祖，汝肇刑文武，用會紹乃辟，追孝于前文人。汝多修，扞我于艱，若汝，予嘉。（《尚書・文侯之命》）[2]
>
> 襢裼暴虎，獻于公所。將叔無狃，戒其傷女。（《詩・鄭風・大叔于田》）[3]
>
> 周公皇祖，亦其福女。（《詩・魯頌・閟宮》）[4]

此説十分可信。春秋戰國以前，"女（汝）"是通稱而非賤稱，還可以舉出許多例證：

> 伊尹申誥于王曰："……有言逆于汝心，必求諸道。有言遜于汝志，必求諸非道。"（《尚書・太甲下》）[5]
>
> 公曰："已，汝惟沖子，惟終。汝其敬識百辟享，亦識

① 張玉金：《春秋出土與傳世文獻第二人稱代詞研究》，《中國文字研究》第11輯，大象出版社，2008年12月，第25頁。

② 孔穎達：《尚書正義》，《十三經注疏》第1冊，中華書局，2009年10月，第540頁。

③ 孔穎達：《毛詩正義》，《十三經注疏》第1冊，中華書局，2009年10月，第713頁。

④ 孔穎達：《毛詩正義》，《十三經注疏》第1冊，第1328頁。

⑤ 孔穎達：《尚書正義》，《十三經注疏》第1冊，第349頁。

其有不享。享多儀，儀不及物，惟曰不享。"孔安國傳：
"已乎，汝惟童子，嗣父祖之位，惟當終其美業。奉上謂之
享。言汝爲王，其當敬識百君諸侯之奉上者，亦識其有違上
者。奉上之道多威儀，威儀不及禮物，惟曰不奉上。"(《尚
書·洛誥》)①

公曰："嗚呼，天子，我不則寅哉，寅哉。<u>汝</u>無以庻□
罪疾，喪時二王大功。<u>汝</u>無以嬖御固莊后。<u>汝</u>無以小謀敗大
作，<u>汝</u>無以嬖御士疾大夫卿士，<u>汝</u>無以家相亂王室而莫恤其
外。"(《逸周書·祭公》,② 清華壹《祭公之顧命》簡15—
17略同③)

上帝臨<u>女</u>，無貳爾心。鄭玄箋："女，女武王也。天護
視女伐紂，必克，無有疑心。"(《詩·大雅·大明》)④

"不穀（穀）余日三墮之，夕三墮之，爲君不裝（勞）
而爲臣裝（勞）虎（乎）？"箕（管）中（仲）曰："善才
（哉）！<u>女（汝）</u>果若氏（是），則爲君裝（勞）才（哉）！"
(清華陸《管仲》簡30)⑤

以上伊尹稱太甲、周公稱成王、祭公稱穆王、周人稱武王、
管仲稱齊桓公，均使用了第二人稱代詞"女（汝）"。可見在
商、西周以至春秋戰國時期，臣下對國君或天子尚可稱之爲

---

① 孔穎達：《尚書正義》，《十三經注疏》第1冊，第457頁。
② 黃懷信、張懋鎔、田旭東：《逸周書彙校集注》，上海古籍出版社，2007年3
　月，第935—938頁。
③ 清華大學出土文獻研究與保護中心編，李學勤主編：《清華大學藏戰國竹簡
　（壹）》，中西書局，2010年12月，第174—175頁。
④ 孔穎達：《毛詩正義》，《十三經注疏》第1冊，第1094頁。
⑤ 清華大學出土文獻研究與保護中心編，李學勤主編：《清華大學藏戰國竹簡
　（陸）》，中西書局，2016年4月，第113頁。

“汝”，那麼在孔子生活的時代，作爲弟子的子贛稱孔子爲“汝”，應當是比較正常的現象。①

再看簡文“女”是否必須和“夫正刑與德，以事上天，此是哉”連讀，以與下文“女（若）夫毋愛珪璧幣帛於山川，毋乃不可”構成並列句的關係。

在古代漢語中，“若夫”通常用於連接句與句、段落與段落，表示語意的轉折或進層。② 將“女”讀爲“若”，同“夫正刑與德，以事上天，此是哉”連讀，以與下文“若夫毋愛珪璧幣帛於山川，毋乃不可”構成並列句，表面看似可取，倘若仔細分析，則有難以解釋的疑點：“若夫……若夫”的句式結構，通常祇被用來表示平行並列關係，《魯邦大旱》中子贛同意孔子提倡的“正刑與德”，對“毋愛珪璧幣帛於山川”則表示反對，前後兩句明顯是對照並列關係，因此，“若夫……若夫”的句式結構实不足以反映子贛的真實意圖。

需要注意的是，“夫……若夫”的句式結構在先秦典籍中同樣大量存在，試看以下諸例：

> 公子鱄辭曰：“夫負羈絷，執鈇鑕，從君東西南北，則是臣僕庶孽之事也。若夫約言爲信，則非臣僕庶孽之所敢與也。”（《公羊傳》襄公二十七年）③

> 天下之命，懸於天子，天子之善，在於早諭教與選左右。心未疑而先教諭，則化易成也。夫開於道術，知義理之

---

① 參看附録一《先秦時期臣下稱君爲“爾”“汝”現象新論》。

② 中國社會科學院語言研究所古代漢語研究室編：《古代漢語虛詞詞典》，商務印書館，1999 年 2 月，第 475 頁。

③ 徐彥：《公羊傳注疏》，《十三經注疏》第 5 册，中華書局，2009 年 10 月，第 5021 頁。

指，則教之功也。**若夫**服習積貫，則左右已。（《大戴禮記・保傅》）①

　　倫扁曰："以臣輪言之。**夫**以規爲圓，矩爲方，此其可付乎子孫者也。**若夫**合三木而爲一，應乎心，動乎體，其不可得而傳者也。"（《韓詩外傳》卷五）②

　　且**夫**博之不必知，辯之不必慧，聖人以斷之矣。**若夫**益之而不加益，損之而不加損者，聖人之所保也。"（《莊子・知北遊》）③

　　夫儒者以六藝爲法，六藝經傳以千萬數，累世不能通其學，當年不能究其禮，故曰博而寡要，勞而少功。**若夫**列君臣父子之禮，序夫婦長幼之別，雖百家弗能易也。（《史記・太史公自序》）④

　　可以看出，"夫……若夫"通常用來表示對照並列關係，即前後分句意義相反，用肯定、否定兩方面的對照來表達所要肯定的意思。《魯邦大旱》中子贛贊同"正刑與德"，反對"毋愛珪璧幣帛於山川"，前後分句的含義正好相反，"夫……若夫"比"若夫……若夫"更能準確和貼切地描寫子贛前是後否的态度。

　　綜上，將"其與"和"女（汝）"字連讀，而以"夫正刑與德，以事上天，此是哉"與下文"若夫毋愛珪璧幣帛於山川，毋乃不可"構成對照並列關係，文義並無扞格難通之處。按照這種斷句，試將簡3—4的釋文以通行字抄錄如下：

---

① 王聘珍：《大戴禮記解詁》，中華書局，1983 年 3 月，第 56 頁。
② 許維遹：《韓詩外傳集釋》，中華書局，1980 年 6 月，第 174—175 頁。
③ 郭慶藩：《莊子集釋》，中華書局，1961 年 7 月，第 743 頁。
④ 司馬遷：《史記（修訂本）》，中華書局，2013 年 9 月，第 3967 頁。

（孔子）出，遇子贛，曰："賜，而聞巷路之言，毋乃謂丘之答非歟？"子贛曰："否。抑吾子如重命，其與汝。夫正刑與德，以事上天，此是哉。若夫毋愛珪璧幣帛於山川，毋乃不可？"

第二節　《從政》"後人則嫉毀之"

《從政》甲17—甲18云：

君子先人則啓道（導）之，① 遑（後）人則奉相之，是吕（以）曰，訝＝（君子）難㝵（得）而惕（易）貞（事）也，② 亓（其）貞（使）人，器之。少（小）人先＝

---

① "君子先"三字，陳劍據下文補，見陳劍：《上博簡〈子羔〉〈從政〉篇的竹簡拼合與編聯問題小議》，簡帛研究網，2003年1月8日。又載《文物》2003年第5期，第58頁。下"後人"二字同。

② 貞，整理者讀爲"使"，陳劍認爲《從政》"訝＝（君子）難㝵（得）而惕（易）貞（使）也"是《論語·子路》"君子易事而難説也"一句在流傳中的誤解，《子路》圍繞"君子易事而難説"展開，"説之不以道，不説也"是説明"難説"的，"及其使人也，器之"是説明"易事"的，意義連貫，而《從政》"君子難得而易使"是説使派君子，"其使人，器之"又是説君子使派人，文義不够連貫，見陳劍：《上海博物館藏戰國楚竹書〈從政〉篇研究（三題）》，復旦大學出土文獻與古文字研究中心網，2008年2月28日。又載《簡帛研究二〇〇五》，第37—38頁。按此説可商，《從政》"訝＝（君子）難㝵（得）而惕（易）貞也"之"㝵（得）"與"説"同義，《左傳》哀公二十四年"得大子適郢"，杜預注："得，相親説也。"《潛夫論·交際》"得則譽之"，汪繼培箋引《左傳》杜預注："得，相親説也。""貞"不能讀爲"使"，而應讀爲"事"，參看高亨纂著，董治安整理：《古字通假會典》"事與使""事與吏"條，齊魯書社，1989年7月，第404—405頁（陳氏自己也説"史/使""事"係一字分化，字形、讀音都很接近）。《從政》的"訝＝（君子）難㝵（得）而惕（易）貞（事）也"，與《論語·子路》的"君子易事而難説也"相比，祇是語序有所顛倒，其含義（轉下頁注）

（先人）則𡥉戠之，① ⸢後人 甲17 則△毀之，是㠯（以）曰⸥，

少（小）人惕（易）㝵（得）而難㕜（事）也，亓（其）

㕜（使）人，必求備安（焉）。甲18

"毀"前一字圖版作：

整理者釋爲"蠢"。② 陳劍疑應釋"臝"。③ 周鳳五初釋爲

"暴"，後將其分析成從肉從戈、盍聲，讀作"諳"或"讒"。④

楊澤生認爲該字從盍得聲，讀爲"陷"。⑤ 李守奎等提出該字上

部與楚文字"暴"相同，下部從肉從戈，疑爲"暴虐"之

"暴"。⑥ 郭永秉從之。⑦

在對該字考釋之前，先來看楚文字中一個舊釋爲"臝"的字：

（接上頁注②）則完全相同，不存在《從政》誤解《論語·子路》的情況。事
　　實上，《論語·子路》的有關章節，很可能是由《從政》改寫而來的。下
　　"少（小）人惕（易）㝵（得）而難㕜也"之"㕜"，亦應讀爲"事"。

① 先＝，整理者認爲是"先之"合文，陳劍指出應爲"先人"合文，見陳劍：
　　《上博簡〈子羔〉〈從政〉篇的竹簡拼合與編聯問題小議》，簡帛研究網，
　　2003年1月8日。又載《文物》2003年第5期，第58頁。

② 馬承源主編：《上海博物館藏戰國楚竹書（二）》，第231頁。

③ 陳劍：《上博簡〈子羔〉〈從政〉篇的竹簡拼合與編聯問題小議》，簡帛研究
　　網，2003年1月8日。又載《文物》2003年第5期，第58頁。

④ 周鳳五：《讀上博楚竹書〈從政〉甲篇剳記》，簡帛研究網，2003年1月10
　　日。又載《上博館藏戰國楚竹書研究續編》，第191—192頁。

⑤ 楊澤生：《〈上海博物館所藏竹書（二）〉補釋》，簡帛研究網，2003年2月
　　15日。又《上博竹書考釋（三篇）》，《第四屆國際中國古文字學研討會論
　　文集》，香港中文大學，2003年10月，第283頁。

⑥ 李守奎、曲冰、孫偉龍：《上海博物館藏戰國楚竹書（一—五）文字編》，作
　　家出版社，2007年12月，第680頁。

⑦ 郭永秉：《談談戰國文字中可能與"庖"有關的資料》，《出土文獻研究》第
　　11輯，中西書局，2012年12月，第101—102頁。

長臺關簡 2-019	仰天湖簡 32	仰天湖簡 35
包山簡 18	包山簡 41	包山簡 48
包山簡 86	包山簡 269	包山牘 1

其中，長臺關簡 2-019、仰天湖簡 32 的辭例皆爲"～膚"，仰天湖簡 35 的辭例爲"一～□"，包山簡 41、48 用作人名，簡 18、86 用作地名，包山簡 269、牘 1 的辭例皆爲"一和～膚"。徐在國據安大簡《詩·周南·卷耳》"我姑酌彼兕觥"之"兕"寫作"🐂"，① 把以上舊釋"嬴"的字都改釋作"兕"，分析爲從"兕"，加注"厶"聲。"兕膚"之"膚"，從胡雅麗讀爲"觳"，"兕觳"指像兕形的酒器，與《詩·周南·卷耳》"我姑酌彼兕觥"之"兕觥"類似。"兕膚"即"兕甲"，用兕牛皮做的鎧甲。②

　按釋"兕"可信。包山二號墓出土馬甲左側背面有三個漆書文字，分別寫作"🦌"（見圖1），③ 黃錫全曾把它們隸定爲"郎公""嬴"，懷疑"嬴"可讀爲"驘"，即騾，此甲當

---

① 安徽大學漢字發展與應用研究中心編，黃德寬、徐在國主編：《安徽大學藏戰國竹簡（一）》，中西書局，2019 年 8 月，第 8 頁。

② 徐在國：《談楚文字中的"兕"》，《中原文化研究》2017 年第 5 期，第 10—12 頁。

③ 吳順青、徐夢林、王紅星：《荊門包山 2 號墓部分遺物的清理與復原》，《文物》1988 年第 5 期，第 21 頁。又見湖北省荊沙鐵路考古隊編：《包山楚墓》，文物出版社，1991 年 10 月，第 222 頁。

爲騾子所佩戴。① 此觀點十分牽強。"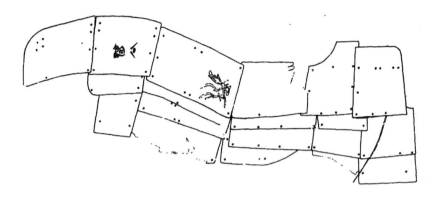"應改釋爲"兕"，意思是這件馬甲是由兕皮製造而成的。② "郎公"則是馬甲主人的名字。把"兕"釋作"兕"，不僅準確解讀出它的意涵，還爲上揭"贏"應改釋爲"兕"提供了實物上的證據，因此頗可注意。

圖 1　包山二號墓馬甲左側背面圖

需要稍作説明的是，甲骨文"兕"字下部本是身體和四肢的象形，楚簡中卻經常寫成類似"能"的形狀（如仰天湖簡 32、35，包山簡 41、48、86），或訛作從肉從攴（如包山簡 269）。

① 黃錫全：《湖北出土商周文字輯證（增補本）》上冊，武漢大學出版社，2019 年 4 月，第 158 頁。

② 包山二號墓出土人甲、馬甲各二件，而包山簡 269、牘 1 皆有"一和兕甲"，"一和"似指一對、兩件，馬甲書寫的"兕"字，正好對應包山簡 269 或牘 1 "一合兕甲"之"兕"（李家浩曾將"一和贏虘"讀爲"一合螺甲"，指兩件用公牛皮做的馬甲，即南室出土的二件馬甲，見李家浩：《包山楚簡研究（五篇）》，《第二屆國際中國古文字學研討會論文集》，香港中文大學，1993 年 10 月，第 20—26 頁）。可惜兩件馬甲的皮革胎已經腐爛，無從檢驗它們的具體材質。曾侯乙墓也出土了兩件馬甲，據輕工業部毛皮製革工業科學研究所鑒定，馬甲所用皮革的品種可能是牛皮（湖北省博物館編：《曾侯乙墓》附錄二〇《曾侯乙墓出土皮革的鑒定》，文物出版社，1989 年 7 月，第 656 頁）。兕即犀牛的一種，因其皮革堅硬，常被楚人拿來製作鎧甲。《荀子·議兵篇》："楚人鮫革犀兕以爲甲，鞈堅如金石。"《鹽鐵論·論勇》："世言强楚勁鄭，有犀兕之甲。"

包山簡 18、牘 1 中的 "兕"，左下的 "肉" 形尚可辨識，右下部
分則訛變得不可名狀。《從政》的 "▧"，除去 "大" 的部
分，下方之 "▧" 與 "兕" 字已很接近，差別在於 "▧" 從肉
從戈，上揭 "兕" 的下部則寫成類似 "能" 的形狀，或從肉從
攴，但 "攴" "戈" 作偏旁時通用無別，① 長臺關簡 2-019 的
"兕"，右下似即 "戈" 的訛寫。② 因此，"▧" 可直接釋爲
"兕"。"▧" 上部所從之 "大"，很可能是受 "能" 字類化的
結果。"能" 或作 "▧"（《集成》4594 子季嬴青簠 "嬴" 字所
從）、"▧"（葛陵簡零 2）、"▧"（子彈庫帛書《四時》），上
部皆從 "大"。《從政》中的 "▧"，可隸定作 "㝗"，分析爲
從大、兕聲，亦可徑釋作 "兕"。"兕" "矢" 讀音相近，《老
子》 "陸行不遇兕虎"，馬王堆帛書《老子》甲本 "兕" 作
"矢"，《史記·十二諸侯年表》 "曹惠公伯雉"，《管蔡世家》
"雉" 作 "兕"。③ "㝗" 在簡文中應讀爲從 "矢" 得聲的 "疾"
或 "嫉"，④ 嫉妒、憎恨之義。《史記·儒林列傳》："今上初即

---

① 參看何琳儀：《戰國文字通論（訂補）》，江蘇教育出版社，2003 年 1 月，
　 第 232 頁。

② 李豪認爲該字右下所從是 "弟" 之省形，見李豪：《結合古文字和文獻用字
　 論 "兕" "弟" "雉" 等字的上古聲母》，《出土文獻》2021 年第 1 期，第
　 141 頁。按此說可疑。楚簡 "弟" 字橫折兩筆均連貫書寫，此字橫筆與折筆
　 明顯斷開，二者無法等同。

③ 參看高亨纂著，董治安整理：《古字通假會典》"矢與兕" "雉與兕" 條，第
　 575 頁。

④ 筆者原擬將 "㝗" 讀爲 "折"，不確，此點蒙薛培武惠示。按《說文》：
　 "疾，病也。从疒，矢聲。" 段玉裁注："矢能傷人，矢之去甚速，故從矢會
　 意，'聲' 字疑衍。" 徐灝箋："矢聲古音在支部，疾聲在真部，故段以爲未
　 諧，而疑 '聲' 字爲衍，然 '至' '室' 等聲亦與 '疾' 同部，而音近支，
　 古經 '疾' 與 '日' 韻，又與 '血' '室' 韻者，僅《衞風》及《小雅·
　 雨無正》各一見，與 '實' '即' 韻者，《易·鼎卦》一見，安知非商周時
　 聲轉乎？如謂 '疾' 爲矢之急疾，則義當屬矢，而假借爲疾病（轉下頁注）

位，復以賢良徵固。諸諛儒多疾毀固，曰固老，罷歸之。"① 是
其辭例。《從政》"後人則兂（疾/嫉）毀之"，言小人落在他人
後面就會因嫉妒而毀謗他人。

　　楊澤生曾指出，《從政》的"君子先人則啟道之，後人則奉
相之""小人先人則哉之，後人則毀之"，可與《荀子·不
苟篇》"君子能則寬容易直以開道人，不能則恭敬繜絀以畏事
人，小人能則倨傲僻違以驕溢人，不能則妒嫉怨誹以傾覆人"
對讀，"啟道之"與"寬容易直以開道人"、"奉相之"與"恭
敬繜絀以畏事人"相當，"陷（引者按：楊氏將""讀爲

　　（接上頁注④）字，亦不得謂之會意也。"見徐灝：《説文解字注箋》，《續修四
庫全書》第226冊，上海古籍出版社，2002年4月，第81頁。于省吾認爲
甲骨文"疾"之異體"炗""象矢著肔下，矢亦聲，係會意兼形聲字"，見
于省吾：《甲骨文字釋林》，中華書局，1979年6月，第320頁。李孝定提出
"疾"字從疒從矢，矢乃後加聲符，見李孝定：《金文詁林讀後記》，（臺北）
"中央研究院"歷史語言研究所，1992年12月，第299頁。董蓮池認爲甲骨
文"疒"發展到"疾"始自西周早期或中期，《説文》分析"疾"從矢聲是
正確的，見董蓮池：《新金文編》，作家出版社，2011年10月，自序第4頁。
黄天樹將甲骨文"炗（疾）"分析爲從大從矢，矢亦聲，見黄天樹：《殷墟
甲骨文形聲字所佔比重的再統計》，《黄天樹甲骨金文論集》，學苑出版社，
2014年8月，第116頁。不過，也有學者持反對意見，如鄭張尚芳主張
"疾"字"象著矢致疾臥床，矢非聲"，見鄭張尚芳：《上古音系》，上海教
育出版社，2003年12月，第362頁。鄔可晶認爲"'矢''疾'韻部雖有陰
入對轉的關係，但聲母遠隔，應該没有相諧的可能"，見鄔可晶：《試釋殷墟
甲骨文的"達"字》，《出土文獻與古文字研究》第8輯，復旦大學出版社，
2019年11月，第73頁。按"疾"從疒從矢，並無所謂人形，將其解釋成
"象著矢致疾臥床"甚屬牽強。"疾"在西周早中期由"疒"增加"矢"旁
而來，"矢"明顯應該和"炗"所從的"矢"一樣理解爲聲符。雖然"疾"
"矢"聲紐稍遠，但古文字因韻近通假者不勝枚舉，不足以據此否定"疾"
從"矢"聲。
① 司馬遷：《史記（修訂本）》，第3768頁。

"陷") 毁之" 與 "妬嫉怨誹以傾覆人" 相當。① 楊氏對 "" 字的釋讀雖然尚可商榷，但他認爲《從政》"毁之" 與《荀子》"妒嫉怨誹以傾覆人" 文義相似，還是基本可信的。《荀子·不苟篇》"不能則妒嫉怨誹以傾覆人" 的表述，② 也爲《從政》"後人則毁之" 之 "" 應讀作 "疾/嫉" 給予了辭例方面的支持。

上文提到，該字以往多被誤釋作 "暴"，這是因爲二者確有相似之處，郭店、上博、清華簡中有以下比較確切的 "暴" 或從 "暴" 之字：③

郭店《性自命出》簡 64	郭店《唐虞之道》簡 12	上博二《從政》甲 15
上博二《容成氏》簡 37	上博三《彭祖》簡 2	上博五《鬼神之明》簡 1
上博五《鬼神之明》簡 3	包山簡 102	包山簡 102 反
包山簡 109	清華叁《芮良夫毖》簡 11	清華伍《封許之命》簡 6

① 楊澤生：《〈上海博物館所藏竹書（二）〉補釋》，簡帛研究網，2003 年 2 月 15 日。又《上博竹書考釋（三篇）》，《第四屆國際中國古文字學研討會論文集》，香港中文大學，2003 年 10 月，第 283 頁。

② 王先謙：《荀子集解》，中華書局，2013 年 4 月，第 46—47 頁。

③ 駱珍伊對楚簡中的 "暴" 字作了全面梳理，見駱珍伊：《談楚簡中的 "彝（暴）" 字》，《第二十八屆中國文字學國際學術研討會論文集》，臺灣大學中國文學系、中國文字學會，2017 年 5 月，第 249—264 頁。

续表

清華玖《治政之道》簡 6	清華玖《治政之道》簡 17	清華玖《治政之道》簡 36
清華拾《四告》簡 2	清華拾《四告》簡 4	

　　郭店《性自命出》的辭例爲"惹（怒）谷（欲）淫（盈）而毋～"，整理者僅摹其字形而未作釋讀，周鳳五提出""的下部與曾侯乙簡 4"襮"所從之"暴"相同，上部似"虍"，該字當爲"暴"之異構。① 郭店《唐虞之道》的辭例爲"皐（罪）淫〈淫〉～"，整理者推測""可釋"枯"②，施謝捷改釋爲"暴"。③ 上博二《從政》的辭例是"不攸（修）不武〈戒〉，④胃（謂）之必城（成），則～"，整理者釋""爲"弅"，讀作"弄"，⑤ 陳劍指出該文可與《論語·堯曰》"不戒視成謂之

---

① 周鳳五：《郭店〈性自命出〉"怒欲盈而毋暴"説》，《新出土文獻與古代文明研究》，上海大學出版社，2004 年 4 月，第 186 頁。禤健聰認爲此"暴"應改釋爲"畢"，讀作"暴"，上部的"爻"形由"网"演變而來，見禤健聰：《上博楚簡釋字三則》，簡帛研究網，2005 年 4 月 15 日。又見《戰國楚簡字詞研究》，中山大學博士學位論文，2006 年 4 月，第 137—138 頁。張峰認爲"畢"字從网，网柄輕易不能省略，而"暴"從"爻"形，從無一例從网柄，參看張峰：《楚文字譌書研究》，上海古籍出版社，2016 年 11 月，第 165—166 頁。

② 荆門市博物館編：《郭店楚墓竹簡》，文物出版社，1998 年 5 月，第 157 頁。

③ 轉引自馮勝君：《論郭店簡〈唐虞之道〉、〈忠信之道〉、〈語叢〉一～三以及上博簡〈緇衣〉爲具有齊系文字特點的抄本》，北京大學博士後研究工作報告，2004 年 8 月，第 228 頁。

④ 武，陳劍認爲係"戒"之譌字，陳劍：《上博簡〈子羔〉〈從政〉篇的竹簡拼合與編聯問題小議》，簡帛研究網，2003 年 1 月 8 日。又載《文物》2003年第 5 期，第 59 頁。

⑤ 馬承源主編：《上海博物館藏戰國楚竹書（二）》，第 228 頁。

暴"對讀，"▨"即"暴"字。① 上博二《容成氏》的辭例爲
"乃執兵欽（禁）～"，整理者釋"▨"爲"瘄"，② 陳劍認爲
該字從疒從暴，讀作"暴"。③ 上博三《彭祖》的辭例是"若～與
裏"，整理者將"▨"隸定作"繬"，讀爲"表"，④ 徐在國提出
該字從糸、從衣、從暴，疑是"襮"的異體，讀爲"表"。⑤ 上
博五《鬼神之明》的辭例分別是"㠯（以）亓（其）賞善罰～"
"則善者或不賞，而～ 者或不罰"，整理者釋"▨""▨"爲
"暴"。⑥ 包山簡的"▨""▨""▨"，均用作人名，何有祖釋
爲"瘄"。⑦ 清華叄《芮良夫毖》的辭例是"以～亓（其）狛
（狀）"，整理者釋"▨"爲"曓"，⑧ 陳劍改釋爲"暴"，讀作
"貌"。⑨ 清華伍《封許之命》的辭例是"鉤、雁（膺）、～、
綼（弁）"，整理者釋"▨"爲"纂"，⑩ 陳劍分析爲從竹、從

① 陳劍：《上博簡〈子羔〉〈從政〉篇的竹簡拼合與編聯問題小議》，簡帛研究
　網，2003 年 1 月 8 日。又載《文物》2003 年第 5 期，第 59 頁。
② 馬承源主編：《上海博物館藏戰國楚竹書（二）》，第 279 頁。
③ 陳劍：《上博簡〈容成氏〉的竹簡拼合與編聯問題》，簡帛研究網，2003 年 1
　月 9 日。又載《上博館藏戰國楚竹書研究續編》，上海書店出版社，2004 年
　7 月，第 334 頁注 [19]。
④ 馬承源主編：《上海博物館藏戰國楚竹書（三）》，第 305 頁。
⑤ 徐在國：《上博竹書（三）劄記二則》，簡帛研究網，2004 年 4 月 26 日。又
　載《古文字研究》第 27 輯，中華書局，2008 年 9 月，第 444 頁。
⑥ 馬承源主編：《上海博物館藏戰國楚竹書（五）》，第 316 頁。
⑦ 何有祖：《包山楚簡試釋九則》，簡帛網，2005 年 12 月 15 日。
⑧ 清華大學出土文獻研究與保護中心編，李學勤主編：《清華大學藏戰國竹簡
　（叄）》，中西書局，2012 年 12 月，第 145 頁。
⑨ 陳劍：《清華簡（伍）與舊說互證兩則》，復旦大學出土文獻與古文字研究中
　心網，2015 年 4 月 14 日。
⑩ 清華大學出土文獻研究與保護中心編，李學勤主編：《清華大學藏戰國竹簡
　（伍）》，中西書局，2015 年 4 月，第 118 頁。

暴，讀作“鑣”。① 清華玖《治政之道》的簡 6、17、36 的辭例爲“是向（鄉）又（有）～民，必智（知）之”“醫（殷）人乍（作）罰，民以好～”“正卿大夫或倦**～贏**”，前二者整理者釋“戱”，後者釋“暴”。② 清華拾《四告》簡 2、4 的辭例是“～虐（虐）百眚（姓）”“～虐（虐）從（縱）獄”，整理者皆釋爲“暴”。③ 均文從字順。雖然“暴”字的結構、來源目前尚不能完全解釋清楚，④ 但它的下部一般寫成“廾”“干”“木”，“兎”的下部則爲身體和四肢的象形（“肉”形必不可省），這是“兎”區別於“暴”的主要標志。

上博六《景公瘧》簡 12 有如下一字：

其辭例爲“神見虗（吾）逤〈淫〉～”，簡文下端略殘，何有祖、董珊皆主張釋爲“暴”，⑤ 似可備一説，但該字也可能釋爲“兎”，讀作“泆”或“佚”。⑥ “淫泆/佚”，指荒淫逸樂。《尚

---

① 陳劍：《清華簡（伍）與舊説互證兩則》，復旦大學出土文獻與古文字研究中心網，2015 年 4 月 14 日。

② 清華大學出土文獻研究與保護中心編，黃德寬主編：《清華大學藏戰國竹簡（玖）》，中西書局，2019 年 11 月，第 126、127、129 頁。

③ 清華大學出土文獻研究與保護中心編，黃德寬主編：《清華大學藏戰國竹簡（拾）》，中西書局，2020 年 11 月，第 110 頁。

④ 裘錫圭認爲“暴”象兩手持草木一類東西在日下暴曬，見裘錫圭：《文字學概要》，商務印書館，1988 年 8 月，第 136 頁。金俊秀認爲楚簡中的“暴”是由“畢”省簡而來，見金俊秀：《〈上海博物館藏戰國楚竹書（四）〉疑難字研究》，（臺北）花木蘭出版社，2008 年 9 月，第 61—69 頁。

⑤ 何有祖：《讀〈上博六〉劄記》，簡帛網，2007 年 7 月 9 日。董珊：《讀〈上博六〉雜記》，簡帛網，2007 年 7 月 10 日。

⑥ 參看高亨纂著，董治安整理：《古字通假會典》“兕與弟”“䖤與秩”條，第534 頁。

書·多士》：“嚮于時夏，弗克庸帝，大淫泆有辭。”① 《國語·越語下》：“淫佚之事，上帝之禁也。”② 均可參。

附帶談談《孔子見季桓子》中的兩個“兕”：

簡7　　　　　　　簡17

辭例分別爲“卒〈衣〉備（服）北（必）中，③ 頌（容）佫（貌）不求～於人”④ “衣備（服）玗（好）豊（禮），□□皆求～於人”。⑤ 整理者釋簡7之“”爲“羸”，指獸名，而將簡17之“”釋作“異”。⑥ 何有祖認爲簡7之“”亦應釋“異”。⑦ 趙苑凤則把“”“”二字皆讀爲“盈”。⑧

按“”“”均應釋“兕”，文中可讀作“軼”，訓爲超過。《廣雅·釋詁》：“軼，過也。”⑨ 《漢書·揚雄傳上》“軼五帝之遐疾兮”，顏師古注：“軼，亦過也。”⑩ 《後漢書·馬融傳》“軼越三家”，李賢注：“軼，過也。”⑪ “求兕（軼）於人”，謂

---

① 孔穎達：《尚書正義》，《十三經注疏》第 1 冊，第 467 頁。
② 董增齡：《國語正義》，第 1286 頁。
③ 北，整理者釋爲“此”，陳劍釋爲“北”，讀爲“必”，見陳劍：《〈上博六·孔子見季桓子〉重編新釋》，復旦大學出土文獻與古文字研究中心網，2008年 3 月 22 日。又載《出土文獻與古文字研究》第 2 輯，第 165 頁。
④ 頌佫，整理者釋爲“觀佟”，何有祖讀爲“容貌”，見何有祖：《讀〈上博六〉劄記》，簡帛網，2007 年 7 月 9 日。
⑤ 皆，整理者釋爲“旨”，何有祖釋爲“皆”，見何有祖：《讀〈上博六〉劄記》，簡帛網，2007 年 7 月 9 日。
⑥ 馬承源主編：《上海博物館藏戰國楚竹書（六）》，第 206、215 頁。
⑦ 何有祖：《讀〈上博六〉劄記》，簡帛網，2007 年 7 月 9 日。
⑧ 趙苑凤：《論〈孔子見季桓子〉之“盈於人”》，簡帛網，2008 年 6 月 28 日。
⑨ 王念孫：《廣雅疏證》，上海古籍出版社，2016 年 12 月，第 550 頁。
⑩ 班固：《漢書》，第 3540 頁。
⑪ 范曄：《後漢書》，中華書局，1965 年 5 月，第 1969—1970 頁。

追求勝過他人。簡 7 "不求皃（軼）於人"之前有 "容貌"二字，或許有人會感覺文義不順，其實這裏的 "容貌"指衣服表面的裝飾品。《左傳》宣公十四年 "朝而獻功，於是有容貌、采章，嘉淑而有加貨"，楊伯峻注云："容貌、采章者，蓋指玄纁璣組、羽毛齒革諸物，皆所以充衣服、旌旗之裝飾者。"① 《韓詩外傳》卷一 "故君子衣服中，容貌得，則民之目悅矣"（《説苑·修文》同），② 《禮記·表記》"容貌以文之，衣服以移之"，③ 兩例 "容貌"皆與 "衣服"對言，當亦指衣服上的裝飾品。

第三節　《仲弓》"唯政者正也"

《仲弓》附簡釋文云：

> 孔＝（孔子）曰："唯正（政）者，正也。夫子唯（雖）又（有）與，女（汝）蜀（屬）正之，幾（豈）不又（有）性也。"

其 "唯政者"之 "唯"字圖版作：

整理者釋 "唯"，④ 學者多無異議。陳劍認爲 "唯政者，正

---

① 楊伯峻：《春秋左傳注》，中華書局，1990 年 5 月，第 757 頁。

② 許維遹：《韓詩外傳集釋》，第 25 頁。

③ 孔穎達：《禮記正義》，《十三經注疏》第 3 册，第 3560 頁。

④ 馬承源主編：《上海博物館藏戰國楚竹書（三）》，第 283 頁。

也”的説法“實在彆扭”，古書“政者，正也”之語多見，皆無
“唯”字，衹有《孔子家語·大婚》與《禮記·哀公問》《大戴
禮記·哀公問於孔子》中與“政者，正也”相應之語作“夫政
者，正也”。若從周鳳五在“唯”下點斷，則“唯”衹能表示應
答，“又恐不能出自與學生對話的孔子之口”。繼而提出該字不
能釋“唯”，其下方所從不是“口”，而是一個圈形，“圈形筆畫
的頂端係一弧筆尚頗爲明顯”，而從兩個圈形的“雍”在西周春
秋金文中多可省去一個圈形，故此字應改釋爲“雍”，係仲弓
之名。①

　　先看該字是“唯”還是“雍”。諦察圖版，所謂圈形筆畫頂
部弧筆並不明顯（右旁弧筆似已出頭），與本篇其他“雍”字
“🈳”（簡4）、“🈳”（同上）、“🈳”（簡6）、“🈳”（同上）、
“🈳”（簡9）、“🈳”（簡21）、“🈳”（簡26）下部圈形用橫折
一筆寫成者有所不同。即便承認“🈳”下部是圈形而非“口”，
但本篇“雍”字全部寫成兩個圈形，爲何唯獨此字省掉一個呢？
衹作一個圈的“雍”兩周金文習見，卻不能類推其他文字都必
然如此（楚簡中目前似乎衹發現清華簡《五紀》79中的一例，
作“🈳”）。遺憾的是本簡“唯”字稍有殘泐，其圈形左旁弧
筆究竟出頭與否已無法看清，然而類似寫法的“唯”並非孤例，
如“🈳”（郭店《老子甲》簡18，辭例爲“樸～細”）、“🈳”
（上博四《柬大王泊旱》簡12，辭例爲“夫～毋旱”）、“🈳”
（上博六《孔子見季桓子》簡6，辭例爲“～非仁人也”），
“口”的左右弧筆也略顯出頭，可歸咎於書手抄寫不慎所致。最
關鍵的是，《仲弓》一文中的“雍”右旁豎筆除寫得很長外，末

①　陳劍：《〈上博（三）·仲弓〉賸義》，《簡帛》第3輯，上海古籍出版社，
　　2008年10月，第89—90頁。

尾無一例外均有一個墨點，與這裏討論的""存在顯著差別。由此看來，陳氏的改釋依據很不充分，不如從原釋爲妥。

再談上對下能否稱"唯"。按《晏子春秋·諫下》："晏子曰：'昔文王不敢盤于游田，故國昌而民安。楚靈王不廢乾溪之役，起章華之臺，而民叛之。今君不革，將危社稷，而爲諸侯笑。臣聞忠不避死，諫不違罪。君不聽臣，臣將逝矣。'景公曰：'唯唯，將弛罷之。'"①《左傳》定公十四年："夫差使人立於庭，苟出入，必謂己曰：'夫差，而忘越王之殺而父乎？'則對曰：'唯，不敢忘。'"②《史記·平原君列傳》："毛遂按劍而前曰：'合從者爲楚，非爲趙也！吾君在前，叱者何也？'楚王曰：'唯唯，誠若先生之言，謹奉社稷而以從。'"③《説苑·尊賢》："齊將軍田瞶出將，張生郊送曰：'昔者堯讓許由以天下，洗耳而不受，將軍知之乎？'曰：'唯然，知之。'"④ 以上齊景公與晏嬰、吳王夫差與小臣、楚考烈王與毛遂、齊將軍田瞶與張生，地位顯有上下之別，但前者對後者均使用了表示應答的"唯"，説明此時"唯"並非祇能用於下對上的情形，那麼所謂"又恐不能出自與學生對話的孔子之口"的顧慮自然可以消除了。

與"唯"功能相似的還有"諾"字，請看以下數例：

> 桓公曰："寡人已伐鐘磬之縣，併歌舞之樂矣。請問所始，於國將爲何行？"管子對曰："宋伐杞，狄伐邢、衛，而君之不救也，臣請以慶。臣聞之，諸侯争於疆者，勿與分

---

① 吳則虞：《晏子春秋集釋》，中華書局，1982 年 1 月，第 118 頁。
② 孔穎達：《春秋左傳正義》，《十三經注疏》第 4 册，第 4672 頁。
③ 司馬遷：《史記（修訂本）》，第 2863—2864 頁。
④ 向宗魯：《説苑校證》，中華書局，1987 年 7 月，第 196 頁。

於彊。今君何不定三君之處哉?"於是桓公曰:"諾。"(《管子·霸形》)①

説言於王曰:"魯叔孫之來也,必有異焉。其享覲之幣薄而言諂,殆請之也。若請之,必欲賜也。魯執政唯强,故不歡焉而後遣之。且其狀方上而鋭下,宜觸冒人。王其勿賜。若貪陵之人來而盈其願,是不賞善也,且財不給。故聖人之施舍也議之,其喜怒取與也亦議之。是以不主寬惠,亦不主猛毅,主德義而已。"王曰:"諾。"(《國語·周語中》)②

王召范蠡而問焉,曰:"吾不用子之言,以至於此,爲之奈何?"范蠡對曰:"君王其忘之乎?持盈者與天,定傾者與人,節事者與地。"王曰:"與人奈何?"范蠡對曰:"卑辭尊禮,玩好女樂,尊之以名。如此不已,又身與之市。"王曰:"諾。"(《國語·越語下》)③

魯平公將出,嬖人臧倉者請曰:"他日君出,則必命有司所之。今乘輿已駕矣,有司未知所之。敢請。"公曰:"將見孟子。"曰:"何哉?君所爲輕身以先於匹夫者,以爲賢乎?禮義由賢者出,而孟子之後喪逾前喪。君無見焉!"公曰:"諾。"(《孟子·梁惠王下》)④

司城子罕謂宋君曰:"慶賞賜與,民之所喜也,君自行之。殺戮誅罰,民之所惡也,臣請當之。"宋君曰:"諾。"(《韓非子·外儲説右下》)⑤

---

①　黎翔鳳:《管子校注》,中華書局,2004年6月,第456頁。
②　董增齡:《國語正義》,第206—207頁。
③　董增齡:《國語正義》,第1287—1288頁。
④　孫奭:《孟子注疏》,《十三經注疏》第5册,第5833頁。
⑤　王先慎:《韓非子集解》,中華書局,1998年7月,第334頁。

王曰："子誠能爲寡人爲之，寡人盡聽子矣。"史起敬諾，言之於王曰："臣爲之，民必大怨臣。大者死，其次乃藉臣。臣雖死、藉，願王之使他人遂之也。"王曰："諾。"使之爲鄴令。（《吕氏春秋·樂成》）①

齊景公出弋昭華之池，顏斶聚主鳥而亡之，景公怒而欲殺之。晏子曰："夫斶聚有死罪四，請數而誅之。"景公曰："諾。"（《韓詩外傳》卷九）②

以上齊桓公與管仲、周簡王與王孫説、越王勾踐與范蠡、魯平公與嬖人臧倉、宋桓侯與司城子罕、魏襄王與史起、齊景公與晏嬰，地位亦有上下之别，但不妨礙前者對後者使用表示應答的"諾"。即此可知，"唯""諾"都祇是應答之辭，猶言"善"，相當於今天常説的"好吧"，無所謂上對下、下對上，所以《吕氏春秋·樂成》中王可以"諾"史起，史起也可以"諾"王。如果對此没有足够清醒的認識，就會在校讀古書時做出一些似是而非的判斷。《晏子春秋·諫上》有如下一段話：

少間，公出，晏子不起，公入，不起。交舉則先飲。公怒，色變，抑手疾視曰："嚮者夫子之教寡人無禮之不可也，寡人出入不起，交舉則先飲，禮也？"晏子避席再拜稽首而請曰："嬰敢與君言而忘之乎？臣以致無禮之實也。君若欲無禮，此是已！"公曰："若是孤之罪也。夫子就席，寡人聞命矣。"

① 許維通：《吕氏春秋集釋》，中華書局，2009年9月，第416頁。
② 許維通：《韓詩外傳集釋》，第314—315頁。

“若是孤之罪也”，學者或作一句讀，① 或在“是”下點斷。② 王念孫認爲：“若，當爲‘善’。‘公曰善’者，善晏子之言也。‘是孤之罪也’別爲一句，不與上連讀。《外篇上》記景公命去禮，晏子諫之，事略與此同，彼文亦作‘公曰善也’。今本‘善’作‘若’，則既失其句，而又失其義矣。‘善’‘若’字相似，又涉上文‘若欲無禮’而誤。”（《諫下》篇“善其衣服節儉”，《雜下》篇“以善爲師”，今本“善”字並誤作“若”。）③

又《晏子春秋·諫下》云：

> 景公獵休，坐地而食，晏子後至，左右滅葭而席。公不説，曰：“寡人不席而坐地，二三子莫席，而子獨搴草而坐之，何也？”晏子對曰：“臣聞介胄坐陳不席，獄訟不席，尸坐堂上不席，三者皆憂也，故不敢以憂侍坐。”公曰：“諾。”令人下席曰：“大夫皆席，寡人亦席矣。”④

王念孫亦曰：“諾，本作‘善’。‘公曰善’者，善晏子之席而後坐也。凡晏子有所請於公者，則下有‘公曰諾’之文。此是晏子自言其所以設席之故，非有所請於公，公無爲諾之也。蓋‘善’與‘若’字相似，‘善’誤爲‘若’（後第十四“善其衣服節儉”，《諫上》篇“公曰善”，《雜下》篇“以善爲師”，今本“善”字並誤作“若”），後人因改爲‘諾’耳。《北堂書鈔·服飾部二》《藝文類聚·服飾部上》《太平御覽·服用部十

① 王心湛：《晏子春秋集解》，廣益書局，1936 年 5 月，第 3 頁。
② 吳則虞：《晏子春秋集釋》，第 6 頁。
③ 王念孫：《讀書雜志》，上海古籍出版社，2014 年 7 月，第 1336 頁。
④ 吳則虞：《晏子春秋集釋》，第 119—120 頁。

一》引此並作‘公曰善’。”①

　　王氏指出《諫上》“若是孤之罪也”之“若”當單獨成句，非常正確。但他把“若”視作“善”的誤字，卻不能成立。“善”“若”形體差別很大，兩者之間不存在互訛的可能。此“若”當讀爲“諾”。馬王堆帛書《戰國縱橫家書觸龍見趙太后章》太后對觸龍曰“敬若，年幾何矣”“若，恣君之所使之”之“若”，②《戰國策·趙策四》《史記·趙世家》皆作“諾”。③ 又《晏子春秋·諫下》“晏子曰：‘昔者先君莊公之伐于晉也，其役殺兵四人，今令而殺兵二人，是師殺之半也。’公曰：‘諾，是寡人之過也。’令止之”，④ 此“諾，是寡人之過也”與《諫上》之“若，是孤之罪也”句式完全相同，這是“若”讀爲“諾”以及當在其後斷句的鐵證。況且晏子説“昔者先君莊公之伐于晉也，其役殺兵四人，今令而殺兵二人，是師殺之半也”，衹是在陳述一個事實，無所謂“有請於公”而後始可稱“諾”。《戰國策·趙策四》太后在觸龍言“老臣以媼爲長安君計短也，故以爲其愛不若燕后”之後説“諾，恣君之所使之”，⑤ 亦非觸龍先有請求然後太后諾之。王氏强解《諫下》“公曰諾”爲景公善晏子之席而後坐，已屬誤讀原文，又據類書以改古書，足爲後世好奇者戒。

　　除上舉《晏子春秋·諫下》和《戰國策·趙策四》中三例“諾”前非有所請外，尚可舉證如下：

---

① 王念孫：《讀書雜志》，第 1356 頁。
② 湖南省博物館、復旦大學出土文獻與古文字研究中心編纂，裘錫圭主編：《長沙馬王堆漢墓簡帛集成（叁）》，中華書局，2014 年 6 月，第 240 頁。
③ 諸祖耿：《戰國策集注匯考（增補本）》，鳳凰出版社，2008 年 12 月，第 1121 頁。司馬遷：《史記（修訂本）》，第 2183 頁。
④ 吳則虞：《晏子春秋集釋》，第 110 頁。
⑤ 諸祖耿：《戰國策集注匯考（增補本）》，第 1122 頁。

鮑叔曰："夫施伯之爲人也，敏而多畏，公若先反，恐注怨焉，必不殺也。"公曰："諾。"（《管子·大匡》）①

王曰："不穀之國家，蠡之國家也，蠡其圖之！"范蠡對曰："四封之內，百姓之事，時節三樂，不亂民功，不逆天時，五穀稑孰，民乃蕃滋，君臣上下交得其志，蠡不如種。四封之外，敵國之制，立斷之事，因陰陽之恒，順天地之常，柔而不屈，彊而不剛，德虐之行，因以爲常。死生因天地之刑，天因人，聖人因天。人自生之，天地刑之，聖人因而成之。是故戰勝而不報，取地而不反，兵勝於外，福生於內，用力甚少而名聲章明，種亦不如蠡也。"王曰："諾。"令大夫種爲之。（《國語·越語下》）②

凡繇進見，爭之曰："賢主故願爲臣。今王非賢主也，願辭不爲臣。"昭王曰："是何也？"對曰："松下亂，先君以不安，棄群臣也。王苦痛之，而事齊者，力不足也。今魁死而王攻齊，是視魁而賢於先君。"王曰："諾。"（《呂氏春秋·行論》）③

齊人有馮諼者，貧乏不能自存，使人屬孟嘗君，願寄食門下。孟嘗君曰："客何好？"曰："客無好也。"曰："客何能？"曰："客無能也。"孟嘗君笑而受之，曰："諾。"（《戰國策·齊策四》④

鮑叔牙向齊桓公分析施伯的爲人，范蠡對越王勾踐比較自己與文種的優劣，凡繇指出燕昭王因將軍張魁被殺而準備攻打齊國

①　黎翔鳳：《管子校注》，第342頁。
②　董增齡：《國語正義》，第1292—1293頁。
③　許維遹：《呂氏春秋集釋》，第570頁。
④　諸祖耿：《戰國策集注匯考（增補本）》，第591頁。

"是視魁而賢於先君"，馮諼答孟嘗君問曰"客無能也"，顯然都没有什麽請求或建議，但均得到了君王、卿大夫"諾"的回應，説明上級稱"諾"與下級請求與否不具有必然的聯繫。

以上討論了"諾""唯"可用於上對下的事實，但不代表筆者贊同"唯政者正也"當在"唯"後斷句，此句仍以原整理者"唯政者，正也"的標點爲優，下面講一講原因。

據語言學家研究，助詞"唯"用在句首時具有提示、肯定或強調語氣的作用。① 《論語·述而》"與其進也，不與其退也，唯何甚"和《先進》"唯求則非邦也與""唯赤則非邦也與"之"唯"，明顯都衹能理解成句首助詞。② 《泰伯》"唯天为大，唯堯則之"、《鄉黨》"唯酒無量，不及亂"，以及《陽貨》"唯上知與下愚不移""唯女子與小人爲難養也，近之則不孫，遠之則怨"之"唯"，學者大多認爲是副詞"唯獨"之義，恐怕很有問題，這些"唯"也應該理解成句首助詞。其中，"唯女子與小人爲難養也"之"唯"表提示作用，功能與"夫"大體相似，故《後漢書·楊震傳》云"夫女子、小人，近之喜，遠之怨，實爲難養"，③ 正以"夫"替代"唯"。"唯天爲大"之"唯"，與《禮記·表記》"子曰：唯天子受命于天，士受命于君"之"唯"語法功能相同，鄭玄注云："唯，當爲'雖'，字之誤也。"④ 不可信。"唯天子受命於天"一句又見於《春秋繁露·爲人者天》"傳曰：唯天子受命於天，天下受命於天子"，⑤ 同

①　參看武振玉：《兩周金文虛詞研究》，綫裝書局，2010 年 12 月，第 285—287 頁。

②　參看劉寶楠：《論語正義》，中華書局，1990 年 3 月，第 278 頁。楊伯峻：《論語譯注》，第 122 頁。楊逢彬：《論語新注新譯》，北京大學出版社，2018 年 10 月，第 207 頁。

③　范曄：《後漢書》，第 1761 頁。

④　孔穎達：《禮記正義》，《十三經注疏》第 3 册，第 3567 頁。

⑤　蘇輿：《春秋繁露義證》，中華書局，1992 年 12 月，第 319 頁。

書《順命》篇則作"天子受命於天，諸侯受命於天子"，① "唯"字已被省去，知其必爲發語詞。孫希旦在對《禮記·標記》"唯天子受命於天"之"唯"作注解時，就完全抛棄了鄭玄的説法："愚謂：唯，發端之辭。"② 相應地，《論語·泰伯》"唯天爲大"之"唯"，當亦表提示作用，不能解釋爲副詞"祇有"。清華簡《厚父》"隹（惟）天乃永保顕（夏）邑"，③ "惟天"之"惟"顯係發語詞，可爲旁證。④ 不僅如此，《泰伯》"唯天爲大，唯堯則之"中的後一"唯"字大概也不是副詞。清華簡《祭公之顧命》"皇天改大邦殷之命，隹（惟）周文王受之，隹（惟）武王大敗之"（《逸周書·祭公》作"皇天改大殷之命，維文王受之，維武王大克之"），⑤ 兩"惟"字皆爲句首助詞，與此正可參證。

因"唯"在表提示作用時與"夫"相類，於是産生了一個複合詞"夫唯"。學界一般認爲，"夫唯"是一個連詞性結構，祇能和連詞"故""是以"組成固定格式，表示因果關係。⑥ 王念孫曾據此推斷《老子》"夫佳兵者，不祥之器。物或惡之，故有道者不處"之"佳"當作"隹"，讀爲"唯"：

　　　三十一章"夫佳兵者，不祥之器。物或惡之，故有道

---

① 蘇輿：《春秋繁露義證》，第 412 頁。

② 孫希旦：《禮記集解》，中華書局，1989 年 2 月，第 1316 頁。

③ 清華大學出土文獻研究與保護中心編，李學勤主編：《清華大學藏戰國竹簡（伍）》，中西書局，2005 年 4 月，第 110 頁。

④ 清華簡《金縢》"惟爾元孫發也""惟余沖人亦弗及知""惟余沖人其親逆公"，《祭公之顧命》"惟天奠我文王之志""維我周有常刑"，《説命》"惟殷王賜説于天"，《湯在啻門》"唯古之先帝之良言"之"惟/維/唯"，都是典型的發語詞，不贅言。

⑤ 清華大學出土文獻研究與保護中心編，李學勤主編：《清華大學藏戰國竹簡（壹）》，第 174 頁。

⑥ 中國社會科學院語言研究所古代漢語研究室編：《古代漢語虚詞詞典》，商務印書館，1999 年 2 月，第 159—160 頁。

者不處", 釋文: "佳, 善也。" 河上云: "飾也。" 念孫按: "善" "飾" 二訓, 皆於義未安。古所謂兵者, 皆指五兵而言, 故曰 "兵者不祥之器" (見下文)。若自用兵者言之, 則但可謂之不祥, 而不可謂之 "不祥之器" 矣。今案: 佳, 當作 "隹", 字之誤也。隹, 古 "唯" 字也 (唯, 或作 "惟", 又作 "維")。唯兵爲不祥之器, 故有道者不處。上言 "夫唯", 下言 "故", 文義正相承也。八章云 "夫唯不爭, 故無尤", 十五章云 "夫唯不可識, 故强爲之容", 又云 "夫唯不盈, 故能蔽不新成", 二十二章云 "夫唯不爭, 故天下莫能與之爭", 皆其證也。古鐘鼎文 "唯" 字作 "隹", 石鼓文亦然。又夏竦《古文四聲韻》載《道德經》 "唯" 字作 "隹"。據此, 則今本作 "唯" 者, 皆後人所改。此 "隹" 字若不誤爲 "佳", 則後人亦必改爲 "唯" 矣。①

王氏此釋堪稱考證學典範, 屢獲學者稱譽, 阮元在爲《經傳釋詞》作序時即言: "《老子》'夫佳兵者, 不祥之器', '佳' 爲 '隹' (同 "惟") 之譌 (《老子》"夫惟" 二字相連爲辭者甚多。若以爲 "佳", 則當云 "不祥之事", 不當云 "器")。若此之疇, 學者執是書以求之, 當不悖謬於經傳矣。"② 不錯, 《老子》中 "夫唯" 確實常與 "故" 連言, 但並不絕對, 如 "夫唯道, 善貸且成" "夫唯無以生爲者, 是賢於貴生" 兩例, 下句均無 "故" 字。況且 "故有道者不處" 是針對 "物或惡之" 而言, 它與上句 "夫唯兵者, 不祥之器也" 根本不存在邏

---

①　王念孫:《讀書雜志》, 第 2581—2582 頁。
②　王引之:《經傳釋詞》, 上海古籍出版社, 2014 年 1 月, 第 1 頁。

輯上的關聯。上章"其在道,曰餘食贅形。物或惡之,故有道者不處",① 因爲"物或惡之",故而"有道者不處",這跟本章的"物或惡之,故有道者不處"語意完全相同,可爲明證。"夫唯"是由表提示作用的"夫"和"唯"組成的複合詞,它並非一定要同"故""是以"搭配。"夫佳兵者,不祥之器",北大簡《老子》作"夫觟(佳)美,不恙(祥)之器也",② 同下文"物或惡之,故有欲者弗居也"的邏輯非常緊密。《史記·扁鵲倉公列傳》暗引《老子》曰"美好者,不祥之器",③ 司馬遷所見亦與北大簡相合,老子原意自當如此。馬王堆帛書《老子》甲、乙本皆作"兵者不祥之器",④ "兵"字蓋涉下文"用兵則貴右"而誤。北大簡的整理者已指出,《老子》早期版本原有"兵者""觟(佳)美"兩個系統, "兵"可能是"美"的訛字。⑤ 王念孫没有版本參照,僅僅依據"佳""佳"字形相近,又看到《老子》中"夫唯……故"的格式比較多見,於是得出"佳"當作"佳(唯)"的結論,雖在當時及後世贏得很多讚美,卻與真相背道而馳。

"夫唯"既與"夫""唯"性質相同,那麼它自然可以單獨使用,除《老子》中的例證外,又如:

先王之言曰:"非神也,<u>夫唯</u>能使人之耳目助己視聽,

---

① 朱謙之:《老子校釋》,中華書局,1984 年 11 月,第 98—99 頁。

② 北京大學出土文獻研究所編:《北京大學藏西漢竹書〔貳〕》,上海古籍出版社,2012 年 12 月,第 159 頁。

③ 司馬遷:《史記(修訂本)》,第 3386 頁。

④ 湖南省博物館、復旦大學出土文獻與古文字研究中心編纂,裘錫圭主編:《長沙馬王堆漢墓簡帛集成(肆)》,中華書局,2014 年 6 月,第 42、207 頁。

⑤ 北京大學出土文獻研究所編: 《北京大學藏西漢竹書〔貳〕》,第 159—160 頁。

使人之吻助己言談，使人之心助己思慮，使人之股肱助己動作。"（《墨子·尚同中》）①

何桀紂之猖被兮，夫唯捷徑以窘步。　（《楚辭·離騷》）②

夫唯進之何功，退之何守，是故君子進退有二觀焉。（《大戴禮記·曾子制言》）③

夫唯《大雅》"既明且哲，以保其身"，難矣哉！（《漢書·司馬遷傳贊》）④

"夫唯"亦可倒作"唯（惟）夫"：

唯夫能令人不見其事極，不見其事極者爲能保其身、有其國，故曰："莫知其極，莫知其極則可以有國。"（《韓非子·解老》）⑤

惟夫所以澄心清魂，儲精垂思，感動天地，逆釐三神者。（《漢書·揚雄傳》）⑥

惟夫君子之仕，行其道也。（《後漢書·馮衍傳》，⑦ 暗用《論語·微子》"君子之仕也，行其義也"）

以上各例中，"唯（惟）夫""夫唯"都是表提示作用的發語詞，過去把它們視作副詞恐怕是不恰當的。

---

① 孫詒讓：《墨子閒詁》，中華書局，2001 年 4 月，第 88 頁。
② 王逸：《楚辭章句》，上海古籍出版社，2017 年 10 月，第 5 頁。
③ 王聘珍：《大戴禮記解詁》，第 92 頁。
④ 班固：《漢書》，第 2738 頁。
⑤ 王先慎：《韓非子集解》，第 149—150 頁。
⑥ 班固：《漢書》，第 3530 頁。
⑦ 范曄：《後漢書》，第 985 頁。

綜而言之，《仲弓》"唯政者，正也"，"唯"的功能猶如"夫"，表提示和强調作用，故《孔子家語·大婚》引作"夫政者，正也"。《論語·陽貨》"唯女子與小人爲難養也，近之則不孫，遠之則怨"，《後漢書·楊震傳》作"夫女子、小人，近之喜，遠之怨，實爲難養"，"夫"的作用亦如"唯"，兩者正可合觀。因爲"唯""夫"係發語詞，省去它們對文義没有實質影響，所以《管子·法法》《論語·顏淵》《禮記·哀公問》《大戴禮記·哀公問於孔子》皆作"政者，正也"。如果顛倒過來，鑒於典籍中"政者，正也"的表述比較常見，從而否定"唯/夫政者，正也"的合理性，則是我們所萬萬不能同意的。

第四節　《弟子問》"豐年不恆至"

《弟子問》簡5+13：①

子曰："少（小）子，坐（來），聖（聽）余言，② △年不亙（恒）至，③ 苟老不逡（復）壯，臤（賢）者恆（急）

---

① 復旦大學出土文獻與古文字研究中心陳劍主持"上博簡字詞全編"項目成果《〈弟子問〉釋文（工作本）》將簡5與簡13編聯，轉引自蘇建洲：《〈上博五·弟子問〉研究》，《"中央研究院"歷史語言研究所集刊》83本第2分，第187頁。

② 聖，整理者釋爲"取"，蘇建洲改釋爲"聖"，讀爲"聽"，見蘇建洲：《〈上博五·弟子問〉研究》，《"中央研究院"歷史語言研究所集刊》83本第2分，第214—216頁。

③ 年，整理者釋爲"秋"，陳偉改釋爲"年"，見陳偉：《上博五〈弟子問〉零釋》，簡帛網，2006年2月21日。收入《新出楚簡研讀》，第242頁。

遠（就）人，①　不曲方（防）呂（以）达（去）人。"

"年"前一字圖版作：

整理者釋爲"春"，與字形不符。陳偉改釋爲"豐"，舉上博二《容成氏》簡 45、47、48"豐鎬"之"豐"作"[字]""[字]""[字]""[字]"爲證。②　徐在國釋"荳"，疑當讀"壽"。③　田煒提出，鄧公盨"登"作"[字]"，《古璽彙編》3722 號作"[字]"，上部的"癶"皆訛作"艸"。侯馬盟書用爲人名的"[字]"，異體作"[字]""[字]"，所從之"登"與"[字]"完全相同，故"[字]"應釋"登"。《國語·周語中》"若皆蚤世猶可，若登年以載其毒，必亡"，韋昭注："登年，多歷年也。"《晉語九》"哀名之不令，不哀年之不登"，韋昭注："登，高也。""登年"乃高壽之義。④　此説影響很大，趙平安曾據以推測清華簡《子産》的

①　伋，復旦大學出土文獻與古文字研究中心陳劍主持"上博簡字詞全編"項目成果《〈弟子問〉釋文（工作本）》讀爲"急"，轉引自蘇建洲：《〈上博五·弟子問〉研究》，《"中央研究院"歷史語言研究所集刊》83 本第 2 分，第 192 頁。

②　陳偉：《上博五〈弟子問〉零釋》，簡帛網，2006 年 2 月 21 日。收入《新出楚簡研讀》，第 242 頁。

③　徐在國：《上博五文字考釋拾遺》，簡帛網，2006 年 2 月 27 日。

④　田煒：《上博五〈弟子問〉"登年"小考》，簡帛網，2006 年 3 月 22 日。又《讀〈上海博物館藏戰國楚竹書〉零劄》，《江漢考古》2008 年第 2 期，第 116—117 頁。

“𢤱”可分析爲從發、從心，是“廢”的專字。① 令人感到奇怪的是，楚簡中“登”或從“登”之字非常多見，但尚未發現一例把“癶”訛寫成“艸”的情況。田氏所引證的《國語·周語》“若登年以載其毒”、《晉語》“哀名之不令，不哀年之不登”兩處辭例，實際上很難支持他的推論。王引之曾謂：

　　　　登，加也。昭三年《左傳》“陳氏三量皆登一焉”，杜注曰：“登，加也。”由是推之，桓二年《左傳》“登降有數”，言加減有數也（説見《左傳》上）。昭十五年《傳》“福祚之不登，叔父焉在”，言福祚不加，叔父將焉加也（杜注不釋“登”字，未達古訓也）。《周語》“若登年以載其毒，必亡”，言加年齒以行其毒也（韋注曰：“登年，多歷年也。”案：登，加也。言年齒加也）。《晉語》“君子哀名之不令，不哀年之不登”，言不憂年齒之不加也（韋注曰：“登，高也。”案：登，加也）。加年，謂壽考也。不加，謂不壽也。②

按照王氏的分析，“加”指增長、增加，“登年”意爲“加年”。此“登年”乃動賓結構，《弟子問》“登年”與“耇老”對舉，當爲偏正或並列結構，二者顯然不能曲爲比附。要之，無論字形還是辭例，釋“登”都有一定障礙，需要重新推敲。

甲骨、金文“豐”字主要寫作“𧯮”（《合集》14625）、“𧯮”（《合集》27460）、“𧯮”（《合集》8262反）、“𧯮”（《合

---

① 趙平安：《清華簡第六輯文字補釋（六則）》，《出土文獻》第 9 輯，中西書局，2016 年 10 月，第 184—186 頁。收入《新出簡帛與古文字古文獻研究續集》，商務印書館，2018 年 6 月，第 87—89 頁。

② 王引之：《經義述聞》，上海古籍出版社，2018 年 10 月，第 1872 頁。

集》16084)、"■"(小臣宅簋,《集成》4201)、"■"(懷季遽父卣,《集成》5357),上從二玉、二丰、二木,或從二亡、二丰(辯見下文)。它的本義當指大鼓,① 所謂玉、丰、木本象樂鼓上端的裝飾物,② 後來逐漸變形音化,有的將玉、丰聲化爲"丰"作"豐",有的則聲化爲"亡"作"薑",尤以前者多見。林澐不同意"薑"是"豐"的異體,他質疑道:

　　亡、丰雖均屬唇音字,然在商代和西周是否音近而可互通,並無其他直接的證據,所以我仍傾向於認爲薑是不同於豐的另一個字。③

　　學者多從此説,如《新甲骨文編(增訂本)》即將"薑"單獨列一字頭,④《新金文編》雖然把"薑"置於"豐"下,卻備注説"今學者研究認爲釋豐證據並不足,宜單列存疑"。⑤《字源》"豐"字條亦云:"殷商甲骨文中另有些與之近似字形,'壴'形内從二'亡'或二'木',學者或釋爲'豐'之異體,

---

① 參看裘錫圭:《甲骨文中的幾種樂器名稱——釋"庸""豐""𩲃"》,《中華文史論叢》1980 年第 2 輯,上海古籍出版社,1980 年 5 月,第 71—74 頁。收入《裘錫圭學術文集·甲骨文卷》,復旦大學出版社,2012 年 10 月,第41—44 頁。

② 蔡哲茂認爲此裝飾物乃羽葆之形,見蔡哲茂:《古文字"豐"字構形試釋》,《甲骨學暨高青陳莊西周城址重大發現國際學術研討會文集》,齊魯書社,2014 年 7 月,第 187—194 頁。收入《蔡哲茂學術文集·金文卷》,(臺北)花木蘭文化事業有限公司,2021 年 9 月,第 217—225 頁。

③ 林澐:《豐豐辨》,《古文字研究》第 12 輯,中華書局,1985 年 10 月,第184 頁。收入《林澐文集·文字卷》,上海古籍出版社,2019 年 12 月,第62 頁。

④ 劉釗主編:《新甲骨文編(增訂本)》,福建人民出版社,2014 年 12 月,第301 頁。

⑤ 董蓮池:《新金文編》,第 578 頁。

但至今並無確證，故此處没有收録。"① 有的學者雖已注意到晉侯蘇鐘（《新收》882）銘文中的"𫐐"所從之"豐"從壴、從二亡，但仍堅持"此僅是孤證，且時代較晚，不排除是誤刻的可能"，"認爲'𧰼''豐'爲同一字的學者也僅僅是從音理上做出推斷，没有材料證據。林澐先生之説應當可信"。② 然而，林氏本人近年已徹底放棄了他原來的看法：

> 現在重新考慮這個問題，恐怕還是釋豐有更多的證據，一是𩰬鼎銘（《集成》2739）豐公之豐作■形，而近出晉侯蘇鐘銘（《銘圖》27.15310）的𫐐字作■"，上部字形相同，可以互證。另一個是從亡以象鼓聲和從丰以象鼓聲，都合乎常理，似不必一定要拘泥於亡、丰古音是否相通。③

　　除最後一句尚有偏差外（"亡""丰"讀音接近，都是裝飾物的變形音化，而非象鼓聲），"𧰼"爲"豐"字異體的意見應當可以肯定下來。叔旅魚父鐘（《集成》39）"𧰼𣁬"之"𧰼"作"■"，在上鐘（《銘圖》15127）"𣁬=𫐐="之"𫐐"作"■"，下、左之"豐"皆從"亡"作。安大簡《樛木》"葛藟豐之"之"豐"作"■"，其上正從二亡，整理者注釋説："'豐'字西周金文或作'■'（豐卣，《集成》〇五四〇三·一），應分析爲從'壴'，'亡'聲。簡文'豐'字作'■'，當是承襲金文這種寫法……《毛詩》作'荒'，當屬音近通假。上

① 李學勤主編：《字源》，天津古籍出版社，2012年12月，第432頁。
② 鄔國盛：《論𩰬鼎的𧰼與西周夷夏觀念》，《青銅器與金文》第1輯，上海古籍出版社，2017年3月，第130頁。
③ 林澐：《豐豐再辨》，《古文字研究》第32輯，中華書局，2018年8月，第16頁。收入《林澐文集·文字卷》，第329—330頁。

古音‘豐’屬滂紐冬部，‘荒’屬曉紐陽部。典籍中‘邦’‘方’，‘方’‘罔’相通（參《古字通假會典》第二六、三一二頁）。"①"豐"從二亡，可直接讀爲"荒"（"荒"從亡聲），不必輾轉旁通。"荒""豐"的這組異文，也爲"薑"當釋"豐"提供了積極的證據。

甲骨、金文中還有一個從珏、從壴的"薑"，有人認爲是"豐"的異體，也有不少學者持反對意見，雙方的分歧主要集中在如何解釋二丰、二玉的差別。② 早在 20 世紀初，王國維曾根據"朋""珏"字形和讀音的相似，判斷它們"古本一字"：

　　貝、玉之大者，車渠之大以爲宗器，圭璧之屬以爲瑞信，皆不以爲貨幣。其用爲貨幣及服御者，小玉、小貝，而有物焉以系之。所系之貝、玉，於玉則謂之珏，於貝則謂之朋，然二者於古實爲一字。"珏"字殷虛卜辭作丰，作羊，

---

① 安徽大學漢字發展與應用研究中心編，黃德寬、徐在國主編：《安徽大學藏戰國竹簡（一）》，第 77 頁。有學者提出"薑"應改釋爲"彭"（侯乃峰：《安大簡〈詩經〉中的幾個字補説》，《簡帛國際學術研討會（"詩"類文獻專題）論文集》，西南大學漢語言文獻研究所、中國詩經學會，2021 年 11 月，第 30—31 頁）。按此字與"彭"不類。甲骨、金文中表示鼓聲的"彡"多在"壴"的左右，鮮有置於"中"形之內者，即便承認它能省作兩豎，也從不與"中"黏連。"薑"所從"中"形之內明顯爲兩斜筆，可理解成"亡"的省寫。散氏盤（《集成》10176）的"豐"字作"薑"，左上的"亡"尚有其形，右上的"亡"已簡寫爲一豎，與"薑"正可類比，故該字應以釋"豐"爲允。

② 參看裘錫圭：《甲骨文中的幾種樂器名稱——釋"庸""豐""鞀"》，《中華文史論叢》1980 年第 2 輯，第 67—81 頁。收入《裘錫圭學術文集·甲骨文卷》，第 36—50 頁。林澐：《豐豐辨》，《古文字研究》第 12 輯，第 181—186 頁。林澐：《豐豐再辨》，《古文字研究》第 32 輯，第 12—16 頁。分別見《林澐文集·文字卷》，第 59—63、323—330 頁。李宗焜：《從豐豐同形談商代的新酒與陳釀》，《出土材料與新視野》，（臺北）"中央研究院"，2013 年 9 月，第 189—212 頁。

或作，金文亦作，皆古“玨”字也。《説文》：“玉，象三畫之連，丨其貫也。”意正同。其作、作者，、皆象其系，如“朿”字上下從、也。古系貝之法與系玉同，故謂之朋，其字作，作，金文作，作，作，又公中彝之“貝五朋”作，撫叔敦蓋之“貝十朋”作，戊午爵乃作，甚似“玨”字，而“朋友”之“朋”，卜辭作，金文作，或作，或從，或從玨，知“玨”“朋”本一字，可由字形證之也。更以字音證之：“玨”自來讀古岳反，《説文》亦以“瑴”字爲“玨”之重文，是當從㱿聲。然竊意“玨”與“瑴”義同意異，古“玨”字當與“琟”同讀。《説文》“琟”讀與“服”同。《詩》與《士喪禮》作“服”，古文作“”，古“服”“葡”同音，“玨”亦同之，故“琟”以之爲聲。古者玉亦以備計，即“玨”之假借。齊侯壺云“璧二備”，即二玨也。古音“服”“備”二字皆在之部，“朋”字在蒸部，之、蒸二部陰陽對轉，故音變爲“朋”。音既屢變，形亦小殊，後世遂以“玨”專屬之玉，以“朋”專屬之貝，而不知其本一字也。①

馬叙倫贊成“琟”從“玨”得聲，並作了進一步的補充：“琟之義爲車笭閒皮篋，故從車，車笭閒皮篋不專爲盛玉，從玨爲無義，自從玨得聲。王國維謂‘玨’字當與‘琟’同讀，‘琟’讀與‘服’同，‘服’‘葡’古音同，齊侯壺‘璧二備’，即二玨也。倫謂‘玨’之轉注字作‘瑴’，‘瑴’從‘㱿’得聲，㱿音溪紐，而從‘㱿’得聲之‘瑴’讀若‘莩’，轉入敷

① 王國維：《説玨朋》，《觀堂集林》卷三，第161—162頁。

紐，古讀敷歸滂，滂、溪同爲破裂次清音也。'殼'從'青'得聲，'青'從'生'得聲，生音匣紐，服音奉紐，奉、匣皆摩擦次濁音，故'珺'讀與'服'同，此'珺'從'珏'得聲之證。"① 馬氏提出"珏"的異體"殼"從"殼"得聲，而從"殼"之"殼"可讀若"莩"，這與"珺"從"珏"得聲而讀如"服"正好平行。今爲此説再添一證：鄂侯馭方鼎（《集成》2810）周孝王賜馭方，《左傳》莊公十八年周惠王賜虢公、晉獻侯，皆有"玉五殼"，杜預注："雙玉爲殼。"孔穎達正義："《倉頡篇》'殼'作'珏'。"② 卯簋蓋（《集成》4327）榮伯賜卯亦有"章殼"即璋一殼，而守宮盤（《集成》10168A）周師賜守宮有"珡朋"，陳夢家以爲指瓆玉一朋。③ 此"朋"明顯用爲"珏（殼）"，但字形卻寫作"▨（朋）"，可證"珏""朋"必爲一字。這意味着，甲骨文的"▨"，可分析爲從壴、珏（朋）聲。巧合的是，鄭任釗、鄭張尚芳也認爲"豐"當從壴、朋聲。④ 按"朋"屬並紐蒸部，"豐"屬並紐東部，聲紐相同，韻部旁轉。《禮記·檀弓上》"還葬縣棺而封"，鄭玄注："封，《春秋傳》作'堋'。"⑤《周禮·地官·遂人》"及窆"，鄭司農云："窆，謂下棺時。遂人，主陳役也。《禮記》謂之'封'，《春秋》謂之'堋'，皆葬下棺也，聲相似。"⑥ "豐""封"皆從丰聲，"封"的異文作"堋"，故"朋""豐"相通自

---

① 馬叙倫：《説文解字六書疏證》卷一，中國書店，1985 年 4 月，第 110—111 頁。
② 孔穎達：《春秋左傳正義》，《十三經注疏》第 4 冊，第 3847—3848 頁。
③ 陳夢家：《西周銅器斷代》，中華書局，2004 年 4 月，第 186 頁。
④ 鄭任釗、鄭張尚芳：《也談〈易經〉簡帛本的蠱、豐二卦——與蕭漢明先生商榷》，《周易研究》2006 年第 6 期，第 36 頁。
⑤ 孔穎達：《禮記正義》，《十三經注疏》第 3 冊，第 2797 頁。
⑥ 賈公彥：《周禮注疏》，《十三經注疏》第 2 冊，中華書局，2009 年 10 月，第 1597 頁。

然不存在問題。更直接的證據見於清華簡《四告》："王所立大
正、小子、秉典、聖任、處士，乃豐淫失處，弗明厥服，煩辭不
正。""豐淫"之"豐"，整理者讀爲"朋"，注云："《書·益
稷》：'朋淫於家，用殄厥世。'偽孔傳：'朋，群也。群淫於家，
妻妾亂。'朋淫，又作'淫朋'。《書·洪範》：'凡厥庶民，無
有淫朋，人無有比德，惟皇作極。'"① 十分可信。"豐"從壴、
珏（朋）聲，應即從壴、丰聲的"豐"的另一個異體。

　　需要注意的是，金文"豐"字所從的"丰"偶或省作
"屮"，如"𧯍"（輔伯匡父鼎，《集成》2546）。楚簡亦有其例，
清華肆《別卦》簡2的"𦀚（𦀚）"，整理者將其分析爲從丰、
絲聲，疑即繁茂之"蘩"的專字（馬王堆帛書《周易》與之相
應的字作"蘩"）。② 該字又見於清華捌《邦家之政》簡8，作
"𦀚"，從繁、從屮，此楚系文字"丰"可省作"屮"的明證。
《弟子問》的"豐"，從屮（丰）從豆，"豆"乃"壴"之簡寫。
清華貳《別卦》簡2之"鄭"作"豐"，《説文》所收"豐"之
古文作"豐"，下皆從豆。故"豐"可譯爲"豐"。所謂"豐年
不恒至，耇老不復壯"，指豐穰之年不常遇到，衰老之人不再健
壯，以此勸誡晚輩要善於把握時機，盡早獲得統治階層（"賢
人"）的賞識。

　　由《弟子問》的"豐"還可聯想到清華簡《四告》中的
"登"，從亡、從豆，辭例如下：

---

① 清華大學出土文獻研究與保護中心編，黃德寬主編：《清華大學藏戰國竹簡
　（拾）》，第112頁。清華簡《攝命》"汝毋敢朋酗于酒"，亦可參，見清華
　大學出土文獻研究與保護中心編，李學勤主編：《清華大學藏戰國竹簡
　（捌）》，中西書局，2018年11月，第110頁。
② 清華大學出土文獻研究與保護中心編，李學勤主編：《清華大學藏戰國竹簡
　（肆）》，中西書局，2013年12月，第131頁。

今室（望）鷗或（又）坒（來）族集于先公之宗宙（廟），竈（祇）**46**光朕心，敢用二丁，先吉玉，卲（昭）告北方死（尸），者魯大宗，弋（式）陟降上下，古蠹（業）乃家，母（毋）念臭（斁）哉！公爲不**47**吴（虞），雯（粤）不吉訞（妖）祥，尚卑（俾）室（望）氏（鷗）盧（漸）巫此隻（獲），卑（俾）隻（獲）卑（俾）埶（執），卑（俾）死卑（俾）兓（執），曾孫元（其）畬（擒）之惑（識）之，寵之**48**克之，弋（式）卑（俾）曾孫永嗣先公，駆＝（熙熙）萬年，詈△我家，畢狄（逖）不恙（祥），遠于不辝（辭），弋（式）卑（俾）曾孫靽（恭）爾明（盟）祀，宜爾**49**祜福。**50**

　　整理者釋"𣍯"爲"壹"，讀作"光"，注釋説："壹，從亡聲，讀爲'光'，金文有'用寵光我家'，見通彔鐘（《集成》六四）。"①

　　竊疑此字是"豐"的變體。其下所從之"豆"，亦爲"壹"的省寫，與《弟子問》"𧰨"字略同。上部之"亡"，則是上揭從二亡的"𣍯"" 𣍯"省略一個"亡"的結果。與此稍可類比的是，金文"豐"從二丰作"𧯆"（長囟盉，《集成》9455），楚簡卻常常省去一個"丰"作"𧯆"（上博六《天子建州》乙本簡3）、"𧯆"（清華壹《金縢》簡12）、"𧯆"（清華伍《殷高宗問於三壽》簡15）。"亡"是"𣍯"的基本聲符，即使該字無法釋作"豐"，它也完全能够直接讀爲"豐"。

　　"豐"前之"詈"，整理者讀爲"鬲（歷）"。② 清華簡

① 清華大學出土文獻研究與保護中心編，黃德寬主編：《清華大學藏戰國竹簡（拾）》，第125頁。
② 清華大學出土文獻研究與保護中心編，黃德寬主編：《清華大學藏戰國竹簡（拾）》，第125頁。

《楚居》"罾罟四方"之"罾"，學者亦或讀爲"歷"。① 按《釋名·釋言語》："罾，歷也，以惡言相彌歷也。亦言離也，以此挂離之也。"② 劉熙以"歷"釋"罾"，此爲聲訓，這是"罾""歷"二字讀音相近的旁證。"歷"在《四告》中應爲副詞，長久、永遠之義。《小爾雅·廣詁》："歷，久也。"③《尚書·召誥》"有夏服天命，惟有歷年"，孫星衍曰："歷者，《釋詁》云：'艾，歷也。'《詩》傳：'艾，久也。'是歷亦爲久也。"④"歷豐我家"，謂長久地豐厚我的國家。

　　附帶談談金文、楚簡中與"豐""朋"有關的幾則材料：

　　薛國故城所出圓鼎銘文"匍匍皂皂"，謝明文將其與西周金文中常見的"豐豐𤔲𤔲"聯繫起來，認爲"豐豐"是盛大貌，"匍匍"與"豐豐"義近，可讀作"薄薄"或"甫甫"。⑤ 按甲骨文"朋"本象兩串貝幣，後贅加表意的人形作"圖"（《合集》10196）、"圖"（《合集》13）、"圖"（倗丏簋，《集成》3667）、"圖"（倗仲鼎，《集成》2462），人形又聲化爲"勹"，如"圖"（倗尊，《集成》5955）、"圖"（王孫遺鼠鐘，《集成》261）、"圖"（楚叔之孫倗鼎，《銘圖》1844）。⑥ "匍"從勹、

①　復旦大學出土文獻與古文字研究中心研究生讀書會《清華簡〈楚居〉研讀劄記》文後跟帖，復旦大學出土文獻與古文字研究中心網，2011 年 1 月 5 日。宋華强：《清華簡〈楚居〉1—2 號釋讀》，簡帛網，2011 年 1 月 15 日。

②　王先謙：《釋名疏證補》，中華書局，2008 年 6 月，第 131 頁。

③　遲鐸：《小爾雅集釋》，中華書局，2008 年 9 月，第 41 頁。

④　孫星衍：《尚書今古文注疏》，中華書局，1986 年 12 月，第 399 頁。

⑤　謝明文：《薛國故城所出圓鼎銘文小考》，復旦大學出土文獻與古文字研究中心網，2021 年 10 月 29 日。

⑥　參看于省吾：《甲骨文字釋林》，第 376—377 頁。季旭昇：《説文新證》，福建人民出版社，2010 年 12 月，第 311 頁。李家浩：《〈説文〉篆文有漢代小學家篡改和虛造的字形》，《安徽大學漢語言文字研究叢書·李家浩卷》，安徽大學出版社，2013 年 5 月，第 366—368 頁。

甫，甫、勹都是聲符，① 其金文或作""（匍盉，《銘圖》14791）、""（師克盨，《集成》4467），上部所從與"朋"完全相同。上面提到，"豐""朋"以音近可通，故"匍匍"可直接讀作"豐豐"（"匍"屬並紐魚部，"豐"屬並紐東部，聲紐相同，韻部旁對轉。上博簡《周易·井》"井谷射羑"，馬王堆帛書本"羑"作"付"，今本作"鮒"，"付"常與從"甫"得聲之字相通②）。換言之，圓鼎銘文之"匍匍乤乤"，跟西周金文常見的"豐豐彔彔"記錄的其實是同一個成語。

　　盞駒尊（《集成》6011）"王倗（朋）下不其則萬年保我萬宗"，同出盞方尊（《集成》6012）作"天子不叚不其萬年保我萬邦"。白於藍指出"不叚不其"與"朋下不其"相當，"朋""不"、"下""叚"皆以音近可通，③ 正確可信。但他把"不叚不其""朋下不其"都讀成"丕祜丕祺"，且在其後斷句，卻尚可商榷。兩處銘文當從沈培説作一句讀，"不叚不"即"不能不""不會不"之義。④ 盞駒尊的"朋下不"，當讀如盞方尊的

---

① 許慎將"匍"分析成從勹、甫聲，不確。"勹"現在一般認爲是"伏"的初文，也充當"匍"的聲符。參看馬叙倫：《説文解字六書疏證》卷十七，第 62 頁。于省吾：《甲骨文字釋林》，第 376—377 頁。李學勤主編：《字源》，第 801 頁。

② 參看高亨纂著，董治安整理：《古字通假會典》"付與傅""付與搏""符與縛""符與傅""附與傅"條，第 365—368 頁。

③ 白於藍：《金文校讀三則》，《考古與文物》2013 年第 6 期，第 102—103 頁。《周易·蹇卦》"九五：大蹇朋來"，上博簡《周易》"朋"作"不"，封子楚簠（《銘圖續》517）"萬世朋改"，謝明文讀爲"萬世不改"（謝明文：《封子楚簠小考》，《出土文獻綜合研究集刊》第 10 輯，巴蜀書社，2020 年 12 月，第 92 頁），是皆"不""朋"通假之證。

④ 沈培：《再談西周金文"叚"表示情態的用法》，《中國古代青銅器國際研討會論文集》，上海博物館、香港中文大學文物館，2010 年 11 月，第 193—228 頁。清華簡《皇門》"王邦用寧，小民用叚能稼穡"，整理者讀"叚"爲"假"，訓爲大（清華大學出土文獻研究與保護中心編，李學勤主編：《清華大學藏戰國竹簡（壹）》，第 168 頁），不確，此"叚"亦當訓爲"能"，"叚能"屬同義連用，下文"王用能奄有四鄰"可參。

"不叚不"。盠方尊"天子不叚不其萬年保我萬邦"，謂天子不能不保佑我的國家萬年常在。盠駒尊"其"後多一"則"字，乃句中助詞，性質和"其"相似。金文常見的"則永祜福"（曾子㝨簠、黄君孟豆，《集成》4529、4686），亦或寫作"其永祜福"（曾子㝨鼎、唐侯鼎，《銘圖三》210、219—221）。盠駒尊的"其則"，應理解爲由語法功能相近的"其""則"組成的同義複詞，因此銘文没有問題可作一句讀。

上博簡《鮑叔牙與隰朋之諫》"殷人之所以代之，觀其容，聽其言。玤（朋）其所以亡，爲其容，爲其言。周人之所以代之，觀其容，聽其言，迥倗者使。玤（朋）其所以衰亡，忘其迥倗也"，[1] 兩處"玤（朋）"字，季旭昇讀作"比"，[2] 沈培提出古書有"凡……所以……，爲……"的句式，"朋其所以亡，爲其容"與之相似，故"朋"可讀爲"凡"。[3] 學者多從後説，[4] 其實相當可疑。俞紹宏等曾批評道，"爲其容，爲其言"之"爲"，不能解釋成"因爲"，當從李學勤説讀作"僞"。[5] 即便承認"朋其所以亡，爲其容，爲其言"與古書"凡……所以……，爲……"結構相似，但下文"朋其所以衰亡，忘其迥倗也"則是另外一種句式，前後頗不畫一，表明"朋"讀爲"凡"不具有必然性。學者多已注意到，"朋其所以亡""朋其所以衰亡"，與上文"有夏氏觀其容以使，及其亡也，皆爲其容"

① 馬承源主編：《上海博物館藏戰國楚竹書（五）》，第 183 頁。

② 季旭昇：《上博五芻議（上）》，簡帛網，2006 年 2 月 18 日。

③ 沈培：《小議上博簡〈鮑叔牙與隰朋之諫〉中的虛詞"凡"》，《出土文獻與古文字研究》第 1 輯，復旦大學出版社，2006 年 12 月，第 45—54 頁。

④ 參看徐在國：《上博楚簡文字聲系（一——八）》，安徽大學出版社，2013 年 12 月，第 684 頁。白於藍：《簡帛古書通假字大系》，福建人民出版社，2017 年 12 月，第 935 頁。

⑤ 俞紹宏、張青松：《上海博物館藏戰國楚簡集釋》第 5 册，社會科學文獻出版社，2019 年 12 月，第 83 頁。

之“及其亡也”相當，“朋”“及”的用法應該接近。① 從這個角度看，季旭昇將“朋”讀爲“比”，“比”的字義、用法跟“及”都很相似，故此説最爲可取。雖然“朋”“及”的韻部有些距離，但聲爲旁紐（前者並紐蒸部，後者幫紐脂部），屬於以音近相通之例（“凡”與“朋”的韻部也有一定差異）。沈培不同意讀爲“比”，除語音方面的考量外，最大的顧慮是“‘及其亡也’講得通，但‘比其所以亡’‘比其所以衰亡’這種説法則恐怕根本講不通（除非説成‘比其亡’‘比其衰亡’）”。② 揣摩其意，大概是把“所以”看成表原因的連詞，恐怕是不對的。“朋其所以亡”“朋其所以衰亡”與“及其亡也”相當，“所以”二字明顯没有實際含義，可理解成由有意義的“所+以（動詞）”結構虚化而來的“仂語”。《墨子·所染》“凡君之所以安者何也？以其行理也”，《尚賢中》“故唯昔三代聖王堯舜禹湯文武之所以王天下、正諸侯者，此亦其法已”，③ 王力指出兩處“所以”的作用是插在主語、謂語中間使其變爲名詞性仂語（“之”字亦然），④ 可不必譯出。又如郭店簡《忠信之道》“忠，

①　季旭昇：《上博五芻議（上）》，簡帛網，2006 年 2 月 18 日。單育辰：《上博五短劄（三則）》，簡帛網，2006 年 4 月 30 日。朱艷芬：《〈競建内之〉與〈鮑叔牙與隰朋之諫〉集釋》，吉林大學碩士學位論文，2008 年 4 月，第72—73 頁。單氏主張“朋”讀爲“逢”，沈培已指出其“不合語法”，見沈培：《小議上博簡〈鮑叔牙與隰朋之諫〉中的虛詞“凡”》，《出土文獻與古文字研究》第 1 輯，第 46 頁。朱氏認爲“朋”有“比”義，“比”可訓“及”，由此推導“朋”有“及”義，也犯了“輾轉爲訓”的弊病。俞紹宏等指出“朋”有朋比義，卻無“比”的比及義，見俞紹宏、張青松：《上海博物館藏戰國楚簡集釋》第 5 册，第 83 頁。
②　沈培：《小議上博簡〈鮑叔牙與隰朋之諫〉中的虛詞“凡”》，《出土文獻與古文字研究》第 1 輯，第 46 頁。
③　孫詒讓：《墨子閒詁》，第 18、50 頁。
④　王力：《漢語史稿》，中華書局，2015 年 1 月，第 387 頁。

仁之實也。信，義之基也。是故古之所以行乎閟嘍者，如此也”，①
《孟子·離婁下》“人之所以異於禽獸者幾希，庶民去之，君子
存之”，②《吕氏春秋·貴當》“齊人有好獵者，曠日持久而不得獸，
入則媿其家室，出則媿其知友州里。惟其所以不得之故，則狗惡
也”，③三處“所以”也無需加以翻譯（上文“殷人之所以代之”
“周人之所以代之”之“之所以”亦應作如是觀）。“朋（比）其
所以亡”“朋（比）其所以衰亡”，意爲等到它衰亡的時候。

　　清華簡《攝命》“民朋□興從顯汝”“民朋亦則興仇怨汝”，
整理者無説。按“民朋”可讀爲“民氓”。安大簡《樛木》“葛
藟豐之”之“豐”，今本作“荒”，“豐”之於“荒”，亦猶
“朋”之於“氓”。典籍“民氓”（亦作“民萌”）常見，《晏
子春秋·諫上》：“狗馬保妾，不已厚乎？民氓百姓，不亦薄
乎？”④《戰國策·秦策一》：“彼固亡國之形也，而不憂民氓，
悉其士民，軍於長平之下，以爭韓之上黨。”⑤皆可參。

第五節　《季康子問於孔子》“古”“古女”
及“賢人大於邦”

一

　　《季康子問於孔子》簡21+［22上+13］云：⑥

---

①　參看武漢大學簡帛研究中心、荆門市博物館編著：《楚地出土戰國簡册合集
　　（一）·郭店楚墓竹書》，文物出版社，2011年11月，第70頁。
②　孫奭：《孟子注疏》，《十三經注疏》第5册，第5931頁。
③　許維遹：《吕氏春秋集釋》，第657頁。
④　吴則虞：《晏子春秋集釋》，第13頁。
⑤　諸祖耿：《戰國策集注匯考（增補本）》，第145頁。
⑥　陳劍將簡22上與簡13綴合，見陳劍：《談談〈上博五〉的竹簡分篇、拼合與
　　編聯問題》，簡帛網，2006年2月19日。收入《戰國竹書論集》，第173頁。

母（毋）訏（信）玄（姦）曾（佞），① 因邦斋＝（之所）臤（賢）而墨（舉）之。② 大皋（罪）殺 21 之，臧（臧）皋（罪）型（刑）之，少（小）皋（罪）罰之，句（苟）能固獸（守）22 上而行之，③ 民必備（服）矣，古（故）子㠯（以）此言爲奚女（如）？④ 13

古，整理者讀爲“故”。⑤ 李銳讀作“吾”。⑥ 冀小軍從整理者讀爲“故”，訓爲則。⑦ 高榮鴻引蘇建洲説，認爲銅器簠自名“匝”，亦寫作“医”，則“古”可讀爲“夫”。⑧

今按：古，應讀爲“故”，猶言“夫”，發語詞。裴學海云：

---

① 玄曾，整理者釋爲“予曾”，陳劍釋爲“玄曾”，見陳劍：《談談〈上博五〉的竹簡分篇、拼合與編聯問題》，簡帛網，2006 年 2 月 19 日。收入《戰國竹書論集》，第 173 頁。今按：玄曾，似可讀爲“姦佞”。“玄”屬匣紐真部，“姦”屬見紐元部，聲母匣、見爲旁紐，韻部真、元爲旁轉。“曾”屬從紐蒸部，“佞”屬泥紐耕部，韻部蒸、耕爲旁轉。姦佞，姦邪諂媚之人。《管子·霸言》：“以姦佞之罪，刑天下之心。”《後漢書·隗囂傳》：“尊任殘賊，信用姦佞，誅戮忠正，覆按口語。”“毋信玄（姦）曾（佞），因邦之所賢而舉之”，與《孟子·梁惠王下》“左右皆曰賢，未可也，諸大夫皆曰賢，未可也，國人皆曰賢，然後察之，見賢焉，然後用之”文意相似，可以參看。
② 墨，整理者釋爲“墨”，讀爲“興”，黃武智釋爲“墨”，讀爲“舉”，見黃武智：《上博楚簡“禮記類”文獻研究》，第 155 頁。
③ 獸，整理者釋爲“戰”，季旭昇釋爲“獸”，讀爲“守”，見季旭昇：《上博五芻議（上）》，簡帛網，2006 年 2 月 18 日。
④ 此句的標點，整理者斷作“古（故）子㠯（以）此言，爲奚女（如）”，認爲“言”下有句讀符“乚”，陳劍斷作“古子以此言爲奚如”，見陳劍：《談談〈上博五〉的竹簡分篇、拼合與編聯問題》，簡帛網，2006 年 2 月 19 日。收入《戰國竹書論集》，第 173 頁。
⑤ 馬承源主編：《上海博物館藏戰國楚竹書（五）》，第 221 頁。
⑥ 李銳：《讀〈季康子問於孔子〉劄記》，孔子 2000 網，2006 年 2 月 26 日。
⑦ 冀小軍：《〈季庚子問於孔子〉補説》，簡帛網，2006 年 6 月 26 日。
⑧ 高榮鴻：《上博楚簡論語類文獻疏證》，（臺中）中興大學博士學位論文，2013 年 7 月，第 215 頁。

"故"猶"夫"也（"故""夫"爲魚部疊韻字，故"故"訓"夫"，"夫"亦訓"故"，互見"夫"字條），提示之詞也。

《韓非子·姦劫弒臣》篇："近之所見（"之"讀爲"時"，《韓詩外傳》作"近世所見"），李兌之用趙也，餓主父百日而死，卓齒之用齊也，擢閔王之筋，懸之廟梁，宿昔而死。故厲雖癰腫疕瘍，上比於春秋，未至於絞頸射殺也，下比於近世，未至餓死擢筋也。故劫殺死亡之君，此其心之憂懼，形之苦痛也，必甚於厲矣。"《楚策四》《韓詩外傳》四"故"皆作"夫"。

《呂氏春秋·權勳》篇："故豎陽穀之進酒也。"《説苑·敬慎》篇"故"作"夫"。

《戰國策·魏策二》："今夫楊，橫樹之則生，倒樹之則生，折而樹之又生。然使十人樹楊，一人拔之，則無生楊矣。故以十人之衆，樹易生之物，然而不勝一人者，何也？樹之難，而去之易也。"《韓非子·説林》篇作"夫以十人之衆"（據凌本）。①

"故"與"夫"用法接近，由此構成同義複詞"故夫"，亦爲發語詞，② 例如：

故夫握而不見於手，含而不見於口，而辟千金者，珠

---

① 裴學海：《古書虛字集釋》，中華書局，1954 年 10 月，第 315—316 頁。
② 裴學海認爲"夫故"皆是複語，見裴學海：《古書虛字集釋》，第 887 頁。但認爲"故夫"即"若夫""至乎"，則不確，見裴學海：《古書虛字集釋》，第 320 頁。

也，然後八千里之吳越可得而朝也。（《管子·輕重甲》）①

故夫知效一官，行比一鄉，德合一君，而徵一國者，其自視也亦若此矣。（《莊子·逍遙遊》）②

故夫三皇五帝之禮義法度，不矜於同而矜於治。（《莊子·天運》）③

"故夫"一詞在上博簡中也時有出現：

古（故）夫螿（舜）之悳（德）亓（其）城（誠）臤（賢）矣，采（由）者（諸）咖（畎）畬（畝）之中而叀（使），④君天下而叟（稱）。⑤（《子羔》簡8）

氏（是）古（故）夫敁邦甚難，民能多一☒⑥（《季康子問於孔子》簡11上）

本篇"古（故）子以此言爲奚如"，即"子以此言爲奚

---

① 黎翔鳳：《管子校注》，第1440頁。
② 郭慶藩：《莊子集釋》，第16頁。
③ 郭慶藩：《莊子集釋》，第514頁。
④ 采，整理者讀爲"播"或"布"，黃德寬讀爲"由"，見黃德寬：《〈戰國楚竹書（二）〉釋文補正》，簡帛研究網，2003年2月21日。又載《上博館藏戰國楚竹書研究續編》，第439頁。
⑤ 叟，整理者讀爲"偁"，裘錫圭讀爲"稱"，見裘錫圭：《〈上海博物館藏戰國楚竹書（二）·子羔〉釋文注釋》，《裘錫圭學術文集·簡牘帛書卷》，第481頁。
⑥ 以上二句的標點，整理者斷作"氏（是）古（故），夫敁（迫）邦甚，難民能多一矣（"矣"字在簡11下）"，陳偉斷讀爲"氏（是）古（故）夫敁（伯）邦甚難，民能多（移）一"，見陳偉：《〈季康子問於孔子〉零釋（續）》，簡帛網，2006年3月2日。收入《新出楚簡研讀》，第224—225頁。

如”，“子”代指孔子，簡1“唯子之旬（貽）脰（羞）”，是季康子稱孔子爲“子”之證。蘇建洲讀“古”爲“夫”，從音理和例證方面皆可成立，但季康子稱孔子爲“夫子”當無其理，而且“古（故）”“夫”的通用限於虛詞的範圍，“夫子”則是一個固定搭配的實詞，因此讀“古”爲“夫”的做法恐難成立。在將“古”讀爲“故”就能將文義説通的情況下，似乎也不必另作他解。

或許有人會認爲“故”“夫”作爲語氣詞一般用於一段話的開頭，此處則明顯承接上文而言，以此懷疑“古（故）”不能理解爲發語詞。事實上，“故”用於承接上文的情形在典籍中是大量存在的：

> 若有美善則歸之上，是以美善在上，而所怨謗在下，寧樂在君，憂戚在臣，<u>故</u>古者聖王之爲政若此。（《墨子·尚賢中》）①
>
> 夫樂，天地之精也，得失之節也，<u>故</u>唯聖人爲能。和，樂之本也。夔能和之，以平天下。（《吕氏春秋·察傳》）②
>
> 今王之地方五千里，帶甲百萬，而專屬之於昭奚恤，<u>故</u>北方之畏奚恤也，其實畏王之甲兵也，猶百獸之畏虎也。（《戰國策·楚策一》）③
>
> 今夫雷水足以溢壺榼，而江、河不能實漏巵，<u>故</u>人心猶是也。（《淮南子·氾論》）④

---

① 孫詒讓：《墨子閒詁》，第53頁。
② 許維遹：《吕氏春秋集釋》，第618頁。
③ 諸祖耿：《戰國策集注匯考（增補本）》，第711頁。
④ 何寧：《淮南子集釋》，中華書局，1998年10月，第979頁。

　　後二例爲吳昌瑩所舉，謂"故"猶"夫"也，① 甚當。前一例"故古者聖王之爲政若此"之"故"，顯然也祇能理解爲發語詞。"故唯聖人爲能"之"故唯"猶如"夫唯"，"故"也是發語詞而非連詞。以上這些"故"字皆用於一段話的開頭，但都是對上文的總結，而非另起一個話題。與之相近，"夫"作爲發語詞承接上文在典籍和出土文獻中也不乏其例：

　　　　昔齊騶馬繻以胡公入於具水，邴歜、閻職戕懿公於囷竹，晉長魚蟜殺三郤於榭，魯圉人犖殺子般於次，夫是誰之故也，非唯舊怨乎？（《國語·楚語下》）②

　　　　始制有名，名亦既有，夫亦將知止，知止可以不殆。（《老子》）③

　　　　子貢方人。子曰："賜也賢乎哉？夫我則不暇。"（《論語·憲問》）④

　　　　堯崩，三年之喪畢，舜避堯之子於南河之南，天下諸侯朝覲者，不之堯之子而之舜，訟獄者，不之堯之子而之舜，謳歌者，不謳歌堯之子而謳歌舜，故曰天也，夫然後之中國，踐天子位焉。（《孟子·萬章上》）⑤

　　　　若天不愛民之厚，夫胡說人殺不辜，而天予之不祥哉？（《墨子·天志中》）⑥

　　　　致愛則存，致愨則著。著存不忘乎心，夫安得不敬乎？

①　吳昌瑩：《經詞衍釋》，中華書局，1956 年 10 月，第 94 頁。
②　董增齡：《國語正義》，第 1191—1195 頁。
③　樓宇烈：《老子道德經校釋》，中華書局，2008 年 12 月，第 81 頁。
④　邢昺：《論語注疏》，《十三經注疏》第 5 册，第 5458 頁。
⑤　孫奭：《孟子注疏》，《十三經注疏》第 5 册，第 5954 頁。
⑥　孫詒讓：《墨子閒詁》，第 204 頁。

（《禮記·祭義》）①

　　大〈夫〉舊（久）而不俞（渝），② 忠之至也。匐而者尚，信之至也。至忠无謭，至信不怀（倍），③ 夫此之胃（謂）此。（郭店《忠信之道》簡3—4）

　　昔三弋（代）之明王之又（有）天下者，莫之舍（予）也，④ 而■取之，民皆㠯（以）爲義，夫是則戰（守）之㠯（以）信，䈞（教）之㠯（以）義，行之㠯（以）豊（禮）也。（上博二《從政》甲1—甲2）

　　此悳（德）型（刑）不齊，夫民甬（用）惥（憂）惕（傷）。（清華叁《芮良夫毖》簡7）

以上"夫"字都是作爲發語詞用於句子的開頭，但明顯不是另起一個話題，而是對上文的總結。

　　上博二《容成氏》簡19有下面幾句話：

　　因民之欲，會天地之利，夫是㠯（以）逮（近）者敓（悦）絤（怡），⑤ 而遠者自至。

①　孔穎達：《禮記正義》，《十三經注疏》第3冊，第3456頁。

②　大，周鳳五認爲係"夫"字之訛，見周鳳五：《郭店楚簡〈忠信之道〉考釋》，《中國哲學》第21輯，遼寧教育出版社，2000年1月，第140頁。

③　怀，整理者讀爲"背"，陳偉讀爲"倍"，見陳偉：《郭店竹書別釋》，湖北教育出版社，2002年12月，第76頁。

④　舍，整理者讀爲"餘"，陳偉讀爲"予"，見陳偉：《上海博物館藏楚竹書〈從政〉校讀》，簡帛研究網，2003年1月10日。收入《新出楚簡研讀》，第150頁。

⑤　怡，整理者讀爲"治"，陳劍讀爲"怡"，見陳劍：《上博簡〈容成氏〉的竹簡拼合與編聯問題小議》，簡帛研究網，2003年1月9日。又載《上博館藏戰國楚竹書研究續編》，第330頁。

簡 42 云：

　　☑惻（賊）盜，<u>夫</u>是吕（以）旻（得）衆而王天下。

整理者把"夫"字均連上讀，陳劍改屬下句，① 正確可從。這兩
個"夫"字也都用於對上文的總結。

　　又如上博七《凡物流形》甲 18+甲 28：②

　　　能募（寡）言，虘（吾）能鼁（一）甲18虘（吾），
<u>夫</u>此之胃（謂）少（小）城（成）。甲28

張顯成、胡波指出，此"夫"字用於複合句最後一個分句之首，
表示對上文的結語或推論，可不具體譯出。③

　　筆者提出將《季康子問於孔子》"古子以此言爲奚如"之
"古"讀爲"故"，與上列"夫"字的用法比較相似，它引領的
句子是對上文的總結，"古（故）"字也不必譯出。

　　《季康子問於孔子》簡 11 下云：

　　　庚（康）子曰："母（毋）乃肥之昏（問）也是左

---

① 陳劍：《上博簡〈容成氏〉的竹簡拼合與編聯問題小議》，簡帛研究網，2003
　年 1 月 9 日。又載《上博館藏戰國楚竹書研究續編》，第 330 頁。
② 編聯和斷句採取復旦大學讀書會的意見，見復旦大學出土文獻與古文字研究
　中心研究生讀書會：《〈上博（七）·凡物流行〉重編釋文》，復旦大學出土
　文獻與古文字研究中心網，2008 年 12 月 31 日。
③ 張顯成、胡波：《〈上海博物館藏戰國楚竹書（七）〉虛詞初探》，《簡帛語
　言文字研究》第 4 輯，巴蜀書社，2010 年 5 月，第 30 頁。

（差）虖（乎）?① 古女虞（吾）子之疋（疏）肥也。"②

古女，整理者讀爲"故如"。③

今按："古女"之"女"，可讀爲"若"，猶言"此"。《論語·公冶長》："子謂子賤：君子哉若人！魯無君子者，斯焉取斯?"《憲問》："南宮适問於孔子曰：'羿善射，奡盪舟，俱不得其死然。禹稷躬稼而有天下。'夫子不答，南宮适出，子曰：'君子哉若人！尚德哉若人！'"④ "若人"即"此人"。《孔子家語·子路初見》："孔子喟然謂子賤曰：君子哉若人！"王肅注："若人，猶言是人者也。"⑤ 裴學海云：

"汝"猶"此"也，字通作"女"（"汝"與"若"古同音，"若"訓"此"，故"汝"亦訓"此"）。

《詩·鴟鴞》篇"今女下民"，《孟子·公孫丑》篇引"女"作"此"（按此與《十月之交》篇"今此下民"句例同）。

《靜女》篇："自牧歸荑，洵美且異。匪女之爲美，美人之貽。"（"女"，"此"也，指"荑"言。）⑥

---

① 昏，整理者訓爲糊塗，陳斯鵬讀爲"問"，見陳斯鵬：《讀〈上博竹書（五）〉小記》，簡帛網，2006 年 4 月 1 日。左，整理者讀爲"佐"，訓爲輔佐，季旭昇讀爲"差"，見季旭昇：《上博五芻議（上）》，簡帛網，2006 年 2 月 18 日。

② 疋，整理者釋爲"足"，何有祖釋爲"疋"，讀爲"疏"，見何有祖：《上博五零釋（二）》，簡帛網，2006 年 2 月 24 日。

③ 馬承源主編：《上海博物館藏戰國楚竹書（五）》，第 219 頁。

④ 邢昺：《論語注疏》，《十三經注疏》第 5 冊，第 5371、5453 頁。

⑤ 高尚舉、張濱鄭、張燕：《孔子家語校注》，中華書局，2021 年 9 月，第 290 頁。

⑥ 裴學海：《古書虛字集釋》，第 546 頁。

按照裴氏的觀點，“女”之所以能够訓爲“此”，是因爲“女”與“若”音近可通。《詩·鴟鴞》“今女下民”，《十月之交》及《孟子·公孫丑》作“今此下民”，這是用訓詁字代替經字的結果。循此思路，《季康子問於孔子》中的“古女”，自可讀爲“故若”，猶言“故此”，故而、因此之義。試看以下諸例：

夫天之道見妖，是以罰有罪也，我必有罪，故此罰我也。(《韓詩外傳》卷三)①

初，襄公使連稱、管至父戍葵丘，瓜時而往，及瓜而代。往戍一歲，卒瓜時而公弗爲發代。或爲請代，公弗許。故此二人怒，因公孫無知謀作亂。(《史記·齊太公世家》)②

本篇“毋乃肥之問也是差乎？古（故）女（若）吾子之疏肥也”，謂莫非我的詢問有所不當，因此您就疏遠我。

二

《季康子問於孔子》簡18下：

☑田肥，民則安。膥（瘠），③民不敼（屬）。④氏

---

① 許維遹：《韓詩外傳集釋》，第82頁。按許氏於“故”下增補“天以”二字，茲所不取。

② 司馬遷：《史記（修訂本）》，第1788頁。

③ 膥，整理者讀爲“邪”，李銳讀爲“瘠”，見李銳：《讀上博（五）補劄》，孔子2000網，2006年2月28日。鄔可晶認爲“膥”是“骴/胔”的初文變體，讀作“瘠”，見鄔可晶：《説“脊”“骴”》，《出土文獻》第13輯，第170—171頁。

④ 敼，整理者釋爲“鼓”，或讀爲“尌”，季旭昇釋爲“尌（樹）”，見季旭昇：《上博五芻議（上）》，簡帛網，2006年2月18日。李春桃讀“樹”爲“屬”，見李春桃：《上博楚簡〈季庚子問於孔子〉研究二題》，《簡帛研究二〇一三》，廣西師範大學出版社，2014年7月，第36—37頁。

（是）古（故）臤（賢）人大於邦，而又（有）寄（幼）心，能爲魂①

賢人大於邦，整理者解釋説："賢人治邦，故賢人爲重。孔子説：'欲其大者，乃於此在矣。昔者堯、舜清微其身，以聽觀天下，務來賢人。夫舉賢者，百福之宗也，而神明之主也。不齊之所治者小也，不齊所治者大，其與堯、舜繼矣。'（《説苑・政理》）因此，尊賢是治國大事。"② 唐洪志云："簡文似指賢人得位而秉國之政。《左傳》莊公二十二年：'陳桓子始大於齊。'楊伯峻注：'此言五世其昌，並於正卿之徵應。'"③ 白海燕云："簡文的'大於邦'，語同《詩・大雅・大板》之'大邦'。"④ 李丹丹云："此句（指'賢人大於邦，而又幼心'——引者注）當理解爲賢人可以使國家安泰，而又不辭辛勞。"⑤

今按：《季康子問於孔子》一文中的"賢人"，與同篇"君子"的含義頗爲相似。試看以下兩段文字：

萬⑥戲含語肥也吕（以）尻（處）邦豪（家）之述

----

① 魂，整理者釋爲"視"，季旭昇釋爲"魂"，即"鬼"字，見季旭昇：《上博五芻議（上）》，簡帛網，2006 年 2 月 18 日。
② 馬承源主編：《上海博物館藏戰國楚竹書（五）》，第 228 頁。
③ 唐洪志：《上博簡五孔子文獻校理》，第 20 頁。
④ 白海燕：《〈季庚子問於孔子〉集釋》，第 84 頁。
⑤ 李丹丹：《〈季庚子問於孔子〉集釋及相關問題研究》，第 70 頁。
⑥ 葛，整理者釋爲"萦"，陳劍釋爲"葛"，見陳劍：《上博竹書"葛"字小考》，簡帛網，2006 年 3 月 10 日。又載《中國文字研究》第 8 輯，大象出版社，2007 年 9 月，第 68—70 頁。

（術）曰：① "孝=（君子）不可㠯（以）不=㓜=（不强，不强）則不立。8

丘昏（聞）之㸔（臧）夒（文）中（仲）又（有）言曰：② "孝=（君子）㓜（强）則遭（遺），惥（威）則民不 9 道，盧（鹽—嚴）則遊（失）衆，③ 孟（猛）則亡（無）新（親），④ 好型（刑）而不羊（祥），好殺則复（作）蹓（亂）。" 是古（故）臤（賢）人之居邦豪（家）也，婴（夙）㫪（興）夜寐（寐）10

簡 8 "葛戲含" 告訴季康子 "君子" 的 "處邦家之術"，簡 10 則説 "賢人" 如何 "居邦家"，兩段文字正好遙相呼應，下文的 "賢人" 明顯是上文 "君子" 的换説。簡 9—10 孔子引用臧文仲有關 "君子" 如何治理國家的主張——"强則遺，威則民不道，嚴則失衆，猛則無親，好刑而不祥，好殺則作亂"，下文總結時孔子卻説 "賢人之居邦家也，夙興夜寐"，又把治理國家的主語從 "君子" 换成 "賢人"。"賢人""君子" 都能 "處/居邦家"，他們必然擁有一定的地位。與 "賢人" 內涵相近的還有 "賢者" 一詞，《弟子問》簡 5+13 云："子曰：'少（小）子，埜（來），聖（聽）余言，豐年不丞（恒）至，耆老不遱（復）壯，臤（賢）者伋（急）遑（就）人，不曲方（防）目

① 尻，整理者讀爲 "居"，季旭昇讀爲 "處"，見季旭昇：《上博五芻議（上）》，簡帛網，2006 年 2 月 18 日。

② 夒，整理者釋爲 "廈"，季旭昇釋爲 "夒"，讀爲 "文"，見季旭昇：《上博五芻議（上）》，簡帛網，2006 年 2 月 18 日。

③ 盧，整理者釋爲 "俞"，楊澤生釋爲 "盧"，認爲是 "鹽" 字異體，讀爲 "嚴"，見楊澤生：《〈上博五〉零釋十二則》，簡帛網，2006 年 3 月 20 日。

④ 孟，整理者讀爲 "碼"，陳劍認爲即 "盟" 字異體，讀爲 "猛"，見陳劍：《談談〈上博五〉的竹簡分篇、拼合與編聯問題》，簡帛網，2006 年 2 月 19 日。收入《戰國竹書論集》，第 173 頁。

（以）迖（去）人。'"這裏的"賢者"既可"就人"又能
"去人"，表明他也是一個有地位的人。①

　　"賢人大於邦"之"大"，似可讀爲"世"。"大""世"通
假典籍常見，②出土文獻裏也有不少例證，清華陸《鄭文公問太
伯》的"太伯"，王寧結合音理和史實，將其讀爲"泄（洩）
伯"，也就是《左傳》中的洩駕。③清華叁《良臣》簡7有"大
同"、清華柒《越公其事》簡61有"太甬"，胡敕瑞認爲即
《國語》《吳越春秋》《漢書》等書中的"泄庸（洩／曳／舌
庸）"。④可參。"大"讀爲"世"，訓爲繼世、世襲。《國語·
吳語》"王若不得志於齊，而以覺寤王心，吳國猶世"，韋昭注：
"世，繼世。"⑤《詩·小雅·裳裳者華序》"絕功臣之世焉"，孔
穎達正義："世，謂繼世。"⑥

　　明白了"賢人"的内涵，以及"大"可讀爲"世"，"賢人
大（世）於邦"的確切含義已然呼之欲出。該句是說，有地位
的賢人世襲於邦國，即繼承了父親在國家中的執政地位。上博九
《邦人不稱》簡8云："而并是二者㠯（以）邦君=（君，君）
猶少（小）之，罷（一）瞿（懼）君之不冬（終）殜（世）係

---

① 蘇建洲認爲這裏的"賢者"可指賢明的君主，如《孟子·滕文公上》："陳
　相見孟子，道許行之言曰：'滕君，則誠賢君也，雖然，未聞道也。賢者與
　民並耕而食，饔飧而治。今也滕有倉廩府庫，則是厲民而以自養也，惡得
　賢？'"也可泛指賢明的有官位之人，如《孟子·公孫丑上》："賢者在位，
　能者在職。"見蘇建洲：《〈上博五·弟子問〉研究》，《"中央研究院"歷史
　語言研究所集刊》83本第2分，2012年6月，第192頁。
② 參看高亨纂著，董治安整理：《古字通假會典》"大與世""大與泄""太與
　世"條，第633—634頁。
③ 王寧：《清華簡六〈鄭文公問太伯〉之"太伯"爲"洩伯"説》，簡帛網，
　2016年5月8日。
④ 胡敕瑞：《"太甬""大同"究竟是誰？》，復旦大學出土文獻與古文字研究中
　心網，2017年4月26日。
⑤ 董增齡：《國語正義》，第1221頁。
⑥ 孔穎達：《毛詩正義》，《十三經注疏》第1册，第1029頁。

（承）邦。"① 是其辭例。本篇季康子問政於孔子，可能發生在他繼任宰執之初，孔子向其告誡"賢人大（世）於邦，而有虪心"，十分契合季康子當時的身份。孔子希望季康子能够成爲理想中的執政者（"賢人""君子"），反映了他希望借助季康子之力推行仁政的思想。

---

① 罷，整理者讀爲"抑"，蘇建洲讀爲"一"，見蘇建洲：《初讀〈上博九〉劄記（一）》，簡帛網，2013 年 1 月 6 日。殢，整理者釋爲"鄴"，高佑仁釋爲"殢"，讀爲"世"，見高佑仁：《〈上博九〉初讀》，簡帛網，2013 年 1 月 8 日。又，整理者原在"終"下點斷，網友"汗天山"改與下文"世承邦"連讀，見《邦人不稱劄記》第 24 樓發言，簡帛網-簡帛論壇，2013 年 1 月 6 日。

第二章

人物研究

第一節　《顏淵問於孔子》中的顏淵

　　顏淵作爲孔門四科十哲之首，不僅具有高尚的德行，而且勤奮好學，安貧樂道，因此備受孔子的賞識。《論語·雍也》子曰："回也其心三月不違仁，其餘則日月至焉而已矣。""賢哉回也！一簞食，一瓢飲，在陋巷，人不堪其憂，回也不改其樂，賢哉回也！"《述而》子謂顏淵曰："用之則行，舍之則藏，惟我與爾有是夫！"① 顏淵雖然屈居陋巷之中，卻没有因此意志消沉，而是暗中不斷積累知識，提升個人才能，期待一旦獲得任用，從而實現自己遠大的政治抱負。可惜天不假年，顏淵尚未出仕就因病亡故，② 孔子對此十分傷心，"顏淵死，子曰：'噫！天喪予，天喪予！'""顏淵死，子哭之慟。從者曰：'子慟矣。'曰：

① 邢昺：《論語注疏》，《十三經注疏》第 5 册，第 5382、5383、5391 頁。
② 顏淵的卒年歷來頗有争議，據清代學者李鍇、江永等人的推算，顏淵卒時當爲四十一歲，正值强仕之年，參看李啓謙：《顏回研究》，《山東師範大學學報（人文社會科學版）》1985 年第 4 期，第 25—26 頁。

'有慟乎？非夫人之爲慟而誰爲？'"① 孔子之哭顏淵，不衹爲自己從此失去一位衣鉢傳人，更是替國家錯失一位治世良臣而感到痛惜。然而，由於顏淵問政在《論語》一書中頗爲罕見，有些學者對他的政治才能提出質疑，② 這其實是莫大的誤解。《衛靈公》有言：

> 顏淵問爲邦。子曰："行夏之時，乘殷之輅，服周之冕，樂則韶舞。放鄭聲，遠佞人。鄭聲淫，佞人殆。"③

顏淵向孔子請教如何治理國家，孔子沒有像回答子貢、子路、仲弓問政時那樣將重點放在"足食足兵""先之勞之""先有司，赦小過，舉賢才"之類的具體措施，而是從曆法、禮樂的層面對他進行訓誨。所謂"行夏之時，乘殷之輅，服周之冕"，是指繼承前代優秀的曆法（夏時）和禮儀（商輅、周冕）制度。"樂則韶舞"，孔子稱贊舜樂韶舞盡善盡美，後世行政者都應該進行仿效。"放鄭聲"，鄭國的音樂恣肆過度，必須嚴加禁絕，對待小人亦當如此。劉寶楠正義引干寶《易·雜卦》注云："弟子問政者數矣，而夫子不與言三代損益，以非其任也。回則備言，王者之佐，伊尹之人也，故夫子及之焉。"④ 孔子把顏淵視作能與伊尹、周公相等齊的人物，故而將損益三代禮樂制度的重任委托

---

① 邢昺：《論語注疏》，《十三經注疏》第 5 册，第 5427 頁。
② 董楚平懷疑顏淵缺乏"用之則行"的能力，見董楚平：《〈論語〉裹令人費解的一章》，《浙江學刊》2010 年第 5 期，第 31—32 頁。楊德春進而懷疑《述而》"用之則行"一章全係偽作，見楊德春：《〈論語·述而〉第十一章係偽作考》，《北華大學學報（社會科學版）》2014 年第 3 期，第 75—79 頁。
③ 邢昺：《論語注疏》，《十三經注疏》第 5 册，第 5468 頁。
④ 劉寶楠：《論語正義》，《諸子集成》第 1 册，上海書店，1986 年 7 月，第 338 頁。

給他，這可從側面證實顔淵的確具有治理國家的傑出才幹。

《史記·孔子世家》記載：

> 昭王將以書社地七百里封孔子。楚令尹子西曰："王之使使諸侯有如子貢者乎？"曰："無有。""王之輔相有如顔回者乎？"曰："無有。""王之將率有如子路者乎？"曰："無有。""王之官尹有如宰予者乎？"曰："無有。"①

楚國令尹子西詢問昭王"輔相有如顔回者乎"，説明顔淵具有輔相的才幹久已爲時人所熟知了。《韓詩外傳》卷九亦云：

> 顔淵曰："願得明王聖主爲之相，使城郭不治，溝池不鑿，陰陽和調，家給人足，鑄庫兵以爲農器。"②（《説苑·指武》《孔子家語·致思》略同③）

顔淵自言"願得明王聖主爲之相"，顯示他的政治抱負非常宏大。顔淵所描繪的"城郭不治，溝池不鑿，陰陽和調，家給人足，鑄庫兵以爲農器"的理想社會，正是繼承和發展孔子"大同"思想的最佳反映。

《韓詩外傳》卷七有言：

> 顔淵曰："願得小國而相之。主以道制，臣以德化，君臣同心，外内相應，列國諸侯莫不從義嚮風，壯者趨而進，

---

① 司馬遷：《史記（修訂本）》，第2328頁。
② 許維遹：《韓詩外傳集釋》，第321頁。
③ 向宗魯：《説苑校證》，第376頁。高尚舉、張濱鄭、張燕：《孔子家語校注》，第89頁。

老者扶而至。教行乎百姓，德施乎四蠻，莫不釋兵，輻輳乎四門，天下咸獲永寧。蠉飛蠕動，各樂其性，進賢使能，各任其事。於是君綏於上，臣和於下，垂拱無爲，動作中道，從容得禮。言仁義者賞，言戰鬬者死。"①

雖然此書記載未必完全可信，但作者既然把"願得明王聖主爲之相""願得小國而相之"當作顏淵的言論，足以反映出戰漢時期的儒家仍然十分認可顏淵具有積極入世的思想。②

《新序·刺奢》記載了下面一個故事：

魯孟獻子聘於晉，宣子止而觴之。三徙，鍾石之縣，不移而具。獻子曰："富哉家！"宣子曰："子之家孰與我家富？"獻子曰："吾家甚貧，惟有二士，曰顏回、兹無靈者，使吾邦家安平，百姓和協。惟此二者耳，吾盡於此矣。"③

孟獻子的生活年代遠在顏淵之前，兩人之間沒有産生交集的可能。《刺奢》的作者罔顧這個事實，堅信顏回能夠讓孟獻子"邦家安平，百姓和協"，表明顏淵具有傑出的政治才幹，至少在漢代已經廣泛深入人心了。

《孟子·滕文公上》記載顏淵之言曰："舜何人也，予何人也，有爲者亦若是。"④ 駱承烈、李啓謙曾據此推斷顏淵具有積

---

① 許維通：《韓詩外傳集釋》，第 268 頁。
② 《莊子·讓王》："孔子謂顏回曰：'回，來！家貧居卑，胡不仕乎？'顏回對曰：'不願仕。回有郭外之田五十畝，足以給饘粥，郭内之田十畝，足以爲絲麻，鼓琴足以自娛，所學夫子之道者足以自樂也。回不願仕。'"這段話是莊子爲宣揚退讓而作的寓言，不能當正史看待。
③ 石光瑛：《新序校釋》，中華書局，2017 年 8 月，第 825—826 頁。
④ 孫奭：《孟子注疏》，《十三經注疏》第 5 册，第 5874 頁。

極從事政治活動的"入世"思想，① 顯然是非常可信的。上博簡《顏淵問於孔子》的公佈，爲研究顏淵的入世思想提供了新的材料，特別應當引起研究者的注意。②

在《顏淵問於孔子》一文中，顏淵向孔子請教了"入事""入教"兩個主要問題。爲方便討論，先把簡文迻録如下：③

　　　審（顏）**囦**（淵）**䎽**（問）於孔＝（孔子）曰："敢**䎽**（問）君子之內（入）事也又（有）道**虖**（乎）？"孔＝（孔子）曰："又（有）。"**審**（顏）**囦**（淵）："敢**䎽**（問）可（何）女（如）？"孔＝（孔子）曰："敬（儆）又（有）**柴**（過）而1[先]又（有）司，④ 老＝（老老）而**慈**（慈）**斆**（幼），⑤ **豫**（舍）

---

① 參看駱承烈：《議顏回》，《鄭州大學學報（哲學社會科學版）》1981 年第 1 期，第 25 頁。李啓謙：《顏回研究》，《山東師範大學學報（人文社會科學版）》1985 年第 4 期，第 29 頁。

② 湯淺邦弘指出，《顏淵問於孔子》中顏淵就"内事""内教""至名"等與出仕有關的内容向孔子提問，强調了顏淵實際上對政治也抱有極大關心的一面，見［日］湯淺邦弘：《上博楚簡〈顏淵問於孔子〉與儒家文獻形成史》，《竹簡學——中國古代思想的探究》，第 38 頁。湯淺氏已注意到《顏淵問於孔子》對顏淵的入世思想有所反映，可惜没有詳細展開。

③ 綴合、編聯採取復旦吉大讀書會的意見，見復旦吉大古文字專業研究生聯合讀書會：《〈上博八·顏淵問於孔子〉校讀》，復旦大學出土文獻與古文字研究中心網，2011 年 7 月 17 日。下引復旦吉大讀書會意見皆出此文，不重注。

④ 敬，陳偉讀爲"儆"，見陳偉：《〈顏淵問於孔子〉内事、内教二章校讀》，簡帛網，2011 年 7 月 22 日。本節引用陳偉意見皆出此文。又，復旦吉大讀書會讀爲"有"。**柴**，整理者釋爲"征"，蘇建洲改釋爲"**柴**"，讀爲"禍"，見復旦吉大古文字專業研究生聯合讀書會《〈上博八·顏淵問於孔子〉校讀》文後跟帖，2011 年 7 月 17 日。何有祖讀爲"過"，見何有祖：《上博楚簡釋讀劄記》，簡帛網，2011 年 7 月 24 日。先又司，整理者缺釋，復旦吉大讀書會補釋爲"先又（有）司"。下"又司"同。

⑤ 老＝，整理者釋爲"薦＝"，復旦吉大讀書會釋爲"老＝"，讀爲"老老"。**慈斆**，整理者釋爲"**慈斆**"，復旦吉大讀書會釋爲"**慈斆**"，讀爲"慈幼"。

絞（饒）而收貧，① 彔（祿）不足則青（請），② 又（有）余（餘）則訇（辭）。③ 12上敬（儆）又（有）柴（過），所㠯（以）爲䌈（寬）也。④ 先2下有司，所㠯（以）2上旻（得）青＝（情也）。⑤ 老＝（老老）而惹（慈）學（幼），所㠯（以）尻（處）惌（仁）也。⑥ 豫（舍）絞（饒）而收貧，所㠯（以）取11新（親）也。彔（祿）不足則青（請），又（有）余（餘）12下則訇（辭），⑦ 所㠯（以）易（揚）信也。⑧ 害（蓋）君子之内（入）事也女（如）此矣。"⑨ 睪（顏）囦（淵）曰："君子之内（入）事也，悼（回）既䆞（聞）命矣，敢䆞（問）5君子之内（入）教也又（有）道虐（乎）?" 孔＝（孔子）曰："又（有）。" 睪（顏）囦（淵）："敢䆞（問）可（何）女（如）?" 孔＝（孔子）曰："攸（修）身㠯（以）先，⑩ 則

---

① 豫，整理者釋爲"斂"，復旦吉大讀書會釋爲"豫"，讀爲"舍"。絞，陈偉讀爲"饒"。
② 青，整理者讀爲"情"，復旦吉大讀書會讀爲"請"。
③ 訇，整理者釋爲"詒"，復旦吉大讀書會釋爲"訇"，讀爲"辭"。
④ 䌈，整理者釋爲"退"，單育辰釋爲"緩"，讀爲"寬"，見單育辰：《佔畢隨録之十五》，復旦大學出土文獻與古文字研究中心網，2011 年 7 月 22 日。下引單氏意見皆出此文。
⑤ 青＝，單育辰認爲"青＝"承上"緩也"而來，此處省去"也"字，"＝"爲省代符號。
⑥ 惌，整理者釋爲"悗"，復旦吉大讀書會釋爲"惌"，讀爲"仁"。
⑦ 訇，整理者釋爲"訧"，復旦吉大讀書會釋爲"訇"，讀爲"辭"。
⑧ 易，整理者釋爲"峂"，劉雲認爲係"易"之訛字，讀爲"揚"，見復旦吉大古文字專業研究生聯合讀書會《〈上博八·顏淵問於孔子〉校讀》文後跟帖，2011 年 7 月 17 日。
⑨ 害，整理者釋爲"奮"，復旦吉大讀書會釋爲"害"，讀爲"蓋"。
⑩ 先，整理者釋爲"尤"，復旦吉大讀書會釋爲"先"。

民莫不從矣。耑（前）6㠯（以）尃（博）惪（愛），① 則
民莫連（遺）新（親）矣。道（導）之㠯（以）會（儉），
則民智（知）足矣。耑（前）之㠯（以）讓，則民不静
（爭）矣。或（又）迪（由）而教7之，② 能＝（能能），③
戔（賤）不枭（肖）而遠之，④ 則民智（知）欽（禁）
矣。⑤ 女（如）進者蒦（勸）行，退者智（知）欽（禁），
則亓（其）於教也不遠矣。”

先看顏淵詢問的“内（入）事”。整理者認爲“内事”指
宗廟祭祀、朝廷、宮内等事。⑥ 陳偉將“内事”讀爲“入仕”，
“入仕”與“爲政”約略相當。⑦ 陳劍讀作“入事”，“事”指
“政事”。⑧ 按《季康子問於孔子》簡1“青（請）昏（問）孠＝
（君子）之從事者於民之……”，簡23“此孠＝（君子）從事者
之所啻也”，⑨ “事”皆指政事而言。本篇下文孔子云“做有

---

① 耑，整理者釋爲“前”，讀爲“謙”，復旦吉大讀書會如字讀，訓爲預先。
　 惪，整理者釋爲“㤅”，陳哲改釋爲“惪”，讀爲“愛”，見陳哲：《釋上博
　 竹書〈顏淵問於孔子〉用爲“愛”之字》，《漢語史學報》第25輯，第
　 258—261頁。
② 或，整理者讀爲“國”，復旦吉大讀書會認爲“或”相當於“又”。之，整
　 理者缺釋，復旦吉大讀書會釋爲“之”。
③ 能＝，整理者讀爲“能，能”，復旦吉大讀書會連讀爲“能能”。
④ 戔，整理者讀爲“踐”，復旦吉大讀書會讀爲“賤”。枭，整理者讀爲
　 “躁”，復旦吉大讀書會讀爲“肖”。
⑤ 欽，復旦吉大讀書會讀爲“禁”。
⑥ 馬承源主編：《上海博物館藏戰國楚竹書（八）》，第142頁。
⑦ 陳偉：《〈顏淵問於孔子〉内事、内教二章校讀》，簡帛網，2011年7月
　 22日。
⑧ 陳劍：《〈上博八·顏淵問於孔子〉補釋兩則》，《簡帛》第7輯，上海古籍
　 出版社，2012年10月，第34頁。
⑨ 啻，整理者釋爲“商”，季旭昇釋爲“啻”，見季旭昇：《上博五芻議
　 （上）》，簡帛網，2006年2月18日。

過而先有司，老老而慈幼，舍饒而收貧，祿不足則請，有餘則辭。"“儆有過”“先有司”“老老而慈幼”“舍饒而收貧”“祿不足則請，有餘則辭”是統治者計劃推行的五條施政綱領，目的是爲了取得“爲寬”“得情”“處仁”“取親”“揚信”的良好效果。其中，“處仁”“取親”的對象是普通百姓，“爲寬”“得情”“揚信”的對象則是“有司”。概括來説，孔子希望通過以上五項舉措的施行，最終實現上下和睦、吏安民懷的理想社會。

學者多已指出，本篇孔子“先有司”“老老而慈幼”的表述，亦見於《論語·子路》和上博簡《仲弓》。考《論語·子路》云：“仲弓爲季氏宰，問政。子曰：‘先有司，赦小過，舉賢才。’”① 《仲弓》簡［5+28+7］+8：② “中（仲）弓曰：‘敢昏（問）爲正（政）可（何）先？’中（仲）尼：‘老＝（老老）慈（慈）幼，先又（有）司，嬰（舉）叹（賢）才，惑（宥）怣（過）懇（赦）皋（罪），③ 〔皋（罪）〕正（政）之㡭（始）也。’”二者所記大體相同。陳桐生認爲，《論語·子路》“仲弓爲季氏宰”章應是《仲弓》的節本。④ 不難發現，無論《仲弓》抑或《顏淵問於孔子》，都很重視“老老而慈幼”，説明它是孔子的代表思想，但《論語·子路》“仲弓爲季氏宰”章卻刻意將此句删除，不免讓人感到疑惑。需要指出的

---

① 邢昺：《論語注疏》，《十三經注疏》第 5 册，第 5445 頁。
② 綴合、編聯採取李鋭的意見，見李鋭：《〈仲弓〉新編》，孔子 2000 網，2004 年 4 月 22 日。
③ 惑怣懇皋，整理者讀爲“赦過與罪”，陳劍讀爲“宥過赦罪”，見陳劍：《上博竹書〈仲弓〉篇新編釋文（稿）》，簡帛研究網，2004 年 4 月 18 日。收入《戰國竹書論集》，第 107 頁。
④ 參看陳桐生：《孔子語録的節本和繁本——從〈仲弓〉看〈論語〉與七十子後學散文的形式差異》，《孔子研究》2006 年第 2 期，第 116—122 頁。

是，"老老慈幼"的理念早在孔子之前就已産生。試看以下幾則材料：

> 入國四旬，五行九惠之教：一曰老老，二曰慈幼，三曰恤孤，四曰養疾，五曰合獨，六曰問疾，七曰通窮，八曰振困，九曰接絶。(《管子·入國》)①

> 薄徵斂，輕徵賦，弛刑罰，赦罪戾，宥小過，此謂寬其政。養長老，慈幼孤，恤鰥寡，問疾病，弔禍喪，此謂匡其急。(《管子·五輔》)②

> 以保息六養萬民：一曰慈幼，二曰養老，三曰振窮，四曰恤貧，五曰寬疾，六曰安富。 (《周禮·地官·大司徒》)③

《管子·入國》率先提出"老老"與"慈幼"。《五輔》的"養長老，慈幼孤"，以及《周禮·地官·大司徒》的"慈幼，養老"，都是"老老慈幼"的不同表述。這足以説明，"老老慈幼"思想並非孔子的發明。最直接的證據見於《吕氏春秋·孝行》："曾子曰：先王之所以治天下者五：'貴德，貴貴，貴老，敬長，慈幼。'此五者，先王之所以定天下也。"④"貴老，慈幼"明顯也是"老老慈幼"的意思。身爲孔子弟子的曾參，不去引用老師"老老慈幼"的言論，卻冠以"先王之所以治天下"，更可佐證"老老慈幼"不是孔子的原創思想。無獨有偶，"宥過赦罪"或"赦小過"大概也非孔子首創。上引《管子·五

---

① 黎翔鳳：《管子校注》，第 1033 頁。
② 黎翔鳳：《管子校注》，第 194—195 頁。
③ 賈公彦：《周禮注疏》，《十三經注疏》第 2 册，第 1521 頁。
④ 許維遹：《吕氏春秋集釋》，第 308 頁。

輔》云"赦罪戾，宥小過"，《易·解》亦言"雷雨作，解，君子以赦過宥罪"，① 可知"宥過赦罪"思想也應萌生於孔子之前。這意味着，孔子思想中的不少內容，其實不過是對先前思想的繼承、提煉和升華而已。② 當然，鑒於孔子的崇高地位和巨大影響，後世把這些思想的"發明權"歸於孔子，也是合乎情理的自覺行爲。那麼，"老老慈幼"不爲《論語》所收就顯得頗爲奇怪，權且留待將來解決。

　　再看顏淵詢問的"內（入）教"。整理者認爲"內教"指孝親、祭宗之教。③ 陳偉把"內教"改讀爲"入教"，使教化深入人心。④ 與"人事"有所不同，"入教"主要針對統治者自身而言。假如統治者能夠做到"修身以先""前以博愛""導之以儉""前之以讓""能能，賤不肖而遠之"，就能達成"民莫不從矣""民莫遺親矣""民知足矣""民不爭矣""民知禁矣"的目標。類似的表述也見於《論語·顏淵》："季康子問政於孔子。孔子對曰：'政者，正也。子帥以正，孰敢不正？'"《子路》："子路問政。子曰：'先之勞之。'請益。曰：'無倦。'""子曰：'其身正，不令而行。其身不正，雖令不從。'"⑤ 本篇下

---

① 孔穎達：《周易正義》，《十三經注疏》第 1 冊，中華書局，2009 年 10 月，第 106 頁。

② 黃懷信對孔子"仁""義""智""禮""忠""信""慈""孝""悌""友""讓""命"等思想作了細緻分析，認爲它們與周公的思想存在一定的淵源關係，參看黃懷信：《孔子思想的淵源》，楊朝明、修建軍主編：《孔子與孔門弟子研究》，齊魯書社，2004 年 12 月，第 161—197 頁。

③ 馬承源主編：《上海博物館藏戰國楚竹書（八）》，第 147 頁。

④ 陳偉：《〈顏淵問於孔子〉內事、內教二章校讀》，簡帛網，2011 年 7 月 22 日。

⑤ 邢昺：《論語注疏》，《十三經注疏》第 5 冊，第 5439、5445、5446 頁。

文亦謂"干（簡）行而信,[①] 先尻（處）忠也。[②] 貧而安樂,先尻（處）……"都在强調統治者率先垂範的重要性。不過,《論語·顏淵》《子路》所記乃季康子、子路問"政",本篇卻是顏淵問"入教",表明政、教二者或有一定程度的重疊。然而,行政與教化之間畢竟存在一定的差異。《管子·侈靡》有言:

　　政與教孰急？管子曰:夫政、教相似而殊方。若夫教者,標然若秋雲之遠,動人心之悲。藹然若夏之静雲,乃及人之體。鵬然若讁之静,動人意以怨。蕩蕩若流水,使人思之。人所生往,教之始也,身必備之。辟之若秋雲之始見,賢者、不肖者化焉。敬而待之,愛而使之,若樊神山祭之。賢者少,不肖者多,使其賢,不肖惡得不化？今夫政則少則,若夫成形之徵者也。去則少,可使人乎？[③]

管子認爲,行政與教化的目標雖有相似之處,但二者無論方法、途徑抑或結果都有很大不同。相較於行政,教化更容易達到理想的治理效果。

　　《論語·顏淵》記載:

　　季康子問政於孔子曰:"如殺無道,以就有道,何如？"孔子對曰:"子爲政,焉用殺？子欲善,而民善矣。君子之

---

① 干,圖版作"",整理者釋爲"屰",蘇建洲疑釋爲"干",見復旦吉大古文字專業研究生聯合讀書會《〈上博八·顏淵問於孔子〉校讀》文後跟帖,復旦大學出土文獻與古文字研究中心網,2011 年 7 月 17 日。今按:干,似可讀爲"簡"。"簡行而信",謂簡於行事卻使人信從。

② 尻,整理者讀爲"居",復旦吉大讀書會讀爲"處"。

③ 黎翔鳳:《管子校注》,第 636—637 頁。

德風，小人之德草，草上之風，必偃。"①

　　孔子主張用德行教化民衆，即便對待"無道"之人，也不宜輕加刑戮。"子欲善，而民善矣"。統治者率先垂範的教化，比使用刑罰殺戮之類的暴力手段更有成效。

　　上博二《魯邦大旱》云：

　　魯邦大旱，哀公胃（謂）孔=（孔子）："子不爲我圖（圖）之?"孔=（孔子）會（答）曰："邦大旱，母（毋）乃遊（失）者（諸）型（刑）與惠（德）虐（乎)? 唯☒**1**之可（何）才（哉)?"② 孔=（孔子）曰："衆（庶）民智（知）敓之事槐（鬼）也，③ 不智（知）型（刑）與惠（德）。女（汝）母（毋）怣（愛）珪璧睪（幣）帛於山川，④ 政（正）坙（刑）與 德 ☒⑤**2** 出，遇子贛（贛），曰："賜，而昏（聞）薆（巷）迲（路）之言，母（毋）乃胃（謂）丘之會（答）非與（歟)?"子贛（贛）曰：

---

① 邢昺：《論語注疏》，《十三經注疏》第 5 册，第 5439 頁。

② 才，整理者讀爲"在"，俞志慧讀爲"哉"，見俞志慧：《〈魯邦大旱〉句讀獻疑》，簡帛研究網，2003 年 1 月 27 日。又《上博館藏戰國楚竹書（二）二題》，《上博館藏戰國楚竹書研究續編》，第 515 頁。

③ 槐，整理者釋爲"視"，黃德寬釋爲"視"，認爲是"鬼"字異體，見黃德寬：《戰國楚竹書（二）釋文補正》，簡帛研究網，2003 年 1 月 21 日。又載《上博館藏戰國楚竹書研究續編》，第 439 頁。本句的標點，整理者原在"事"下斷句，陳偉改與下文"鬼也"連讀，見陳偉：《讀〈魯邦大旱〉劄記》，簡帛研究網，2003 年 1 月 27 日。又載《上博館藏戰國楚竹書研究續編》，第 117 頁。

④ 女，整理者讀爲"如"，筆者讀爲"汝"，參看附録一《先秦時期臣下稱君爲"爾""汝"現象新論》。

⑤ 政，劉樂賢讀爲"正"，"德"字殘缺，劉樂賢據下文補，皆見劉樂賢：《上博簡〈魯邦大旱〉簡論》，《文物》2003 年第 5 期，第 61 頁。

"否。毆（抑）虐（吾）子女（如）遑（重）命，① 丌（其）與女（汝）。② 夫政（正）坓（刑）與惪（德），吕（以）事上天，此是才（哉）。女（若）天〈夫〉母（毋）惡（愛）圭（珪）璧3帣（幣）帛於山川，母（毋）乃不可。夫山，石吕（以）爲膚，木吕（以）爲民，女（如）天不雨，石牺（將）儵（焦），木牺（將）死，丌（其）欲雨或甚於我，或必寺（待）虐（吾）名虐（乎）?③ 夫川，水吕（以）4爲膚，魚吕（以）爲民，女（如）天不雨，水牺（將）沽（涸），魚牺（將）死，丌（其）欲雨國（或）甚於我，④ 或必寺（待）虐（吾）名虐（乎）?"孔＝（孔子）曰："於虐（乎）! ☒5公剴（豈）不飯枛（梁—梁）畝（食）肉才（哉）!⑤ 毆（抑）亡（無）女（如）眾（庶）民可（何）? 6

恰逢魯國發生旱災，孔子認爲"庶民知敓之事鬼也，不知刑

---

① 毆，整理者認爲即"毆"字異體，讀爲"也"，連上"否"字爲句，俞志慧讀爲"抑"，屬下句讀，見俞志慧：《〈魯邦大旱〉句讀獻疑》，簡帛研究網，2003 年 1 月 27 日。又《上博館藏戰國楚竹書（二）二題》，《上博館藏戰國楚竹書研究續編》，第 512 頁。

② 以上二句的標點，參看第一章第一節《〈魯邦大旱〉"抑吾子如重命其與"》。

③ 寺虐名虐，整理者讀爲"恃乎名乎"，劉樂賢讀爲"待吾名乎"，見劉樂賢：《讀上博簡〈民之父母〉等三篇劄記》，簡帛研究網，2003 年 1 月 9 日。

④ 國，整理者釋爲"或"，裘錫圭釋爲"國"，讀爲"或"，見裘錫圭：《〈上海博物館藏戰國楚竹書（二）·魯邦大旱〉釋文注釋》，《裘錫圭學術文集·簡牘帛書卷》，復旦大學出版社，2012 年 10 月，第 490 頁。

⑤ 飯，整理者釋爲"飤"，讀爲"飽"，施謝捷、李守奎、王志平皆釋爲"飯"，分別見俞志慧：《〈上博館藏戰國楚竹書〉（二）二題》，《上博館藏戰國楚竹書研究續編》，第 514 頁。李守奎：《讀〈上海博物館藏戰國楚竹書（二）〉雜識》，《上博館藏戰國楚竹書研究續編》，第 481 頁。王志平：《上博簡（二）劄記》，《上博館藏戰國楚竹書研究續編》，第 500 頁。枛，整理者釋爲"枛"，讀爲"梁"，李守奎隸定作"枛"，即"梁"，讀爲"梁"，見李守奎：《讀〈上海博物館藏戰國楚竹書（二）〉雜識》，《上博館藏戰國楚竹書研究續編》，第 481 頁。

與德"，針對百姓迷信"敓之事鬼"卻"不知刑與德"的事實，孔子提出用幣帛祭祀山川，通過"神道設教"的辦法教化百姓，同時在行政上實現"正刑與德"。孔子把"毋愛珪璧幣帛於山川"放在"正刑與德"的前面，折射出他教化與行政並重，但教化有時要先於行政的主張，這是《魯邦大旱》一文的中心思想。①

與《魯邦大旱》教化先於行政的理念不同，《顏淵問於孔子》中孔子對"入教""入事"的闡釋雖然各有側重，但主要圍繞現實政治展開，跟"神道設教"毫無瓜葛。孔子一面強調統治者必須提高自身素質，一面確立簡明扼要的施政綱領，兩者相輔相成，不可分割，共同構成了孔子的政教觀。顏淵作爲孔子的高徒，專門就"入事""入教"兩個問題向孔子請教，反映出他希望從老師那裏獲得啓示，爲將來的入仕做好理論準備。同時，孔子向顏淵宣講自己的政教觀，顯然是把他當作衣缽傳人培養，故而耐心地給予了非常詳盡的解答。

總之，《顏淵問於孔子》的發現，不僅爲世人完整地勾勒出孔子的政教觀，還可證實顏淵的確具有積極的入世思想，它的文獻價值和思想史意義應該得到全面、客觀、合理的評估。

第二節　　《君子爲禮》《魯邦大旱》中的子贛

子贛②在孔門子弟中具有十分重要的地位，他天資聰穎，能

---

① 孔德立、楊兆貴認爲《魯邦大旱》的主題思想是"神道設教"，而非人道教化，見孔德立、楊兆貴：《新出楚簡的歷史失憶及思想史意義——以上博楚簡〈魯邦大旱〉爲例》，《江漢論壇》2013年第2期，第58—62頁。

② 端木賜字子贛，"贛"或作"貢"，劉寶楠云："釋文：'貢，本亦作贛，音同。'《隸釋》載漢石經《論語》殘碑，凡'子貢'皆作'子贛'。《説文》：'貢，獻功也。''贛，賜也。'子貢名賜，字當作'贛'，凡作'貢'，皆是省借。"見劉寶楠：《論語正義》，第14頁。本節除引文未作改動外，其餘一般寫成"子贛"。

言善辯，不僅在經商致富方面成就斐然，還在外交出使中建立了
"存魯，亂齊，破吳，彊晉而霸越"（《史記·仲尼弟子列
傳》）① 的不朽功業。尤爲引人注意的是，子貢無論是在孔子生
前抑或身後，均竭力推崇和維護孔子的"聖人"形象，爲宣揚
孔子的思想、學説作出了巨大貢獻。試看《論語·子張》中的
幾則記載：

> 叔孫武叔語大夫於朝，曰："子貢賢於仲尼。"子服景
> 伯以告子貢。子貢曰："譬之宫牆，賜之牆也及肩，窺見室
> 家之好。夫子之牆數仞，不得其門而入，不見宗廟之美，百
> 官之富。得其門者或寡矣。夫子之云，不亦宜乎！"
>
> 叔孫武叔毀仲尼。子貢曰："無以爲也，仲尼不可毀
> 也。他人之賢者，丘陵也，猶可逾也。仲尼，日月也，無得
> 而逾焉。人雖欲自絶，其何傷於日月乎？多見其不知
> 量也！"
>
> 陳子禽謂子貢曰："子爲恭也，仲尼豈賢於子乎？"子
> 貢曰："君子一言以爲知，一言以爲不知，言不可不慎也。
> 夫子之不可及也，猶天之不可階而升也。夫子之得邦家者，
> 所謂立之斯立，道之斯行，綏之斯來，動之斯和。其生也
> 榮，其死也哀，如之何其可及也？"②

以上叔孫武叔、陳子禽贊譽子貢勝過孔子，以及叔孫武叔毀
謗孔子，都發生在孔子去世之後（觀"其生也榮，其死也哀"
可知）。大概因爲子貢具有傑出的經商、外交才能，孔子一生卻

---

① 司馬遷：《史記》，第 2660 頁。
② 邢昺：《論語注疏》，《十三經注疏》第 5 册，第 5503—5504 頁。

少有實際作爲，故而叔孫武叔、陳子禽均認爲子贛賢於孔子，祇是子贛過於謙虛，不願承認罷了。面對叔孫武叔等人對孔子的非議，子贛給予了堅決的駁斥，他把孔子比作日月、上天，祇能仰望而無法企及。倘若孔子生前得到宰執的權位，或許早已實現"立之斯立，道之斯行，綏之斯來，動之斯和"的政治目標。因此，攻擊孔子是沒有經過認真思考和不自量力的行爲。子贛利用自己的地位和影響，時刻注意維護和塑造孔子的"聖人"形象，使孔子的思想、學説得到進一步的發展。同時，子贛這位忠實的孔子信徒，也得到了後世學者的一致認可。《韓詩外傳》卷八云：

　　齊景公謂子貢曰："先生何師？"對曰："魯仲尼。"曰："仲尼賢乎？"曰："聖人也，豈直賢哉！"景公嘻然而笑曰："其聖何如？"子貢曰："不知也。"景公悖然作色曰："始言聖人，今言不知，何也？"子貢曰："臣終身戴天，不知天之高也。終身踐地，不知地之厚也。若臣之事仲尼，譬猶渴操壺杓，就江海而飲之，腹滿而去，又安知江海之深乎？"景公曰："先生之譽，得無太甚乎！"子貢曰："臣賜何敢甚言，尚慮不及耳！臣譽仲尼，譬猶兩手捧土而附泰山，其無益亦明矣。使臣不譽仲尼，譬猶兩手把泰山，無損亦明矣。"景公曰："善！豈其然？善！豈其然？"①

《論衡·知實》亦云：

　　齊景公問子貢曰："夫子賢乎？"子貢對曰："夫子乃

---

①　許維遹：《韓詩外傳集釋》，第 286 頁。

聖，豈徒賢哉！"景公不知孔子聖，子貢正其名。①

　　《韓詩外傳》《論衡》言之鑿鑿，貌似齊景公與子貢之間確
實發生過有關孔子的問對。考齊景公在位五十八年卒（前 490），
子貢少孔子三十一歲，孔子生於魯襄公二十一年（前 552）或二
十二年（前 551），② 子貢當生於昭公二十一年（前 521）或二十
二年（前 520），與齊景公大約有三十年的重疊時間。然而，子
貢拜孔子爲師要遲到孔子去魯適衛之時（前 497），③ 不久即追
隨孔子周遊列國。孔子困於陳蔡之際，曾派子貢赴楚國求救。魯
哀公十一年（前 484），子貢隨孔子返回魯國。④ 從理論上説，
子貢可在前 497 至前 490 年的七年間出使齊國，但彼時子貢追隨
孔子的時間尚很短暫，他不大可能對齊景公説出"夫子乃聖，
豈徒賢哉"之類的話。《論衡·講瑞》云：

　　　　子貢事孔子，一年自謂過孔子，二年自謂與孔子同，三
　　年自知不及孔子。當一年、二年之時，未知孔子聖也，三年
　　之後，然乃知之。⑤

所謂"三年之後，然乃知之"，"三年"祇是約數，並非僅僅過
去三年子貢就立刻知道孔子乃當世聖人。從常理推測，子貢對孔

---

① 黃暉：《論衡校釋》，第 1087 頁。
② 《公羊傳》《穀梁傳》謂孔子生於魯襄公二十一年（前 552），《史記·孔子世
　　家》作襄公二十二年（前 551）。
③ 錢穆將孔子去魯適衛的時間定在魯定公十三年（前 497），見錢穆：《先秦諸
　　子繫年考辨》，上海書店，1992 年 1 月，第 24—25 頁。楊朝明認爲子貢應該
　　是在孔子到達衛國後纔拜孔子爲師，見楊朝明：《子貢在孔門弟子中的特殊
　　地位》，楊朝明、修建軍主編：《孔子與孔門弟子研究》，第 442 頁。
④ 參看錢穆：《先秦諸子繫年考辨》，第 47—48 頁。
⑤ 黃暉：《論衡校釋》，第 724 頁。

子的認識必然要經歷一個非常漫長的過程。

　　由此可知，《韓詩外傳》《論衡》記載的齊景公與子贛的這番問對，應當是出自漢代人的假托。但這恰好說明，後人對子贛維護孔子的印象極爲深刻，非其他孔門弟子所能比擬。再來看上博五《君子爲禮》中的有關材料：①

　　　　行〔子〕人子羽龥（問）於子贛（贛）曰：②“中（仲）屔（尼）與虐（吾）子産篤（孰）取（賢）？”子贛（贛）曰：“夫子綺（治）十室之邑亦樂，綺（治）薑（萬）室之邦亦樂，然則 賢11於子産 壴（矣）。”④ “與壑（禹）篤（孰）取（賢）？”子贛（贛）曰：“壑綺（治）天下之川15□，呂（以）爲㠯（己）名，⑤ 夫13子綺（治）峙（《詩》）、箸（《書》），16亦呂（以）异（己）名，⑥ 肰（然）則取（賢）於壑（禹）也。” “與坴（舜）14篤（孰）取（賢）？”⑦ 子贛（贛）曰：“坴（舜）君天下囗12 囗子龥（聞）之曰：“賜，不虐（吾）知也，嫛（凤）興夜㧈（寐），⑧ 呂（以）求龥（聞）《弟子問》22

---

① 綴合、編聯採取陳劍的意見，見陳劍：《談談〈上博五〉的竹簡分篇、拼合與編聯問題》，簡帛網，2006 年 2 月 19 日。收入《戰國竹書論集》，第 176—177 頁。本節引用陳劍意見皆出此文，不重注。

② 行，整理者釋爲“非”，陳劍釋爲“行”。子，陳劍認爲係涉下文“子羽”之“子”而衍。此句的標點，整理者斷作“非子人。子羽龥（問）於子贛（貢）曰”，陳劍斷作“行〔子〕人子羽龥（問）於子贛（貢）曰”。

③ “賢於子産”四字，陳劍據文意補。

④ 壴，整理者缺釋，陳劍釋爲“壴”，讀爲“矣”。

⑤ 㠯，整理者釋爲“异”，何有祖釋爲“㠯”，見何有祖：《上博五〈君子爲禮〉試讀》，簡帛網，2006 年 2 月 19 日。

⑥ 亦，整理者釋爲“非”，陳劍釋爲“亦”。

⑦ 與，整理者釋爲“契”，陳劍釋爲“與”。

⑧ 嫛，整理者缺釋，陳劍釋讀爲“凤”。

在這篇文獻中，子羽和子贛就孔子與子産、禹、舜孰賢的問題進行了討論。子贛認爲孔子安貧樂道的境界和整理《詩》《書》的功績，遠遠勝過子産和禹。下文孔子與舜的比較原簡稍殘，從邏輯上不難推斷，子贛必然也會宣稱孔子勝過舜。舜是上古時期的聖人，他製作的韶舞，被孔子評價爲"盡美矣，又盡善也"，① 反映出舜在孔子心目中占據着非常重要的位置。《禮記·表記》有言："子言之曰：'後世雖有作者，虞帝弗可及也已矣。'"② 上博二《子羔》簡［7+14］亦云：③ "孔=（孔子）曰：'𡐨（舜）丌（其）可胃（謂）受命之民矣。𡐨（舜），人子也，而厽（三）天子事之。'"④ 該文中子贛卻認爲孔子賢於舜，顯示出他對孔子的極度推崇，以至於孔子聽説後都深感不安："賜，不吾知也。"這種相互矛盾的表述不免讓人心生疑惑，《君子爲禮》的記載是否真實可信呢？

簡11 "行人子羽問於子贛曰"，整理者認爲"子羽"指孔子弟子澹臺滅明（字子羽）。⑤ 徐少華提出，從下文稱"吾子産"來看，"子羽"似爲鄭國的公孫揮（字子羽）。但子贛生於前520年，與他對話的"子羽"當是春秋末年人，符合條件的祇有魯國人澹臺滅明（字子羽）。"吾子産"之"吾"，應該是被用來表示尊稱。⑥

誠然，典籍和出土文獻中都有不少下對上使用"吾子"的

① 邢昺：《論語注疏》，《十三經注疏》第5册，第5362頁。

② 孔穎達：《禮記正義》，《十三經注疏》第3册，第3564頁。

③ 裘錫圭將簡7與簡14綴合，見裘錫圭：《談談上博簡〈子羔〉篇的簡序》，《上博館藏戰國楚竹書研究續編》，第7頁。

④ 而，整理者缺釋，裘錫圭釋爲"而"，見裘錫圭：《談談上博簡〈子羔〉篇的簡序》，《上博館藏戰國楚竹書研究續編》，第7頁。

⑤ 馬承源主編：《上海博物館藏戰國楚竹書（五）》，第261頁。

⑥ 徐少華：《論〈上博五·君子爲禮〉的編聯與文本結構》，第73頁注①。

例證。《左傳》文公七年晉郤缺言於趙宣子曰："若吾子之德，莫可歌也，其誰來之？盍使睦者歌吾子乎？"昭公元年祁午謂趙文子曰："有令名矣，而終之以恥，午也是懼，吾子其不可以不戒。"①《魯邦大旱》簡3子贛謂孔子曰："否，抑吾子如重命，其與汝。"《仲弓》簡26仲弓謂孔子曰："恐貽吾子羞，願因吾子而辭。"不過，"吾子"一詞也多可用在上對下或平等身份之間。據統計，《左傳》中"吾子"用於下對上11例，上對下9例，平等身份者之間則有57例。夏先培據此認爲，"吾子"是"子"的派生結構，祇用於對稱，且主要用於平等身份之間，兼含禮貌和親暱。② 姑且不論"吾子產"之"吾"能否等同於"吾子"，即便可將"吾"視作"吾子"的省略，那麼活動在春秋末年的魯國人澹臺滅明，如何會用含有親暱成分的"吾子"去尊稱春秋中期的鄭國大夫子產呢？更何況兩人之間沒有任何交集，根本不具備使用"吾子"這種祇適用於對稱的代詞的條件。因此，本篇中與子贛對話的人肯定不是澹臺滅明。

筆者注意到，春秋時期存在一種某人在談論本國人時冠以"吾"字的情況，例如：

崔子弒齊君，陳文子有馬十乘，棄而違之。至於他邦，則曰："猶吾大夫崔子也。"違之。之一邦，則又曰："猶吾大夫崔子也。"違之。（《論語·公冶長》）③

冬，齊高固及子叔姬來。及者，及吾子叔姬也。（《穀

---

① 孔穎達：《春秋左傳正義》，《十三經注疏》第4冊，第4008、4386頁。
② 夏先培：《〈左傳〉的"吾子""夫子"和"數詞+子"的結構》，《長沙電力學院社會科學學報》1997年第1期，第119—120頁。
③ 邢昺：《論語注疏》，《十三經注疏》第5冊，第5374—5375頁。

梁傳》宣公五年)①

（單襄公曰）且郤至何三伐之有？夫仁、禮、勇，皆民之爲也。以義死用謂之勇，奉義順則謂之禮，畜義豐功謂之仁。姦仁爲佻，姦禮爲羞，姦勇爲賊。夫戰，盡敵爲上，守和同，順義爲上。故制戎以果毅，制朝以序成。叛戰而擅舍鄭君，賊也。棄毅行容，羞也。叛國即讎，佻也。有三姦以求替其上，遠於得政矣。以吾觀之，兵在其頸，不可久也，雖<u>吾王叔</u>未能違難。（《國語・周語中》）②

崔子即崔杼，弑齊莊公。陳文子名須無，諡文，亦稱田文子，莊公時大夫。二人同爲齊國人，故陳文子稱崔杼爲"吾大夫崔子"。子叔姬是魯國人，所以《穀梁傳》的作者稱之爲"吾子叔姬"。王叔指周朝大夫王叔簡公，韋昭注："周大夫王叔陳生也。"單襄公是周朝卿士，他稱王叔陳生爲"吾王叔"，表明王叔和他都是周人。《君子爲禮》中的"子羽"既然可稱子産爲"吾子産"，説明他跟子産一樣都是鄭國人，其身份又是"行人"，這就限定了他必須是鄭國大夫公孫揮（字子羽）。然而，子羽的生活年代遠在子贛之前，他們之間怎麼會有直接的對話呢？

陳劍已指出，子羽、子産的年代早於孔子、子贛不少，推測這是因爲子羽主管外交，經常接觸四方賓客，所以被孔門後學安排與子贛問答，卻忽略了二者時代不合的問題。③ 淺野裕一也認爲，《左傳》對子羽的記述以襄公三十一年（前542）爲最晚，

① 楊士勛：《穀梁傳注疏》，《十三經注疏》第5冊，第5237頁。
② 董增齡：《國語正義》，第216—218頁。
③ 陳劍：《談談〈上博五〉的竹簡分篇、拼合與編聯問題》，簡帛網，2006年2月19日。收入《戰國竹書論集》，第176—177頁。

孔子生於前552年，子羽與孔子的人生確有可能重疊，但最長不
會超過二十年。子羽向子贛詢問仲尼與子產孰賢的問題，前提必
須是孔子的名聲已經很大，至少應在孔子壯年以後，但子羽此時
已經去世。子羽向子贛詢問孔子與子產孰賢明顯不合情理，無法
相信這種問答在歷史上曾經真實發生過。①

　　按陳、淺野二氏所言甚是。《君子爲禮》記載的子羽和子贛
就孔子與子產、禹、舜孰賢的對話，應該是孔門後學爲了突出和
宣揚孔子的聖人形象而有意編造的材料，並非歷史事實。不過，
孔子的弟子有數十人之多，爲什麽孔門後學要把這段對話的主角
留給子贛呢？前面提到，在孔門的衆多弟子中，以子贛對孔子的
維護最爲堅定不移，而且子贛在孔子卒後地位較高，影響也非常
巨大。《史記·貨殖列傳》云：“子貢結駟連騎，束帛之幣以聘
享諸侯，所至國君無不與之分庭抗禮。夫使孔子名布揚於天下
者，子貢先後之也。”② 正是由於這個緣故，孔門後學自然要把
孔子勝過子産、禹、舜的言論借助子贛之口宣揚出來。倘若不是
子羽與子贛在生活年代上存在某些“舛誤”，那麼後人很可能會
認爲這段對話就是歷史的真相，畢竟子贛極力維護孔子的形象實
在過於深入人心了。

　　再來看上博二《魯邦大旱》記載的一個故事（釋讀意見參
看本章第一節）：

　　　魯邦大旱，哀公謂孔子：“子不爲我圖之？”孔子答曰：
“邦大旱，毋乃失諸刑與德乎？唯☒之何哉？”孔子曰：“庶
民知敚之事鬼也，不知刑與德。汝毋愛珪璧幣帛於山川，正

① ［日］淺野裕一：《上海楚簡〈君子爲禮〉與孔子素王説》，《簡帛》第2輯，
　　第289頁注①。

② 司馬遷：《史記（修訂本）》，第3927頁。

刑與德☒出，遇子贛，曰：“賜，而聞巷路之言，毋乃謂丘
之答非歟？”子贛曰：“否。抑吾子如重命，其與汝。夫正
刑與德，以事上天，此是哉。若夫毋愛珪璧幣帛於山川，毋
乃不可。夫山，石以爲膚，木以爲民，如天不雨，石將焦，
木將死，其欲雨或甚於我，或必待吾名乎？夫川，水以爲
膚，魚以爲民，如天不雨，水將涸，魚將死，其欲雨或甚於
我，或必待吾名乎？”孔子曰：“於乎！☒公豈不飯粱食肉
哉！抑無如庶民何？

　　魯國發生了旱災，哀公向孔子咨詢應對措施，孔子提出了祭
祀山川、正刑與德的建議，但他擔心人們會對祭祀山川有所質
疑，故在退朝之後向子贛詢問“而聞巷路之言，毋乃謂丘之答
非歟”。子贛的回答十分巧妙，他雖然也像巷路之人一樣對祭祀
山川的主張不以爲然，但是爲了維護老師，馬上回答説“否”，
沒有人對您的言論表示非議。然後子贛説“抑吾子如重命，其
與汝”，如果您的那些建議是爲了“重命”的話，那麼我同意
您。接下來子贛纔稍稍提出自己的看法——正刑與德非常必要，
祭祀山川有什麼用呢？孔子指出百姓們都很重視“敓之事鬼”，
卻“不知刑與德”，因此除“正刑與德”外，還要國君用幣帛祭
祀山川，採取“神道設教”的辦法來教化百姓。[1]
　　與《魯邦大旱》相似的内容也見於《晏子春秋·諫上》：

　　　　齊大旱逾時，景公召群臣問曰：“天不雨久矣，民且有飢
　　色。吾使人卜，云祟在高山廣水。寡人欲少賦斂以祠靈山，可

---

① 　孔德立、楊兆貴認爲《魯邦大旱》的中心思想是“神道設教”，而非人道教
　　化，見孔德立、楊兆貴：《新出楚簡的歷史失憶及思想史意義——以上博楚
　　簡〈魯邦大旱〉爲例》，《江漢論壇》2013年第2期，第58—62頁。

乎?"群臣莫對。晏子進曰:"不可! 祠此無益也。夫靈山固以石爲身,以草木爲髮,天久不雨,髮將焦,身將熱,彼獨不欲雨乎? 祠之無益。"公曰:"不然,吾欲祠河伯,可乎?"晏子曰:"不可! 河伯以水爲國,以魚鱉爲民,天久不雨,泉將下,百川竭,國將亡,民將滅矣,彼獨不欲雨乎? 祠之何益!"景公曰:"今爲之奈何?"晏子曰:"君誠避宮殿暴露,與靈山、河伯共憂,其幸而雨乎?"于是景公出野暴露,三日,天果大雨,民盡得種時。景公曰:"善哉! 晏子之言,可無用乎! 其維有德。"①

　　面對曠日持久的大旱,齊景公打算用祭祀靈山、河伯的方式予以禳除,晏嬰認爲靈山、河伯自顧尚且不暇,祭祀它們會有什麼效果呢? 如果真想禳除旱災,不如"避宮殿暴露""與靈山、河伯共憂"。景公按照晏嬰的建議"出野暴露",過了三天果然下起了大雨。不難看出,《晏子春秋·諫上》反對祭祀山川,主張國君與靈山、河伯同憂,《魯邦大旱》則極力主張國君對山川進行祭祀,《諫上》中晏嬰反對祭祀山川的建議最終獲得齊景公的贊同,在《魯邦大旱》中卻被孔子輕易否定,以此顯示孔子的識見遠遠勝過子贛、晏嬰。兩相比較,可知《魯邦大旱》的來源確實值得懷疑,它很可能是孔門後學在《晏子春秋·諫上》的基礎上改編而成的一篇儒家文獻。② 當然,《諫上》所記未必一定就是事實。它由晏子後學杜撰的可能性也無法完全排除。這

① 吳則虞:《晏子春秋集釋》,第 55 頁。
② 曹峰認爲《魯邦大旱》記載的這次故事無法確定發生在魯國,見曹峰:《〈魯邦大旱〉初探》,《上博館藏戰國楚竹書研究續編》,上海書店出版社,2004 年7 月,第 130 頁。顧史考認爲《魯邦大旱》原應屬於《晏子春秋》的資料,後爲儒者借用、改寫成儒家作品,以爲孔門之道服務,見 [美] 顧史考:《上博竹書〈魯邦大旱〉篇及其形成探索》,《簡帛》第 15 輯,上海古籍出版社,2017 年 11 月,第 17—30 頁。

從側面反映出，戰國時期各個學派之間的鬥爭異常激烈，他們甚至不惜改寫、僞造有關早期學派創始人的材料，以便更好地宣揚本學派的思想主張。

　　論述至此，與《君子爲禮》同樣的問題再次出現，孔門後學爲什麼要把《晏子春秋·諫上》的"晏子"換作"子贛"而非其他孔門弟子呢？據《韓非子·顯學》記載，孔子去世後，儒家曾分爲八派："自孔子之死也，有子張之儒，有子思之儒，有顏氏之儒，有孟氏之儒，有漆雕氏之儒，有仲良氏之儒，有孫氏之儒，有樂正氏之儒。"[①] 子贛雖然被列爲孔門"十哲"之一，但他沒有開創自己的學派，[②] 同顏淵、子張等孔門弟子相比，子贛在後世儒學中的地位不是很高。不過，至少在《魯邦大旱》的編纂者看來，孔子形象的樹立，思想的傳播，跟子贛的苦心經營密切相關，以至於孔門後學在對《晏子春秋·諫上》的材料進行改編時，不自覺地就把問答的主角換成了孔子與子贛。

　　綜觀《君子爲禮》和《魯邦大旱》的主體內容，容易得出一個初步結論：孔子去世後的一段時間內，子贛的影響一度十分巨大。孔門後學在編寫儒家文獻宣揚孔子思想時，往往會拿子贛來充當主要人物。按照這一思路，筆者推測《君子爲禮》《魯邦大旱》的寫作年代，應該是在孔子去世至子張、顏氏之儒崛起的這段時間。等到儒家內部的各種學派開始興起之後，子贛的影響已經變得很小，孔門後學自然也沒有必要再借助他來宣揚孔子的思想。

　　雖然《君子爲禮》《魯邦大旱》的真實性存在疑問，但兩篇

---

① 王先慎：《韓非子集解》，第 499 頁。
② 楊朝明認爲子贛在孔子卒後曾積極宣揚孔子學說，捍衛孔子形象，但他沒有獨立門户，見楊朝明：《子貢在孔門弟子中的特殊地位》，楊朝明、修建軍主編：《孔子與孔門弟子研究》，第 454—457 頁。

文獻的思想史地位和影响絲毫不容忽視。《君子爲禮》記載的孔子勝過子産、禹、舜的表述，反映出孔子素王説在戰國時期已有相當大的基礎。①《魯邦大旱》通過採取祭祀山川的辦法對百姓進行教化，與典籍中孔子"神道設教"的主張基本吻合，是孔子政教思想的延伸。

附帶談談上博五《弟子問》中一則與子贛有關的材料：

> 子曰：②"虐（吾）䎽（聞）父母之喪（喪），7 飤（食）肉女（如）飯土，酓（飲）酉（酒）女（如）淫〈嚏=—啜水〉，③ 訐（信）虐（乎）?"子贛（贛）曰："莫新（親）虐（乎）父母。死不賵（顧），生可（何）言虐（乎）? 丌（其）訐（信）也。"④ 8

先秦時期，子女在爲父母服喪期間，倘若遇到疾病等特殊情況，能够獲得飲酒食肉的許可，例如：

> 曾子曰："喪有疾，食肉飲酒，必有草木之滋焉，以爲薑桂之謂也。"（《禮記·檀弓》）⑤

---

① 參看［日］淺野裕一：《上海楚簡〈君子爲禮〉與孔子素王説》，第 285—301 頁。

② 子，整理者缺釋，黄武智釋爲"子"，見黄武智：《上博楚簡"禮記類"文獻研究》，第 223 頁。

③ 淫，陳劍疑爲"啜水"合文，見陳劍：《談談〈上博五〉的竹簡分篇、拼合與編聯問題》，簡帛網，2006 年 2 月 19 日。收入《戰國竹書論集》，第 177 頁。

④ 以上三句的標點，整理者斷作"死不賵（顧）生，可（何）言虐（乎）丌（其）信也"，陳偉斷作"死不顧，生何言乎? 其信也"，見陳偉：《〈弟子問〉零識（續）》，簡帛網，2006 年 3 月 7 日。收入《新出楚簡研讀》，第 242—243 頁。

⑤ 孔穎達《禮記正義》，《十三經注疏》第 3 册，第 2777 頁。

期之喪，三不食，食疏食，水飲，不食菜果。三月既葬，食肉飲酒。期，終喪不食肉，不飲酒。父在，爲母，爲妻。九月之喪，食飲猶期之喪也。食肉飲酒，不與人樂之。五月、三月之喪，壹不食、再不食可也。比葬，食肉飲酒，不與人樂之。叔母、世母、故主、宗子，食肉飲酒。不能食粥，羹之以菜可也。有疾，食肉飲酒可也。（《禮記·喪大記》）①

但是，這個特定時期的飲酒食肉，必須遵循"不與人樂之"的原則。《弟子問》中孔子自言他聽説古人在居父母之喪時，飲酒食肉就像喝水吃土一樣，毫無快樂可言。面對孔子委婉表達的喪葬思想，子贛當然心領神會，他進一步闡釋道：對於子女來説，没有人比自己的父母親近。父母離世子女卻没有眷念之意，父母在世時又哪裏談得上有什麽親情呢？可見子贛不僅時刻注意維護孔子形象，還善於補充和發揮孔子思想，難怪孔子要感歎子贛"告諸往而知來者"，並稱贊他是"瑚璉之器"了。

第三節　《史萳問於夫子》中的史萳

《史萳問於夫子》簡1云："叟（史）萳曰：'萳也，古齊邦希（敝）叟（史）② 之子也，亡（無）女煮（圖）也。'"關於這個"史萳"，整理者認爲他的身份是史官。③ 王志平提出

---

① 孔穎達：《禮記正義》，《十三經注疏》第3册，第3420頁。
② 叟，整理者釋爲"吏"，"易泉"釋爲"史"，見《〈史萳問於夫子〉初讀》第22樓，簡帛網-簡帛論壇，2013年1月6日。
③ 馬承源主編：《上海博物館藏戰國楚竹書（九）》，第273頁。

“史䲡”即“史鰌”，春秋時衛國大夫。根據是“留”從“丣”聲，“丣”即古文“酉”，而“酋”從“酉”聲，故“䲡”“鰌”二字可以通用。史䲡之父爲“故齊邦敝吏”，則史䲡本爲齊人，仕於衛。①

筆者以爲，《史䲡問於夫子》中的“史䲡”與春秋時期衛國大夫史鰌當非一人。爲了更好地展開討論，有必要先對典籍中關於史鰌的記載做一些辨析和澄清。《左傳》襄公二十九年云：

> （季札）適衛，説蘧瑗、史狗、史鰌、公子荆、公叔發、公子朝，曰：“衛多君子，未有患也。”②　（《史記·吴太伯世家》同③）

史鰌字子魚，又稱史魚，衛國大夫，與蘧瑗、公叔發齊名。史鰌的生卒年不詳，一般認爲要比孔子年長許多。錢穆曾分析説：

> 襄公二十九年，季札至衛，已與蘧瑗、史鰌、公叔發相交。時孔子僅八歲，史鰌當已在强仕之年矣。其後四十八年，孔子至衛，得交蘧瑗、史鰌，則鰌亦壽者也。④

魯襄公二十九年（前544），季札與史鰌結識，並盛推史鰌

---

① 王志平：《上博九〈史䲡問於夫子〉之“史䲡”考》，《陝西師範大學學報（哲學社會科學版）》2017年第5期，第57—61頁。
② 孔穎達：《春秋左傳正義》，《十三經注疏》第4册，第4361頁。
③ 司馬遷：《史記（修訂本）》，第1753頁。
④ 錢穆：《先秦諸子繫年考辨》，第26頁。

爲“君子”，是年季札三十歲左右，① 史鰌至少當在三十歲以上
（錢穆謂在强仕之年，則爲四十歲左右）。孔子是年僅八歲，於
季札、史鰌均屬晚輩。據典籍記載可知，孔子非常敬重史鰌，這
一方面因爲史鰌直言敢諫，是做臣下的楷模，另一方面則因爲史
鰌的身份、年齡比孔子尊貴、老邁。《論語·衛靈公》有言：

> 子曰：“直哉史魚！邦有道，如矢，邦無道，如矢。君
> 子哉蘧伯玉！邦有道，則仕，邦無道，則可卷而懷之。”②

孔子曰“直哉史魚”，稱字而不稱名，也能佐證史鰌是孔子
的長輩。同樣在《論語》一書中，孔子告誡晚輩通常直呼其名，
如稱顏淵爲回、子路爲由、子貢爲賜、子夏爲商、仲弓爲雍，但
對同時代且年長位尊的人則稱字，如稱蘧瑗爲蘧伯玉、晏嬰爲晏
平仲、孟之側爲孟子反，即可證明。不過，典籍中也偶有孔子直
呼“史鰌”的情況：

> 魯哀公問於孔子曰：“當今之時，君子誰賢？”對曰：
> “衛靈公。”公曰：“吾聞之，其閨門之内，姑姐妹無別。”
> 對曰：“臣觀於朝廷，未觀於堂陛之間也。靈公之弟曰公子
> 渠牟，其知足以治千乘之國，其信足以守之，而靈公愛之。
> 又有士曰王林，國有賢人，必進而任之，無不達也，不能
> 達，退而與分其祿，而靈公尊之。又有士曰慶足，國有大
> 事，則進而治之，無不濟也，而靈公説之。史鰌去衛，靈公

---

① 魯襄公二十九年（前544）上距吳王壽夢之卒（前561）已有十七年，壽夢
  以季札賢，欲立季札爲太子，則壽夢卒時季札應在十五歲以上。至魯襄公二
  十九年季札奉命出使各國，時年約三十二歲。
② 邢昺：《論語注疏》，《十三經注疏》第5册，第5468頁。

邸舍三月，琴瑟不御，待史鰌之入也而後入，臣是以知其賢也。"（《説苑・尊賢》，①《孔子家語・賢君》同②）

　　仲尼曰："史鰌有君子之道三：不仕而敬上，不祀而敬鬼，直能曲於人。"（《説苑・雜言》，③《孔子家語・六本》"君子"作"男子"，④ 阜陽漢墓木牘《儒家者言》有章題"中尼曰史鰌有君子之道三"⑤ ）

　　面對魯哀公的詢問，孔子迫於"君前臣名"原則，不得已而直呼史鰌之名。孔子稱贊史鰌有"君子之道"，上文實無所承，再去直呼史鰌之名未免令人匪夷所思。雖然《説苑》中的部分內容已爲出土材料所證實，⑥ 但此書也存在不少失實之處，前人早有指正，⑦ 不贅述。再來看《説苑・奉使》中與史鰌相關的一條記載：

　　趙簡子將襲衛，使史黯往視之，⑧ 期以一月，六日而後

---

① 向宗魯：《説苑校證》，第 192—193 頁。
② 高尚舉、張濱鄭、張燕：《孔子家語校注》，第 187—188 頁。
③ 向宗魯：《説苑校證》，第 430 頁。
④ 高尚舉、張濱鄭、張燕：《孔子家語校注》，第 234 頁。
⑤ 韓自強：《阜陽西漢汝陰侯墓一號木牘〈儒家者言〉章題》，《阜陽漢簡〈周易〉研究》附錄一，上海古籍出版社，2004 年 7 月，第 154 頁。
⑥ 上博六有《王子木蹢城父》一篇，陳偉指出其內容與《説苑・辨物》基本吻合，見陳偉：《讀〈上博六〉條記》，簡帛網，2007 年 7 月 9 日。又《〈王子木蹢城父〉初讀》，《新出楚簡研讀》，第 284 頁。
⑦ 參看永瑢等：《四庫全書總目》，中華書局，1965 年 6 月，第 772 頁。
⑧ 史黯，《呂氏春秋・召類》作"史默"，馬王堆帛書《繆和》作"史黑（墨/默）"。"墨/默"當爲名，"黯"乃其字，否則"黯"應係"默"之訛字。《史記・魯周公世家》："定公立，趙簡子問史墨曰：'季氏亡乎？'"集解引服虔曰："史墨，晉史蔡墨。"

反。① 簡子曰：“何其久也？”黯曰：“謀利而得害，由不察
也。今蘧伯玉爲相，史鰌佐焉，孔子爲客，子貢使令於君
前，甚聽。《易》曰：‘渙其群，元吉。’渙者，賢也，群
者，衆也，元者，吉之始也。‘渙其群，元吉’者，其佐多
賢矣。”簡子按兵而不動耳。②

這段材料很可能是從《吕氏春秋·召類》中抄來的：

　　趙簡子將襲衛，使史默往睹之，期以一月，六月而後
反。趙簡子曰：“何其久也？”史默曰：“謀利而得害，猶弗
察也？今蘧伯玉爲相，史鰌佐焉，孔子爲客，子貢使令於君
前，甚聽。《易》曰：‘渙其群，元吉。’渙者，賢也，群
者，衆也，元者，吉之始也。‘渙其群，元吉’者，其佐多
賢也。”趙簡子按兵而不動。③

“蘧伯玉爲相，史鰌佐焉”，兩人共同輔佐衛靈公，致使籌
備侵略衛國的趙簡子不敢輕舉妄動。事實是這樣嗎？《大戴禮
記·保傅》云：

　　衛靈公之時，蘧伯玉賢而不用，迷子瑕不肖而任事，史
鰌患之，數言蘧伯玉賢而不聽。病且死，謂其子曰：“我即
死，治喪於北堂。吾生不能進蘧伯玉，而退迷子瑕，是不能

---

① 六日，《吕氏春秋·召類》作“六月”，張政烺認爲皆“六十日”之訛，見
　　張政烺：《〈繆和〉校注》，《馬王堆帛書〈周易〉經傳校讀》，中華書局，
　　2008 年 4 月，第 188 頁。
② 向宗魯：《説苑校證》，第 308—309 頁。
③ 許維遹：《吕氏春秋集釋》，第 561—562 頁。

正君者，死不當成禮，而置尸於北堂，於我足矣。"靈公往弔，問其故，其子以父言聞，靈公造然失容，曰："吾失矣！"立召蘧伯玉而貴之，召迷子瑕而退，徙喪於堂，成禮而後去。衛國以治，史鰌之力也。夫生進賢而退不肖，死且未止，又以尸諫，可謂忠不衰矣。①（《新書·胎教》、《韓詩外傳》卷七、《新序·雜事》同②）

蘧伯玉人才出衆，卻一直沉迹下僚，碌碌無爲。史鰌生前曾多次向衛靈公舉薦蘧伯玉，但都沒有得到積極的回應。史鰌將死之時，自愧不能"進賢退不肖"，於是用"尸諫"的方式繼續規勸衛靈公，蘧伯玉這纔被委以重任。也就是説，蘧伯玉獲得重用之时史鰌已經去世，他們怎麽還能一起輔佐衛靈公呢？

魯定公十四年（前496）孔子適衛，"靈公老，怠於政，不用孔子"（《史記·孔子世家》）。③ 三年後的魯哀公二年（前493），衛靈公卒。孔子尚且不被衛靈公任用，則《吕氏春秋·召類》《説苑·奉使》"子貢使令於君前，甚聽"顯然也是虛構之辭。

馬王堆帛書《繆和》也有與《吕氏春秋·召類》《説苑·奉使》所記相似的内容：

趙間（簡）子欲伐衛，使史黑（墨/默）入（?）【視之。期】以卅日，六十日焉反。間（簡）子大怒，以爲又（有）外志也。史黑（墨/默）曰："吾君殆乎大過矣！衛

---

① 王聘珍：《大戴禮記解詁》，第65—66頁。

② 閻振益、鍾夏：《新書校注》，中華書局，2000年7月，第393頁。許維遹：《韓詩外傳集釋》，第264—265頁。石光瑛：《新序校釋》，第41—46頁。

③ 司馬遷：《史記（修訂本）》，第2319頁。

〈衛〉使據（蘧）柏（伯）王〈玉〉相，子路爲浦（輔），孔子客焉，史子突焉，子贛出入於朝而莫之留也。此五人也，一治天下者也，而【今】者皆在衛，是【囗】囗囗囗囗母又（有）是心者，伣（況）舉兵而伐之乎？"①

　　同《吕氏春秋·召類》《説苑·奉使》相比，帛書《繆和》把"史鰌佐焉"改作"子路爲輔"，又增加"史子突焉"一語。張政烺指出，"史子"可能就是史鰌。② 果真如此，帛書《繆和》也必爲後人假托之作。

　　《淮南子·主術》亦載：

　　　　蘧伯玉爲相，子貢往觀之，曰："何以治國？"曰："以弗治治之。"簡子欲伐衛，使史黶往覘焉，還報曰："蘧伯玉爲相，未可以加兵。"固塞險阻，何足以致之！③

　　史黶云"蘧伯玉爲相，未可以加兵"，言辭雖然簡略，但比《吕氏春秋·召類》、《説苑·奉使》、帛書《繆和》可信。《吕氏春秋·召類》《説苑·奉使》"史鰌佐焉，孔子爲客，子貢使令於君前，甚聽"，以及帛書《繆和》"子路爲浦（輔），孔子客焉，史子突焉，子贛出入於朝而莫之留也"的表述，應當出自後人的演繹。清代學者梁玉繩在《吕子校續補》中説：

① 湖南省博物館、復旦大學出土文獻與古文字研究中心編纂，裘錫圭主編：《長沙馬王堆漢墓簡帛集成（叁）》，第146頁。
② 張政烺：《張政烺論易叢稿》，中華書局，2011年1月，第282—283頁。
③ 何寧：《淮南子集釋》，第617頁。

案蘧、史不與趙簡子仝時，伯玉亦未爲相，記事之譌爾。《淮南·主術》亦誤襲之，諸子書往往有此乖刺。①

梁氏推斷《呂氏春秋·召類》記事有誤，洵屬有見，但説蘧伯玉、史鰌不與趙簡子同時，卻未免有些武斷。考《史記·孔子世家》云：

> 孔子既不得用於衞，將西見趙簡子。至於河而聞竇鳴犢、舜華之死也，臨河而歎曰：“美哉，水洋洋乎！丘之不濟，此命也夫！”子貢趨而進曰：“敢問何謂也？”孔子曰：“竇鳴犢、舜華，晉國之賢大夫也。趙簡子未得志之時，須此兩人而後從政。及其已得志，殺之乃從政。丘聞之也，刳胎殺夭則麒麟不至郊，竭澤涸漁則蛟龍不合陰陽，覆巢毁卵則鳳皇不翔，何則？君子諱傷其類也。夫鳥獸之於不義也尚知辟之，而況乎丘哉！”乃還，息乎陬鄉，作爲《陬操》以哀之。而反乎衞，入主蘧伯玉家。②

孔子不被衞靈公任用，曾打算改去晉國求見趙簡子。當他聽説竇鳴犢、舜華被殺，於是“反乎衞，入主蘧伯玉家”。此時蘧伯玉尚屬無恙，因此趙簡子可與蘧伯玉同時（史鰌可能已經去世）。至於梁氏謂蘧伯玉未嘗爲相，應該是對的，但“爲相”是戰國以後的概念，衞靈公在史鰌的“尸諫”之下，“召蘧伯玉而

---

① 梁玉繩：《呂子校續補》，《槐廬叢書》二編本，光緒丙戌吳縣朱氏校刊，第6—7頁。

② 司馬遷：《史記（修訂本）》，第2333頁。“美哉，水洋洋乎！丘之不濟，此命也夫”，整理者標點作“美哉水，洋洋乎！丘之不濟此，命也夫”，恐不確，“水”“此”皆當屬下讀。上博簡《孔子詩論》：“孔子曰：‘此命也夫！文王雖欲已，得乎？’”是其辭例。

貴之"。後人在記述這件事時，寫作"蘧伯玉爲相"，似乎也未嘗不可。由此看來，《淮南子·主術》祇記載"蘧伯玉爲相"云云還是大致可信的。

《説苑·政理》中還有一則與史鰌有關的材料：

> 衛靈公問於史鰌曰："政孰爲務？"對曰："大理爲務。聽獄不中，死者不可生也，斷者不可屬也，故曰，大理爲務。"少焉，子路見公，公以史鰌言告之，子路曰："司馬爲務。兩國有難，兩軍相當，司馬執枹以行之，一鬭不當，死者數萬，以殺人爲非也，此其爲殺人亦衆矣，故曰，司馬爲務。"少焉，子貢入見，公以二子言告之，子貢曰："不識哉！昔禹與有扈氏戰，三陳而不服，禹於是脩教一年，而有扈氏請服，故曰，去民之所事，奚獄之所聽？兵革之不陳，奚鼓之所鳴？故曰，教爲務也。"①

錢穆曾根據這條記載推斷史鰌的卒年，"《説苑》記衛靈公問史鰌以子路、子貢，是鰌固至今尚在"。② 孔子適衛在魯定公十四年（前496），衛靈公與史鰌、子路、子貢的問對不會早於此時。按照魯襄公二十九年（前544）史鰌三十歲推算，至定公十四年，假定史鰌足夠長壽，他也已經年近八旬。無論衛靈公多麼昏庸無道，他也絕不至於出此下策——先向年高德劭的史鰌詢問政務，然後再轉向年紀很輕的子路、子貢進行求證，更何況結果反以子貢的回答爲最優。

雖然史鰌的卒年無從獲知，但他比孔子年長應是一個基本事

① 向宗魯：《説苑校證》，第147—148頁。
② 錢穆：《先秦諸子繫年考辨》，第27頁。

實。《史蕳問於夫子》中史蕳向孔子咨詢教育公子、“八”、“敬”等問題，説明他必定是孔子的晚輩。當史蕳聽完孔子的回答後，表示“大𤼵（懼），① 不志（識）所爲”，② 也不像是比孔子年長至少二十歲的人的正常反應。最後孔子對史蕳説“善才（哉）！臨事而𤼵（懼）”云云，明顯也是長輩安慰晚輩的語氣。歷史上的史鰌卻明顯長於孔子，那麼《史蕳問於夫子》中的“史蕳”是衛國大夫史鰌的可能性應該就很小了。

　　王志平從整理者説，將簡 1 史蕳曰“蕳也，古齊邦敝史之子也，無女圖也”之“古”讀爲“故”。史蕳自言“故齊邦”，説明史蕳已經不在齊邦，所以纔會特意強調。③ 可問題在於，史蕳既然已出仕於衛國，他爲什麼還要對魯國人孔子強調自己齊國的祖籍呢？筆者以爲，“古齊邦”之“古”，不能讀爲“故”，而應讀爲“固”。“固齊邦敝史之子”，是説他本來是一位齊國卑賤史官的兒子。史蕳強調的是“敝史之子”，而非“故齊邦”。如果“古”不能讀爲“故”，那麼推測史鰌爲齊才衛用自然也就無從談起。王氏又把“無女圖也”之“女”讀爲“汝”。“無汝圖也”，史蕳首先聲明自己沒有什麼企圖，以此寬慰孔子。按此當係誤讀。第一，簡 1“史蕳曰”之前尚有“亓（其）□之”三字，表明簡 1 並非該篇的首簡，史蕳首先聲明自己沒有什麼企圖的情形根本不會存在。第二，本篇史蕳稱孔子爲“子”，如簡

① 𤼵，整理者讀爲“懼”，張峰讀爲“懼”，見張峰：《〈上博九・史蕳問於夫子〉初讀》，簡帛網，2013 年 1 月 6 日。

② 志，整理者如字讀，或讀爲“知”，季旭昇讀爲“識”，見季旭昇：《〈上博九・史蕳問於夫子〉釋讀及相關問題》，《吉林大學社會科學學報》2015 年第 4 期，第 244 頁。

③ 王氏還懷疑“蕳也故齊邦敝史之子也”可斷作“蕳也故齊邦，敝史之子也”，見王志平：《上博九〈史蕳問於夫子〉之“史蕳”考》，第 57 頁注②。但他自己也承認，“故齊邦”是“敝史”的定語，如果在“故齊邦”點斷，它後面就沒有要修飾的名詞。

12 "聝（聞）子之言"即是，此處卻稱孔子爲"汝"，與全篇體例不合。"無女圖也"之"女"，其實應改讀爲"若"，訓爲此。裴學海云：

> "汝"猶"此"也，字通作"女"（"汝"與"若"古同音，"若"訓"此"，故"汝"亦訓"此"）。
>
> 《詩·鴟鴞》篇"今女下民"，《孟子·公孫丑》篇引"女"作"此"（按此與《十月之交》篇"今此下民"句例同）。
>
> 《静女》篇："自牧歸荑，洵美且異。匪女之爲美，美人之貽。"（"女"，"此"也，指"荑"言。）①

類似的例子還有《季康子問於孔子》簡 11 下"古女虖（吾）子之疋（疏）肥也"② 一句中的"古女"，筆者認爲應該讀爲"故若"，猶言"故此"，因此之義。③ 本篇的"無若圖也"，是説自己没有這個（教育齊國公子）打算。

此外，王氏還提出簡 12"不志所爲"意謂史䲡不記得自己的所作所爲，當史䲡聽完孔子的回答後，很慚愧自己的所作所爲。按照這種理解，該篇的主題應該是史䲡對孔子所做的能力測試，由於孔子回答得很好，導致史䲡感到羞愧。雖然勉强可以自圓其説，但恐怕與本篇的主旨不甚相符。從上下文意看，史䲡的詢問具有强烈的目的性。齊國國君準備讓史䲡出任某位公子

---

① 裴學海：《古書虚字集釋》，第 546 頁。
② 疋，整理者釋爲"足"，訓爲益，或讀爲"疏"，何有祖釋爲"疋"，讀爲"疏"，見何有祖：《上博五零釋（二）》，簡帛網，2006 年 2 月 24 日。
③ 參看第一章第五節"《季康子問於孔子》'古'和'古女'及'賢人大於邦'"。

（可能就是齊國世子）的老師，史蕳表示自己衹是一名卑賤的史官，擔心無法勝任這份差事，所以纔專門向孔子請教。孔子鼓勵史蕳説"子之叓（使）行，① 百生（姓）旻（得）亓（其）利，邦豪（家）目（以）徲（夷）。② 子之叓（使）不行，百生（姓）☒"，鄭重指出教育公子事關社稷、百姓，並從"八""𠖥""敬"幾個方面對史蕳進行教誨。史蕳聽後感到教育公子責任重大，擔心無法做好，"聞子之言，大懼，不識所爲"。孔子進一步寬慰史蕳，你能"臨事而懼"，就是好的表現，教育公子一定能够獲得成功。這纔是《史蕳問於夫子》一文的中心思想。③

綜上所述，可以得出以下結論：《史蕳問於夫子》中的"史蕳"是一位齊國史官，他是孔子的晚輩。典籍中的"史鰌"乃衛國大夫，且年長孔子二十餘歲。二者不可能是同一個人。

附帶談談《漢書·古今人表》中的一個人名"史留"。④ 史留位於九等中的第四等，從他所處的横向位置推斷，約爲春秋末期人。翟云升曰："即史寥，見《秦紀》。留、寥音同。"周壽昌曰："即史籀也，《藝文志》周宣王太史。籀之爲留，古字通省耳。"王先謙曰："周説近之，而《表》次時代稍後。"⑤ 王輝認

---

① 叓，整理者讀爲"事"，季旭昇讀爲"使"，見季旭昇：《〈上博九·史蕳問於夫子〉釋讀及相關問題》，第 244 頁。

② 徲，整理者認爲是"遲"字之省，"mpsyx"讀爲"夷"，見《〈史蕳問於夫子〉初讀》第 34 樓，簡帛網-簡帛論壇，2013 年 1 月 8 日。

③ 季旭昇認爲《史蕳問於夫子》大概是説一位齊國敝史之子史蕳接受了國君的某項職位，不知道該怎麼做，因而向孔子請教，見季旭昇：《〈上博九·史蕳問於夫子〉釋讀及相關問題》，第 242 頁。羅運環認爲《史蕳問於夫子》的主題是史蕳就教輔太子事向孔子請教，見羅運環：《楚簡〈史蕳問於夫子〉的主旨及其他》，《中原文化研究》2017 年第 2 期，第 50 頁。

④ 班固：《漢書》，第 937 頁。

⑤ 王先謙：《漢書補注》，第 379 頁。

爲，《人表》中的"史留"和《史䀂問於夫子》中的"史䀂"應該是同一人，理由有二：第一，史䀂以齊邦史臣的身份與孔子對話並被記錄下來，説明他的地位非同一般，收入《人表》的可能性很大。第二，史䀂的生活年代跟孔子相當，也正好與他在《人表》中的位置契合。① 所言頗有道理，但也不是没有疑問。《史䀂問於夫子》之所以會被記錄下來，是因爲它反映了孔子的教育理念和治國思想，史䀂本人的地位可能不會太高。史留在《人表》中處於中上的位置，或許跟他的德行高尚有關，而與身份、地位没有多少關係。況且《史䀂問於夫子》一文早年應即亡佚，東漢班固、班昭撰寫《古今人表》時未必能够看到，那麽所謂將史䀂"收入《人表》的可能性很大"自然需要重新考慮。至於説史䀂的生活年代與孔子相當，似乎不能作爲"史䀂"即《人表》"史留"的絶對證據。因此，要將二者斷定爲同一個人，恐怕還需要更關鍵的材料來證實。

---

① 王輝：《古文字所見人物名號四考》，《中山大學學報（社會科學版）》2018年第 1 期，第 54 頁。

第三章
思想研究

第一節　《孔子見季桓子》所見孔子
"親仁"思想

　　《孔子見季桓子》存簡 27 支，共約 550 字，是上博簡《論語》類文獻中篇幅較長的一篇文章。由於埋藏環境惡劣，抑或保管不當，幾乎全部竹簡都有一定程度的損毀。經過陳偉、何有祖、李銳、陳劍等學者的細緻研究，全文幸已大體可讀。本節擬從解析該篇的文本結構和歷史背景入手，嘗試揭示它所反映的孔子"親仁"思想及其在中國思想史上的地位。

一

　　在對《孔子見季桓子》的文本結構進行解析之前，需要整理出一個相對準確的釋文文本，筆者在吸收學界已有成果的基礎上，加上個人的理解，將全部簡文錄寫如下：①

----

①　釋讀參看何有祖：《讀〈上博六〉劄記》，簡帛網，2007 年 7 月 9 日。何有祖：《讀上博六劄記（三）》，簡帛網，2007 年 7 月 13 日。何　（轉下頁注）

子見季趄（桓）【子】，曰：“羣（斯）䎽（聞）之，害（蓋）臤（賢）者是能皋〈睪〉＝ 悬＝（親仁，親仁）者是能行耴（聖）人之道。女（若）子〈夫〉皋〈睪（親）〉悬（仁），行耴（聖）人之道，則羣（斯）4不足，鈞〈剴（豈）〉敢訖（望）之？女（若）夫見人不猒（厭），䎽（問）豊（禮）不券（倦），則20羣（斯）忠＝（中心）樂之。”夫子曰：“上不皋〈睪（親）〉悬（仁），而粱（匍）専（匐）䎽（問）亓（其）台（治）於僻（逸）人辜（乎）？① 夫士，品勿（物）3不窮（窮），君子流亓（其）觀安（焉）。品勿（物）備矣，而亡（無）成惠（德）☒24

者也。女（如）此者，安（焉）弄（與）之屍（處）而訾（察）䎽（問）亓（其）所學。先16□□□□□繇（由）悬（仁）弄（歟）？憲（蓋）君子耴（聽）之。”趄（桓）子曰：“女（若）夫悬（仁）人之未訾（察），亓（其）行6屍（處）可名而智（知）与（歟）？”夫子曰：“虖（吾）䎽（聞）之，唯悬（仁）人□□10亓（其）勿

────────

（接上頁注①）有祖：《讀上博六劄記（四）》，簡帛網，2007年7月14日。陳偉：《讀〈上博六〉條記》，簡帛網，2007年7月9日。陳偉：《讀〈上博六〉條記之二》，簡帛網，2007年7月10日。又《竹書〈孔子見季桓子〉初讀》，《簡帛》第3輯，第99—103頁。陳劍：《〈上博六·孔子見季桓子〉重編新釋》，復旦大學出土文獻與古文字研究中心網，2008年3月22日，又載《出土文獻與古文字研究》第2輯，第160—187頁。復旦大學出土文獻與古文字研究中心研究生讀書會：《攻研雜志（三）——讀〈上博（六）·孔子見季桓子〉劄記（四則）》，復旦大學出土文獻與古文字研究中心網，2008年5月23日。郭永秉：《上博竹書〈孔子見季桓子〉考釋二題》，《文史》2011年第4輯，第215—222頁。

① 粱専，整理者讀爲“溥布”，筆者讀爲“匍匐”，本義是伏地而行，引申指恭敬畏懼。清華簡《越公其事》：“孤用委命重臣，埊冒兵刃，迖（匍）遭（匐）就君，余聽命於門。”曾侯䵳編鐘：“丕顯其令，甫（匍）匐祗敬。”可參。

（物）。與（邪）蔿（僞）之民，亦弖（以）元（其）勿（物）。審二逃（道）者弖（以）觀於民，唯（雖）又（有）□，弗猿（遠）12矣。"趄（桓）子曰："二道者，可昊（得）而馭（聞）异（歟）?"夫子曰："言即至矣（矣），唯（雖）2虖（吾）子勿馭（問），古（固）牆（將）弖（以）告。悬（仁）人之道，卒〈衣〉備（服）扎（必）中，頌（容）俖（貌）不求兕（軼）於人，① 不䚔7□也。刾又（有）此俖（貌）也，而亡（無）弖（以）高（享）者（諸）此矣（矣）。唯非悬（仁）人也，乃□8也。玗（好）裒隹（雖）聚，卬（仰）天而戁（嘆），曰：迻（繄）不奉芒（喪），② 不香（味）酉（酒）肉，26不飢（食）五穀（穀），罩（擇）尻（處）㳠杅，剴（豈）不難虖（乎）? 戜（抑）异（邪）民之行也，玗（好）叚（假）芺（美）弖（以）爲□□，14此与（與）悬（仁）人迷（式）者也。夫與（邪）蔿（僞）之民，元（其）述（術）多方，女（如）11迷（悉）言之，則忎（恐）舊（久）虖（吾）子。"趄（桓）子曰："肇（斯）不㥥，虖（吾）子迷（悉）言之，猷（猶）忎（恐）弗智（知），皇（況）元（其）女（如）22㶿（微）言之虖（乎）?"夫子曰："與（邪）蔿（僞）之民，衣備（服）玗（好）憪

---

① 兕，圖版作"䚔"，整理者釋爲"贏"，筆者釋爲"兕"，讀爲"軼"，訓爲過，參看第一章第二節"《從政》'後人則嫉毀之'"，下"兕"字同。
② 芒，整理者疑爲"芯"字，復旦大學讀書會釋爲"芒"，讀爲"亡"，見復旦大學出土文獻與古文字研究中心研究生讀書會：《攻研雜志（三）——讀〈上博（六）·孔子見季桓子〉劄記（四則）》，復旦大學出土文獻與古文字研究中心網，2008 年 5 月 23 日。按"芒"似可讀爲"喪"（"喪"從"亡"聲），"奉喪"指侍奉靈柩。《左傳》哀公二十六年："大尹立啓，奉喪殯於大宮。"引申指辦理喪事。《漢書·翟方進傳》："方進亦坐爲京兆尹時奉喪事煩擾百姓，左遷執金吾。"

（禮），□□19皆求眾（軼）於人，[■]葦戏興，道壆（學）
坓（淫）言，不豈（當）亓（其）所，膚（皆）同亓
（其）□，此与（邪）民也。17行年民（彌）舊（久），斟
（聞）壆（教）不訾（察）不依（依）。亓（其）行
□□□□18□，此與（邪）民也。邑（色）不[■]，出言不
恧（忌），見於孳＝（君子），大爲毋栗（懼），此與（邪）
民也。☑13

　　君子巫（恒）㠯（以）眾福，句（苟）拜四方之立
（位），㠯（以）童（動）君子，畏（威）之㠯（以）亓
（其）所畏，規（窺）之㠯（以）亓（其）所谷（欲），智
（知）不行矣（矣）。不[■]□鋓（絕）㠯（以）爲吕（己）
[■]，此民□☑15

　　爲舎（諂）㠯（以）事亓（其）上，惥（佞）亓（其）
女（如）此也。上唯（雖）逃（道），智（知）亡（無）
不蹯（亂）矣。是古（故）備（服）道之孳＝（君子），行
冠（忨），弗見也。吾（語）會（險），弗見也。備（服）
[■]，弗見也。☑5

　　是訾（察），求之於中，此㠯（以）不惑，而民道之。27

　　需要略作説明的是，陳劍把全部竹簡分爲四個編聯組：
（1）［1+4］＋［20+3］＋24；（2）［16+6］＋［10+8］；（3）
12+［2+7］＋［26+14］＋［11+22］＋［19+17］＋［18+13］；
（4）15、5、27。另有4枚零簡，9、21、23、25。① 顧史考後將

---

① 　陳劍：《〈上博六·孔子見季桓子〉重編新釋》，復旦大學出土文獻與古文字
　　研究中心網，2008年3月22日。又載《出土文獻與古文字研究》第2輯，
　　第160—168頁。

簡 12 改與簡 10 綴合（簡 8 仍舊調回簡 7 之後，但不能連讀），①
從文義看也是正確的。筆者對本篇簡序的編排，主要參考了以上
兩家的意見，又將不屬於該篇的竹簡加以剔除，不確定的附簡未
作討論。②

　　雖然該篇至今尚有許多字句難以索解，但它的文本結構已大
致可以理順。根據文義，全文可分爲四個部分：第一部分包括
［1+4］＋［20+3］＋24 以及［16+6］上段（至"蓋君子聽
之"），季桓子表示自己能力不足，不敢奢望"親仁""行聖人
之道"，但能做到"見人不厭""問禮不倦"。孔子對季桓子提出
批評，指責他並非能力不足，而是不願意"親仁"，並逐步引導
季桓子對"親仁"產生興趣。第二部分包括［16+6］下段＋
［10+12］＋［2+7］、8 以及［26+14］＋［11+22］上段（至
"則恐久吾子"），季桓子詢問如何辨別仁人，孔子主張用"二
道"亦即"仁人之道""邪民之行"進行觀察。第三部分包括
22 下段＋［19+17］、［18+13］，詳細介紹"邪民"的具體表現。
第四部分包括 15、5、27，闡述"邪民之行"的危害和統治者的
應對措施。統治者若能秉行中正之道（"求之于中"），就會在
對待"仁人""邪民"的問題上實現不惑，繼而使百姓順從。

二

　　《孔子見季桓子》四部分之間內容連貫，邏輯縝密，在結構
安排上頗費一番工夫，下面試一論之：

---

① ［美］顧史考：《上博六〈孔子見季桓子〉簡序追補》，《出土文獻與古文字
研究》第 6 輯，第 322—323 頁。

② 張峰將簡 9 改與《史蒥問於夫子》簡 4 綴合，見張峰：《〈上博九・史蒥問於
夫子〉初讀》，簡帛網，2013 年 1 月 6 日。王凱博將簡 25 改與《史蒥問於夫
子》簡 5 綴合，見王凱博：《〈史蒥問於夫子〉綴合三例》，簡帛網，2013 年
1 月 10 日。此外尚有簡 21、23 兩枚附簡，不能確定是否屬本篇。

　　文章開頭以"子見季桓子"點題，直接交待故事發生的背景。季桓子是執掌魯國實權的卿大夫，孔子爲了實現自己的政治抱負，主動登門謁見季桓子。但季桓子見面後馬上說"斯聞之，蓋賢者是能親仁，親仁者是能行聖人之道。若夫親仁，行聖人之道，則斯不足，豈敢望之？若夫見人不厭，問禮不倦，則斯中心樂之"，表面看季桓子似乎非常謙虛，他承認自己不是"賢者"，不敢奢望"親仁""行聖人之道"，但尚能做到"見人不厭""問禮不倦"。誰都知道，"親仁""行聖人之道"是孔子政治思想的核心。其中，"行聖人之道"是孔子的最高理想，"親仁"則是"行聖人之道"的重要途徑。然而，孔子本人不具備相應的地位和條件，祇好把理想的實現寄托在掌握魯國實權的季桓子身上。季桓子隱約明白孔子此次謁見的意圖，故而直接避開"親仁""行聖人之道"，祇打算把話題限定在"見人不厭，問禮不倦"層面。孔子毫不客氣地批評季桓子，"上不親仁，而匍匐問其治於逸人乎"？在孔子看來，"親仁"是治理國家的有效途徑，季桓子不能親近仁人，卻恭敬地向我這個普通百姓詢問如何治理國家。孔子的言外之意是，倘若季桓子希望國家得到治理，那就必須親近和任用仁人，舍此再無良法。

　　由於竹簡殘缺，下文孔子的具體表述不得而知，大概在批評季桓子後，孔子將宣稱"親仁""行聖人之道"並不困難，"仁遠乎哉？我欲仁，斯仁至矣"，[①] 逐步吸引季桓子的注意。接著孔子說"如此者，焉與之處而察問其所學"，這是向季桓子講述什麼樣的人值得與之相處。從季桓子向孔子詢問"若夫仁人之未察，其行處可名而知歟"來看，孔子已經成功地引起季桓子對"親仁"的興趣。

———————————

　　① 邢昺：《論語注疏》，《十三經注疏》第 5 冊，第 5394 頁。

　　第二部分承接第一部分討論的"親仁"話題。在孔子的循循善誘下，季桓子開始詢問如何辨別仁人，"若夫仁人之未察，其行處可名而知歟"？孔子建議用"二道"進行觀察，季桓子緊接着追問"二道"的内涵，孔子謂"二道"指"仁人之道"與"邪民之行"，用這兩種方式觀察民衆，即可準確區分出仁人和邪民。同樣因爲竹簡殘缺，孔子有關"仁人之道"的叙述衹有"衣服必中，容貌不求軼於人，不🔲🔲也"寥寥數句，對"邪民之行"的描寫，也僅用"好假美以爲□□"一筆帶過，没有詳細展開。

　　第三部分孔子介紹"邪民"的具體表現，十分自然地把話題的重點轉移到"邪民之行"的危害上。當季桓子聽到孔子講述"仁人之道"與"邪民之行"的各自表現後，一度意猶未盡，尤其對"邪民之行"的"其術多方"產生了濃厚的興趣，於是孔子繼續講解"邪民之行"的種種表現，如"衣服好禮，□□皆求軼於人，🔲🔲戔興，道學淫言，不當其所，皆同其□""聞教不察不依""色不🔲，出言不忌，見於君子，大爲毋憚"等等。雖然貌似與"親仁"的主題有所偏離，但第二部分已明確"仁人之道"與"邪民之行"的對立關係，這一部分强調"邪民之行"的危害，反而能夠更好地襯托"親仁"的必要性。

　　第四部分是對全篇的總結。孔子繼續揭露"邪民之行"的危害，如"君子恒以衆福，苟拜四方之位，以動君子，威之以其所畏，窺之以其所欲，知不行矣""爲諂以事其上，佞其如此也。上雖道，知無不亂矣"，並提出切實可行的應對措施——"是故服道之君子，行忧，弗見也。語險，弗見也。服🔲，弗見也"。後面"是察，求之於中，此以不惑，而民道之"數句，明顯是全篇的結束。"求之於中"，也就是《尚書·大禹謨》《論

語·堯曰》"允執厥（其）中"① 以及《季康子問於孔子》"執
民之中"的意思。孔子主張爲政者治理國家要秉行中正之道，
祇有這樣百姓纔會心悅誠服地順從。

通過以上分析可知，本篇主要是由孔子與季桓子圍繞"仁
人""邪民"的話題展開的討論。後兩部分孔子詳細闡述"邪
民"的表現及其危害，教導季桓子如何辨別"邪民"，以便更加
有效地進行"親仁"。文章最後孔子提出"求之於中"的理念，
旨在告誡季桓子要遠離"邪民"，親近"仁人"。綜上，本篇的
主題應該是孔子向季桓子宣揚自己的"親仁"思想。②

三

上文提到"行聖人之道"是孔子的最高政治理想，"親仁"
則是實現這一目標的重要途徑。孔子曾對魯哀公説："是故先其
仁義之誠者，然後親之，於是有知能者，然後任之，故曰：親仁
而使能。"（《説苑·尊賢》）③ "親仁而使能"，選拔優秀人才委
以重任，國家纔會得到有效的治理。本篇孔子要求執掌魯國實權
的季桓子"親仁"，自然也是出於這種考慮。那麼，具備哪些品
質或表現的人纔是"仁人"呢？受材料所限，孔子對"仁人"
的描述祇有"衣服必中，容貌不求軼於人，不▨▨也"數句。
好在傳世典籍關於"仁"的記載非常豐富，多少能夠彌補一些

① 孔穎達：《尚書正義》，《十三經注疏》第 1 册，第 285 頁。邢昺：《論語注
疏》，《十三經注疏》第 5 册，第 5508 頁。
② 馬志亮將本篇内容概括爲孔子對季桓子闡述"親仁"説，見馬志亮：《從季
康子形象看早期儒家文獻的形成——出土簡帛與傳世文獻的對比考察》，《人
文論叢》2015 年第 2 輯，第 36 頁。顧史考則認爲本篇的中心思想是季桓子
向孔子請教徵用人才之道，見［美］顧史考：《上博六〈孔子見季桓子〉簡
序追補》，《出土文獻與古文字研究》第 6 輯，第 325 頁。
③ 向宗魯：《説苑校證》，第 186 頁。

遺憾。例如，"夫仁者，己欲立而立人，己欲達而達人"（《雍也》），"顏淵問仁，子曰：'克己復禮爲仁。'"（《顏淵》）"樊遲問仁，子曰：'居處恭，執事敬，與人忠。'"（《子路》）"子張問仁於孔子，孔子曰：'能行五者於天下，爲仁矣。'請問之，曰：'恭、寬、信、敏、惠。'"（《陽貨》）①面對顏淵、樊遲、子張的詢問，孔子分別從"克己復禮""恭、敬、忠""恭、寬、信、敏、惠"等對仁人提出了要求。又如"樊遲問仁，子曰：'愛人。'"（《顏淵》）②愛人是仁人的重要外在表現。不過，孔子並非不加區別地愛所有人，比如他曾明確反對"鄉願"，認爲這類人是"德之賊也"（《陽貨》）。③祗有對妨礙"親仁"的人或事加以抑制，纔能更好地進行"親仁"。《孔子見季桓子》第三、四部分孔子列舉了"邪民"的許多表現和危害，恰好從反面烘托出"親仁"的必要性。

然而，即便在位者能够做到"親仁"，並不代表他馬上就可以"行聖人之道"。"行聖人之道"是孔子最高的政治理想，"親仁"祗是"行聖人之道"的必要條件，從"親仁"到"行聖人之道"，中間還有很長一段歷程。鑒於季桓子連"親仁"都難以做到，爲了循序漸進，孔子未向季桓子談及"行聖人之道"。那麽，"聖人之道"又包含哪些內容呢？在《禮記·禮運》中，孔子曾詳細描繪了他的終極理想，這就是著名的"大同"思想：④

---

① 邢昺：《論語注疏》，《十三經注疏》第 5 册，第 5385、5436、5448、5485 頁。
② 邢昺：《論語注疏》，《十三經注疏》第 5 册，第 5440 頁。
③ 邢昺：《論語注疏》，《十三經注疏》第 5 册，第 5486 頁。
④ 匡亞明認爲《禮記·禮運》出現的時代雖然晚於孔子，但在本質上反映了孔子的政治理想，見匡亞明：《孔子評傳》，齊魯書社，1985 年 3 月，第 251—252 頁。

孔子曰："大道之行也，與三代之英，丘未之逮也，而有志焉。大道之行也，天下爲公。選賢與能，講信脩睦，故人不獨親其親，不獨子其子，使老有所終，壯有所用，幼有所長，矜寡孤獨廢疾者皆有所養。男有分，女有歸。貨，惡其棄於地也，不必藏於己。力，惡其不出於身也，不必爲己。是故謀閉而不興，盜竊亂賊而不作，故外戶而不閉，是謂大同。"①

簡言之，"大同" 其實描繪的就是堯舜時代的社會場景。堯舜都是孔子心目中理想的 "聖人"，他們治理國家的模式，應即本篇孔子所謂的 "聖人之道"。不過，推行 "聖人之道" 或實現 "大同" 畢竟無法一蹴而就，孔子在《禮運》中還提出了一個近期目標——"小康"：

今大道既隱，天下爲家，各親其親，各子其子，貨力爲己。大人世及以爲禮，城郭溝池以爲固，禮義以爲紀。以正君臣，以篤父子，以睦兄弟，以和夫婦，以設制度，以立田里，以賢勇知，以功爲己。故謀用是作，而兵由此起。禹、湯、文、武、成王、周公，由此其選也。此六君子者，未有不謹於禮者也。以著其義，以考其信，著有過，刑仁講讓，示民有常。如有不由此者，在勢者去，衆以爲殃，是謂小康。②

"小康" 講求 "禮、義、仁、讓"，是實現 "大同" 的重要

---

① 孔穎達：《禮記正義》，《十三經注疏》第 3 册，第 3061—3062 頁。
② 孔穎達：《禮記正義》，《十三經注疏》第 3 册，第 3062—3063 頁。

基礎。《孔子見季桓子》中孔子主張的"親仁"，可理解成親近、任用那些具有"愛人""居處恭，執事敬，與人忠""恭、寬、信、敏、惠"等品質的仁人，從而使整個社會充滿"恭、敬、忠、信、寬、敏、惠"，這與"小康"提倡的目標頗為相似。"小康"的目標一旦完成，"大同"社會也就不再遥不可及。《禮運》從"小康"到"大同"的過渡，跟《孔子見季桓子》由"親仁"向"行聖人之道"的演進正好平行。

四

如上所述，孔子的"親仁"思想在《孔子見季桓子》一文中得到了集中展示和宣揚。然而，孔子與季桓子的這番交談，是否在歷史上真實發生過呢？關於此次會面的時間，原整理者認為約在魯定公五年（前505）至定公十四年（前496）的十年間。如果排除季氏家臣陽虎强秉國政以及孔子不仕之年，範圍可縮小在魯定公九年（前501）至定公十三年（前497）的五年間。① 據《史記·魯周公世家》《孔子世家》記載，季桓子之父季平子卒於魯定公五年（前505）。② 季桓子即位之初，權力被家臣陽虎篡奪。至定公八年（前502），陽虎謀殺季桓子未遂，被迫出奔在外，季桓子纔逐漸掌握魯國的軍政大權。③ 由此看來，原整理者把孔子與季桓子這次會面的上限斷在定公九年（前501），很可能是對的。錢穆指出，孔子任中都宰約為定公七年（前503），定公十年（前500）齊魯會於夾谷、孔子行攝相事，定公十三年（前497）孔子去魯。④ 終季桓子之世孔子没有返回魯

① 馬承源主編：《上海博物館藏戰國楚竹書（六）》，第195頁。
② 司馬遷：《史記（修訂本）》，第1857、2305頁。
③ 司馬遷：《史記（修訂本）》，第1857頁。
④ 錢穆：《先秦諸子繫年考辨》，第19、20、24—25頁。

國，二人會面的時間下限似爲定公十三年（前497）。不過，定公七年（前503）孔子任中都宰，定公十年（前500）齊魯夾谷會盟時孔子行攝相事，至此他已經完全不需要再去求見季桓子。也就是説，孔子與季桓子會面的時間下限不會晚於定公十年（前500）。本篇開頭孔子又聲稱自己的身份是"逸人"，説明孔子此時尚未出仕，那麼下限又必須當在定公七年（前503）之前。上限是定公九年（前501），下限是定公七年（前503），二者矛盾不可調和。由此推測，孔子與季桓子的這次會面可能根本没有發生過，《孔子見季桓子》應該是孔門後學爲宣揚孔子的"親仁"思想而有意編造的一篇早期儒家文獻。① 它的撰寫者大概認爲孔子與季桓子有很長時間的交集，卻忽略了相關的歷史背景，以致在構擬孔子"逸人"身份的問題上出現了明顯的漏洞。

退一步説，即便承認孔子、季桓子的這次會面確有其事，季桓子也對孔子的教誨表示贊同，但從季桓子後來的實際表現如受齊女樂、三日不聽政來看，孔子的這次謁見行動完全没有取得預期的效果。不過，孔子"親仁""行聖人之道"的政治理想，在與季桓子的交談中畢竟得到了集中展示和宣揚，是戰國時期的孔門後學對孔子政治思想的高度總結，它的思想史地位和意義應當給予充分的重視和恰如其分的評估②。

---

① 郭永秉認爲《孔子見季桓子》應非孔子言論的實録，而可能是受到重法思想影響的戰國儒者順應時勢闡發政治理論的作品，見郭永秉：《上博竹書〈孔子見季桓子〉考釋二題》，《文史》2011年第4輯，第97—98頁。

② 郭齊勇指出，楚簡中的"孔子曰"或"聞之曰"在流傳過程中爲傳播者所信實，即使不是孔子之言，也被由齊魯而荊楚、由春秋末期而戰國末期的受衆視爲孔子的言論或思想，見郭齊勇：《上博楚簡所見孔子爲政思想及其與〈論語〉之比較》，《哲學研究》2007年第2期，第54頁。

第二節 《仲弓》《季康子問於孔子》 所見孔子 "民務" 思想

民眾是國家賴以存在的基礎。早在上古時期，統治者就已認識到民眾對國家興亡的重要性，開始提出 "民惟邦本" 的概念。《尚書·五子之歌》記載： "皇祖有訓，民可近，不可下，民惟邦本，本固邦寧。"① 清華簡《厚父》中厚父對周王也說： "民心惟本，厥作惟葉。"② 到了春秋時期，管仲又總結出 "以人（民）爲本" 的理念， "夫霸王之所始也，以人爲本，本理則國固，本亂則國危"。③ 統治者對民眾地位、作用的認定，反映出他們施政理念的日臻成熟，由此也推動了整個社會的進步和發展。

作爲春秋末年魯國政治家的孔子，關於如何治理民眾曾提出許多精闢見解，其中最著名的當推 "愛人" "富民" "教民"。《論語·學而》子曰： "道千乘之國，敬事而信，節用而愛人，使民以時。"《顏淵》： "樊遲問仁。子曰：'愛人。'"④ 所謂 "愛人"，亦即 "泛愛眾"，原則上可以熱愛所有人。又如《子路》： "子適衛，冉有僕。子曰：'庶矣哉！'冉有曰：'既庶矣，又何加焉？'曰：'富之。'曰：'既富矣，又何加焉？'曰：'教之。'"⑤ 孔子主張先使民眾富裕起來，然後再對他們施加教育。在教導民眾的過程中，孔子特別強調統治者必須 "以身作則"。《泰伯》： "君子篤於親，則民興於仁，故舊不遺，則民不偷。"

---

① 孔穎達：《尚書正義》，《十三經注疏》第 1 冊，第 330 頁。
② 清華大學出土文獻研究與保護中心編，李學勤主編：《清華大學藏戰國竹簡（伍）》，中西書局，2015 年 4 月，第 110 頁。
③ 黎翔鳳：《管子校注》，第 472 頁。
④ 邢昺：《論語注疏》，《十三經注疏》第 5 冊，第 5336、5440 頁。
⑤ 邢昺：《論語注疏》，《十三經注疏》第 5 冊，第 5446 頁。

《子路》："上好禮，則民莫敢不敬。上好義，則民莫敢不服。上好信，則民莫敢不用情。"① 孔子要求統治者先要做到自身端正，祇有這樣民衆纔會接受他們的教導。《顏淵》孔子對季康子曰："政者正也，子帥以正，孰敢不正？"《子路》子曰："其身正，不令而行。其身不正，雖令不從。"② 孔子由"愛人"故欲"富民"，繼而"教民"，同時不忘告誡統治者務必自我克制，這是對上古以來"民惟邦本""以民爲本"思想的發展和升華。

已公佈的上博簡《仲弓》和《季康子問於孔子》中，季康子、仲弓均就"民務"即如何治理百姓向孔子咨詢，鑒於二者身份、地位的差異，孔子的回答也不盡相同，這爲全面認識孔子的"民務"思想提供了新的材料。

先看《仲弓》一文。圍繞如何行政，仲弓向孔子提出三個問題，分別是"爲政何先""道民興德如何""民務"。其中，孔子對"爲政何先"的回答見於《論語·子路》，而"道民興德"原簡殘損嚴重，難以進行有效復原，因此本篇最引人注意的其實祇有"民務"一問。當仲弓向孔子請教"民務"這一話題時，後者顯得格外高興，稱贊仲弓説"善哉問乎！足以教矣"，説明仲弓已然觸及爲政的關鍵所在。爲方便討論，先把簡文迻録如下：③

中（仲）弓曰："敢 **27** 昏（問）民悉（務）。"④ 孔＝

---

① 邢昺：《論語注疏》，《十三經注疏》第 5 册，第 5400、5446 頁。
② 邢昺：《論語注疏》，《十三經注疏》第 5 册，第 5439、5446 頁。
③ 陳劍將簡 27 與簡 15 綴合，簡 6 與簡 23 下綴合，再與簡 23 上編聯，見陳劍：《上博竹書〈仲弓〉篇新編釋文（稿）》，簡帛研究網，2004 年 4 月 18 日。收入《戰國竹書論集》，第 107—108 頁。李鋭將簡 15 與簡 20 下編聯，見李鋭：《〈仲弓〉新編》，孔子 2000 網，2004 年 4 月 22 日。
④ 悉，整理者讀爲"懋"，陳劍讀爲"務"，見陳劍：《上博竹書〈仲弓〉篇新編釋文（稿）》，簡帛研究網，2004 年 4 月 18 日。收入《戰國竹書論集》，第 107 頁。

（孔子）曰："善才（哉）昏（問）虐（乎）！① 足㠯（以）
善（教）壴（矣）。君15子所渫（竭）丌（其）青（情）、
恚（盡）丌（其）斯（慎）者三，② 害（蓋）近䚔矣。③
20下雟（雍），女（汝）智（知）者（諸）？"④ 中（仲）
弓畬（答）曰："雟（雍）也弗昏（聞）也。"孔＝（孔子）
曰："夫祭，至（致）敬之6杏（本）也，所㠯（以）立生
也，不可不斯（慎）也。夫毳（喪），⑤ 23下至（致）悉
（愛）之衣（卒）也，⑥ 所㠯（以）城（成）死也，不可不
斯（慎）也。夫行，巽（旬）年斈（教）23上之，⑦ 百＝
（一日）㠯（以）善立，所斈（教）皆絡（終）。百＝（一

---

① 昏，整理者讀爲"聞"，陳劍讀爲"問"，見陳劍：《上博竹書〈仲弓〉篇新
編釋文（稿）》，簡帛研究網，2004 年 4 月 18 日。收入《戰國竹書論集》，
第 107 頁。此句的標點，整理者原在"善才（哉）"下點斷，陳劍改在"虐
（乎）"下斷句，見陳劍：《上博竹書〈仲弓〉篇新編釋文（稿）》，簡帛研
究網，2004 年 4 月 18 日。收入《戰國竹書論集》，第 107 頁。

② 此句的標點，整理者原將"三"字連下讀，黃人二、林志鵬改屬上句，見黃
人二、林志鵬：《上博藏簡第三册仲弓試探》，簡帛研究網，2004 年 4 月 23
日。又載《文物》2006 年第 1 期，第 82 頁。

③ 害，李鋭讀爲"蓋"，見李鋭：《〈仲弓〉補釋》，孔子 2000 網，2004 年 4 月
18 日。

④ 者，陳劍讀爲"諸"，見陳劍：《上博竹書〈仲弓〉篇新編釋文（稿）》，簡
帛研究網，2004 年 4 月 18 日。收入《戰國竹書論集》，第 108 頁。

⑤ 毳，整理者釋爲"冕"，讀爲"死"，陳劍讀爲"喪"，見陳劍：《上博竹書
〈仲弓〉篇新編釋文（稿）》，簡帛研究網，2004 年 4 月 18 日。收入《戰國
竹書論集》，第 108 頁。

⑥ 至，李鋭讀爲"致"，見李鋭：《〈仲弓〉新編》，孔子 2000 網，2004 年 4 月
22 日。

⑦ 巽年，整理者釋爲"巽華"，陳劍釋爲"巽年"，讀爲"旬年"，見陳劍：
《〈上博（三）·仲弓〉膡義》，《簡帛》第 3 輯，第 86—89 頁。斈，整理者
讀爲"學"，趙炳清讀爲"教"，見趙炳清：《上博簡三〈仲弓〉的編聯及講
釋》，簡帛研究網，2005 年 4 月 10 日。以上二句的標點，陳劍斷作"夫行，
巽（旬）年學之"，見陳劍：《〈上博（三）·仲弓〉膡義》，《簡帛》第 3
輯，第 88 頁。

日）吕（以）不善立，24所孯（教）皆塴（崩），① 可不斳（慎）虐（乎）？" 25

面對仲弓"民務"的詢問，孔子從"祭""喪""行"三個方面作了闡釋。祭祀是表達敬意的根本，使生者得以立足，喪葬是表達愛慕的終止，使死者得以成全，品行端正則是教化的終極目標，三者都應竭盡本性，謹慎地加以對待。"祭""喪""行"作爲"民務"的三個組成要素，不見於傳世文獻記載，是對孔子政治思想的豐富和補充。《論語·堯曰》："所重：民、食、喪、祭。"② 人們在經歷喪葬、祭祀時，通常會由内而外流露出悲傷、恭敬的情感，若能順勢利導，因之制禮作樂，就可以實現仁愛和孝敬，從而使民衆受到教化。《大戴禮記·盛德》有言："凡不孝生於不仁愛也，不仁愛生於喪祭之禮不明。喪祭之禮，所以教仁愛也。致愛故能致喪祭，春秋祭祀之不絕，致思慕之心也。夫祭祀，致饋養之道也。死且思慕饋養，況於生而存乎？故曰，喪祭之禮明，則民孝矣。"③ 不過，由於認知的偏差，人們在經歷"喪""祭"時也會出現過與不及的情況，如"非其鬼而祭之，諂也"（《論語·爲政》）、"臨喪不哀"（《八佾》），以及"夫君子之居喪，食旨不甘，聞樂不樂，居處不安，故不爲也。今女安，則爲之"（《陽貨》），④ 凡此種種明顯違背人的本性，所以《仲弓》中孔子特別强調"行"對"喪""祭"的制約，而"行"的善與不善，將最終取決於教化的成功與否。要之，"喪""祭"是教化民衆的重要

---

① 塴，整理者釋爲"亞"，陳劍釋爲"崩"，見陳劍：《上博竹書〈仲弓〉篇新編釋文（稿）》，簡帛研究網，2004 年 4 月 18 日。收入《戰國竹書論集》，第 108 頁。

② 邢昺：《論語注疏》，《十三經注疏》第 5 册，第 5508 頁。

③ 王聘珍：《大戴禮記解詁》，第 143 頁。

④ 邢昺：《論語注疏》，《十三經注疏》第 5 册，第 5487—5488 頁。

基礎，"行"是"喪""祭"的必要條件，教化是"行"的根本途徑。

再看《季康子問於孔子》。本篇記載季康子於執政之初，也曾就"民務"向孔子請教：

> 季庚（康）子繲（問）於孔＝（孔子）曰："肥從又（有）司之逡（後），罷（一）不智（知）民孬（務）之安（焉）才（在）。① 唯子之旨（貽）朡（羞），② 青（請）昏（問）孯＝（君子）之從事者於民之1
>
> ☑ 信之以 悳（德），此君子之大孬（務）也。"庚（康）子曰："青（請）昏（問）可（何）謂惥（信）之以悳（德）?"③ 孔＝（孔子）曰："孯＝（君子）才（在）民2之上，埶（執）民之中，綂（施）嘼（教）於百眚（姓），④ 而民不備（服）安（焉），氏（是）孯＝（君子）之恥也。氏（是）故孯＝（君子）玉亓（其）言而壓（展）亓（其）行，⑤ 敬城（成）亓（其）3悳（德）㠯（以）臨民＝（民，

---

① 罷，整理者讀爲"抑"，侯乃峰讀爲"一"，是加强語氣的虛詞，見侯乃峰：《讀簡帛散劄》，簡帛網，2006 年 11 月 26 日。

② 旨朡，整理者讀爲"治朡"，陳偉讀爲"貽羞"，見陳偉：《上博五〈季康子問於孔子〉零釋》，簡帛網，2006 年 2 月 20 日。收入《新出楚簡研讀》，第223—224 頁。

③ 惥，李松儒讀爲"信"，見李松儒：《香港中文大學藏戰國簡的歸屬（之一）》，復旦大學出土文獻與古文字研究中心網，2010 年 6 月 7 日。

④ 綂，整理者釋爲"紲"，范常喜改釋爲"綂"，見范常喜：《〈上博五·三德〉簡 12、20 補議》，簡帛網，2007 年 4 月 28 日。

⑤ 是，整理者釋爲"氏"，高榮鴻釋爲"是"，見高榮鴻：《上博楚簡論語類文獻疏證》，第 213 頁。壓，整理者釋爲"盛"，禤健聰分析爲從石、日、火、土，讀爲"展"，見禤健聰：《上博楚簡（五）零劄（一）》，簡帛網，2006 年 2 月 24 日。高佑仁釋爲"壓"，讀爲"展"，見高佑仁：《〈上海博物館藏戰國楚竹書（四）·曹沫之陣〉研究》，第 125—127 頁。

民）瞠（望）亓（其）道而備（服）安（焉），此之謂惪（信）之吕（以）惪（德）。**4**

季康子大概剛剛繼承季桓子的正卿地位，對如何行政不够瞭解，因此特意向孔子請教。在這種情況下，孔子提出"信之以德"的主張，建議用完善自身品行的方式使民衆服從。季康子不清楚"信之以德"的内涵，於是繼續加以追問。孔子認爲，統治者對民衆施加教化，民衆却不信從，這是統治者的莫大恥辱。繼而指出如何纔能做到"信之以德"——"故君子玉其言而展其行，敬成其德以臨民，民望其道而服焉"，統治者言行謹慎，先爲民衆做出表率，然後再對他們施加教化，那麼民衆就會心悦誠服地追隨自己。

孔子提出，治理民衆（"民務"）是爲政的首要任務，如果想使民衆服從，衹有通過"信之以德"的途徑纔能實現，這是處理"民務"問題的主要着力點（"君子之大務"）。下文孔子言"君子涉之，小人觀之，君子敬成其德，小人如寐"，同樣强調統治者的率先垂範作用。借助回答"民務"的契機，孔子隱晦地告誡季康子提高個人品行的重要性。《論語》對此亦有涉及，《顔淵》孔子對季康子問政曰："政者正也，子帥以正，孰敢不正？""季康子問政於孔子曰：'如殺無道，以就有道，何如？'孔子對曰：'子爲政，焉用殺？子欲善，而民善矣。君子之德風，小人之德草，草上之風，必偃。'"① 季康子無法做到端正自身，却想通過殺戮等暴力手段使民衆屈服，這衹會引起民衆更大的反感和對抗，根本不能實現使民衆服從的目的。季康子之所以如此迷信武力，除個人性格因素使然外，可能還受到左右

---

① 邢昺：《論語注疏》，《十三經注疏》第 5 册，第 5439 頁。

小臣的負面影響。下文季康子説（釋讀意見參看第一章第五節）：①

　　　葛戲含語肥也弖（以）尻（處）邦豪（家）之述（術）曰："孝=（君子）不可弖（以）不=弪=（不强，不强）則不立。8☒不=悬=（不威，不威）則民𤔲（狎）之。母（毋）訐（信）玄（姦）曾（佞），因邦斎=（之所）臤（賢）而㟴（舉）之。大皐（罪）殺21之，臧（臧）皐（罪）型（刑）之，少（小）皐（罪）罰之，句（茍）能固獣（守）22上而行之，民必備（服）矣，古（故）子弖（以）此言爲奚女（如）？13

　　"葛戲含"其人，不見於典籍記載，據下文孔子曰"叡（且）夫戲含之先=（先人），菀（世）三代之遚（傳）叏（史）"，②可知葛戲含世代皆爲史官，他提供給季康子治理國家的經驗是，統治者一定要剛强威嚴（"君子不可以不强""不威"），民衆如果犯有罪行，必須處以相應的刑罰，祇有這樣民衆纔會服從。孔子對此明確表示反對，他引用臧文仲的話説：

　　　孝=（君子）弪（强）則遭（遺），悬（威）則民不9道，盦（鹽—嚴）則遊（失）衆，盟（猛）則亡（無）新（親），好型（刑）而不羊（祥），好殺則复（作）𤔲（亂）。10

----

① 綴合、編聯參看陳劍：《談談〈上博五〉的竹簡分篇、拼合與編聯問題》，簡帛網，2006年2月19日。收入《戰國竹書論集》，第173頁。

② 菀，整理者釋爲"尭"，陳劍釋爲"菀"，讀爲"世"，見陳劍：《談談〈上博五〉的竹簡分篇、拼合與編聯問題》，簡帛網，2006年2月19日。收入《戰國竹書論集》，第173頁。

　　臧文仲是春秋早期魯國的執政大夫，以"立言垂法"著稱於世。《左傳》襄公二十四年叔孫豹曰："魯有先大夫曰臧文仲，既没，其言立，其是之謂乎?"①《國語·晉語八》亦言："魯先大夫臧文仲，其身殁矣，其言立於後世，此之謂死而不朽。"②但傳世文獻中孔子對此人多爲負面評價意見，如《論語·公冶長》子曰："臧文仲居蔡，山節藻棁，何如其知也?"《衛靈公》子曰："臧文仲，其竊位者與? 知柳下惠之賢，而不與立也。"③《左傳》文公二年仲尼曰："臧文仲其不仁者三，不知者三：下展禽，廢六關，妾織蒲，三不仁也。作虛器，縱逆祀，祀爰居，三不知也。"④ 分别批評了臧文仲僭越禮制、諂媚鬼神、知賢不舉等不仁不智的行爲。然而，《史記·仲尼弟子列傳》卻又記載孔子"數稱臧文仲"，⑤ 齟齬不合一至於此。本篇孔子引用臧文仲反對暴政的言論，正好可使這一千古疑惑得到完美解答。臧文仲認爲，統治者的剛强威嚴，祇會導致民衆疏遠怠慢。如果一味崇尚刑罰、殺戮，那麼民衆甚至將會爆發叛亂。

　　臧文仲的此番議論，不僅驗證了司馬遷所謂孔子"數稱臧文仲"的準確性，而且反映出臧文仲在當時確已做了"立言垂法"的"不朽"事業，這是《季康子問於孔子》給學界提供的新認知。有趣的是，孔子不直接向季康子闡述自己的主張，卻拿臧文仲的名言駁斥葛𫷷含，從而提高了說理的可信度，表明孔子具有非常高超的語言藝術。後面一段"**靳（慎）少（小）目**

① 孔穎達：《春秋左傳正義》，《十三經注疏》第 4 册，第 4297 頁。
② 董增齡：《國語正義》，第 943 頁。
③ 邢昺：《論語注疏》，《十三經注疏》第 5 册，第 5374、5469 頁。
④ 孔穎達：《春秋左傳正義》，《十三經注疏》第 4 册，第 3992 頁。
⑤ 司馬遷：《史記（修訂本）》，第 2644 頁。

（以）舍（答）大，疋（疏）言而𥤵（密）獸（守）之。① 母
（毋）欽（禁）遠，② 母（毋）詣逐（邇），③ 惡人勿𢦏
（陷），④ 好人勿貴。救民目（以）𥹝（辟），⑤ 大皋（罪）則夜
（赦）之目（以）型（刑），⑥ 臧（臧）皋（罪）則夜（赦）之
目（以）罰，少（小）則訑（貲）之。⑦ 凡欲勿𥘀（長），⑧ 凡
遊（失）勿𨒌（危），各𡐦（當）亓（其）曲目（以）城
（成）之"云云，纔是孔子本人的施政綱領，他的目標是爲了
實現"邦坪（平）而民脰（擾）"的理想社會。

論述至此，不難發現一個奇特的現象：仲弓和季康子二人分
別就"民務"向孔子咨詢，孔子的回答爲何會有如此大的差異？
筆者以爲，孔子對"民務"內涵的不同解釋，主要是由季康子
和仲弓身份、地位的差異所決定的。仲弓祇是一名普通士人，⑨

---

① 疋，整理者釋爲"足"，陳劍釋爲"疋"，讀爲"疏"，見陳劍：《談談〈上
博五〉的竹簡分篇、拼合與編聯問題》，簡帛網，2006 年 2 月 19 日。收入
《戰國竹書論集》，第 173 頁。

② 欽，范常喜讀爲"禁"，見范常喜：《〈弟子問〉〈季庚子問於孔子〉劄記三
則》，簡帛網，2006 年 8 月 2 日。

③ 逐，整理者釋爲"逶"，季旭昇釋爲"逐"，見季旭昇：《上博五芻議
（上）》，簡帛網，2006 年 2 月 18 日。楊澤生讀"逐"爲"邇"，見楊澤生：
《〈上博五〉零釋十二則》，簡帛網，2006 年 3 月 20 日。

④ 𢦏，楊澤生讀爲"陷"，見楊澤生：《〈上博五〉零釋十二則》，簡帛網，
2006 年 3 月 20 日。

⑤ 𥹝，整理者釋爲"躱"，季旭昇釋爲"𥹝"，讀爲"辟"，見季旭昇：《上博
五芻議（上）》，簡帛網，2006 年 2 月 18 日。

⑥ 夜，整理者讀爲"處"，陳劍讀爲"赦"，見陳劍：《談談〈上博五〉的竹簡
分篇、拼合與編聯問題》，簡帛網，2006 年 2 月 19 日。收入《戰國竹書論
集》，第 174 頁。

⑦ 訑，季旭昇讀爲"貲"，見季旭昇：《上博五芻議（上）》，簡帛網，2006 年
2 月 18 日。

⑧ 𥘀，整理者讀爲"狂"，季旭昇讀爲"長"，見季旭昇：《上博五芻議
（上）》，簡帛網，2006 年 2 月 18 日。

⑨ 《史記·仲尼弟子列傳》："仲弓父，賤人。孔子曰：'犁牛之子騂且
角，雖欲勿用，山川其舍諸？'"

當他即將赴任季氏宰臣而向孔子請教"民務"時，孔子從"祭"
"喪""行（教）"的具體措施給予訓誨，非常切合宰臣的有關
職責。季康子是執掌魯國實權的正卿，孔子向他闡述如何治理民
衆，不會涉及具體舉措，祇從宏觀層面提出"信之以德"的建
議。孔子對"民務"的回答各有側重，十分鮮明地體現了他
"因材施教"的教育特點。倘若季康子、仲弓都能遵循孔子的教
誨，那麼他們都會實現使民衆服從的目標。然而，從後來的歷史
結局看，仲弓未能獲得季桓子的重用，他所擔心的"含（今）
之君子，叓（使）人不聿（盡）丌（其）冬，□定不及丌
（其）城（成），䚯=猒（厭）人，①戁（難）爲從正（政）"
"含（今）之寻=（君子），孚（復）怣（過）戋析，②戁（難）
日（以）内（納）柬（諫）"都不幸成爲事實。季康子的意
圖是繼續維持季氏家族在魯國的利益，這就決定了他根本無法
做到端正自身的言行。因此，二人最終都没有解決他們所關心
的"民務"問題。

　　在《相邦之道》一文中，魯國國君還向孔子請教如何處理
"民事"，這裏的"民事"與《季康子問於孔子》《仲弓》"民
務"的内涵應該大體相同，指治理民衆的具體事務。可惜由於
原簡殘缺，孔子對"民事"的回答已經無從獲知。從常情推測，
應該會接近於對季康子的要求，這也是由其爲魯國國君的身份所
決定的。

---

① 猒，陳劍讀爲"厭"，見陳劍：《上博竹書〈仲弓〉篇新編釋文（稿）》，簡帛研究網，2004 年 4 月 18 日。收入《戰國竹書論集》，第 108 頁。

② 孚怣，陳劍讀爲"復過"，見陳劍：《上博竹書〈仲弓〉篇新編釋文（稿）》，簡帛研究網，2004 年 4 月 18 日。收入《戰國竹書論集》，第 108 頁。

第三節　《季康子問於孔子》所見孔子
"賢人""君子"理念

《論語》一書對"賢人（賢者）"的直接描述祇有兩處，一見於《述而》子貢問："伯夷、叔齊何人也?"孔子答曰："古之賢人也。"①　再見於《憲問》孔子曰："賢者辟世，其次辟地，其次辟色，其次辟言。"②　容易看出，"賢人（賢者）"是孔子對古人或時人使用的一個表示崇高敬意的尊稱。它是否還有其他內涵，以及孔子思想中的"賢人（賢者）"究竟處於何種等級、地位，過去對此似少着意。到了戰國末期，荀子曾借孔子之口，把人按照道德的高低或能力的大小分爲五個等級——大聖、賢人、君子、士、庸人。《荀子·哀公篇》云：

魯哀公問於孔子曰："吾欲論吾國之士，與之治國，敢問何如取之邪?"孔子對曰："生今之世，志古之道，居今之俗，服古之服，舍此而爲非者，不亦鮮乎!"哀公曰："然則夫章甫絇屨、紳而搢笏者，此賢乎?"孔子對曰："不必然，夫端衣玄裳、絻而乘路者，志不在於食葷，斬衰菅屨、杖而啜粥者，志不在於酒肉。生今之世，志古之道，居今之俗，服古之服，舍此而爲非者，雖有，不亦鮮乎!"哀公曰："善!"

孔子曰："人有五儀：有庸人，有士，有君子，有賢人，有大聖。"哀公曰："敢問何如斯可謂庸人矣?"孔子

① 邢昺：《論語注疏》，《十三經注疏》第 5 册，第 5392 頁。
② 邢昺：《論語注疏》，《十三經注疏》第 5 册，第 5459 頁。

對曰："所謂庸人者，口不能道善言，必不知色色，不知選賢人善士托其身焉以爲己憂，勤行不知所務，止交不知所定，日選擇於物，不知所貴，從物如流，不知所歸，五鑿爲正，心從而壞，如此，則可謂庸人矣。"哀公曰："善！敢問何如斯可謂士矣？"孔子對曰："所謂士者，雖不能盡道術，必有率也，雖不能遍美善，必有處也。是故知不務多，務審其所知，言不務多，務審其所謂，行不務多，務審其所由。故知既已知之矣，言既已謂之矣，行既已由之矣，則若性命肌膚之不可易也。故富貴不足以益也，卑賤不足以損也，如此，則可謂士矣。"哀公曰："善！敢問何如斯可謂之君子矣？"孔子對曰："所謂君子者，言忠信而心不德，仁義在身而色不伐，思慮明通而辭不爭，故猶然如將可及者，君子也。"哀公曰："善！敢問何如斯可謂賢人矣？"孔子對曰："所謂賢人者，行中規繩而不傷於本，言足法於天下而不傷於身，富有天下而無怨財，布施天下而不病貧，如此，則可謂賢人矣。"哀公曰："善！敢問何如斯可謂大聖矣？"孔子對曰："所謂大聖者，知通乎大道，應變而不窮，辨乎萬物之情性者也。大道者，所以變化遂成萬物也。情性者，所以理然不取舍也。是故其事大辨乎天地，明察乎日月，總要萬物於風雨，繆繆肫肫，其事不可循，若天之嗣，其事不可識，百姓淺然不識其鄰，若此，則可謂大聖矣。"哀公曰："善！"①

《大戴禮記·哀公問五義》《孔子家語·五儀》都記載了魯哀公與孔子的這番對話，内容基本相同，且對"五儀"内涵的

---

①　王先謙：《荀子集解》，第 634—640 頁。

描述也非常接近。① 從成書年代及學術源流推斷，《大戴禮記·
哀公問五義》《孔子家語·五儀》中的材料很可能採自《荀子·
哀公篇》原文並略加改動而成。值得注意的是，三書均認爲在
孔子的思想體系中，"賢人"是位於"君子"之前、僅次於"大
聖"的人。那麼我們不禁要問，荀子等對人的這種等級排序是
否符合孔子的本意呢？

在對這一問題探討之前，有必要先來看看孔子常説的"君
子"的具體内涵。據統計，"君子"一詞在《論語》中共計出現
107 次。蕭公權已正確指出："孔子言君子，就《論語》所記觀
之，則有的指地位者，有的指品性者，有些指地位與品性者。"②
"君子"在上博簡《論語》類文獻中也曾頻繁出現，現嘗試作一
簡要梳理：

《民之父母》中"君子"共出現 3 次，均指在位者，如簡 1
引《詩》"幾（豈）俤（悌）君子，民之父母"，既云"民之父
母"，這位"君子"明顯當指統治者。《仲弓》中"君子"凡三
見，簡 [25+12] 仲弓曰"含（今）之君子，叟（使）人不聿
（盡）亓（其）冬，□定不及亓（其）城（成），讕＝獣（厭）
人，戁（難）爲從正（政）"、簡 20 上仲弓曰"含（今）之軍＝

---

① 王聘珍：《大戴禮記解詁》，第 8—12 頁。高尚舉、張濱鄭、張燕：《孔子家
語校注》，第 70—77 頁。

② 蕭公權：《中國政治思想史》，商務印書館，2011 年 12 月，第 74—75 頁。
《論語》中孔子偶爾也用"君子"暗指自己。湯淺邦弘指出，《學而》："人
不知而不愠，不亦君子乎？"《子罕》："子欲居九夷，或曰：'陋，如之何？'
子曰：'君子居之，何陋之有？'"《子路》："故君子名之，必可言也。言
之，必可行也。君子於其言，無所苟而已矣。"以上三例中的"君子"皆爲
孔子自稱，見 [日] 湯淺邦弘：《戰國楚簡與儒家思想——"君子"的含
義》，《竹簡學——中國古代思想的探究》，東方出版中心，2017 年 1 月，第
28—29 頁。又如《衛靈公》："在陳絶糧，從者病，莫能興。子路愠見曰：
'君子亦有窮乎？'子曰：'君子固窮，小人窮斯濫矣。'"是亦孔子以"君
子"自況之證。

（君子），孚（復）惥（過）伐析，戁（難）目（以）内（納）柬（諫）”，結合該篇開頭的“季趄（桓）子叀（使）中（仲）弓爲宊（宰）”來看,本文的“君子”應指魯國當時的執政者季桓子。

《君子爲禮》中“君子”僅一見，即簡1“詹（顏）困（淵）時（侍）於夫＝子＝（夫子。夫子）曰：‘韋（回），君子爲豊（禮），目（以）依於㤅（仁）’”，孔子主動向顏淵講“君子”如何“爲禮”“依仁”，這裏的“君子”應該是從道德層面説的。① 《弟子問》中“君子”出現了5次，皆指有道德者，如簡11“宊（宰）我昏（問）君子，曰：‘余（予），女（汝）能斳（慎）旬（始）與冬（終），斯善歆（矣），爲君子虐（乎）’”、簡12“☒也，求爲之言。又（有）夫言也，求爲之行。言行相㥶（近），肰（然）句（後）君子”、簡13“君子亡（無）所不足，無所又（有）余（餘）”等，“慎始與終”“言行相近”“無所不足，無所有餘”，分別闡述了有道德的“君子”所應具備的品行。

“君子”一詞在《季康子問於孔子》一文中出現的頻率很高，計有15次之多。按簡1季康子“青（請）昏（問）孾＝（君子）之從事者於民之”云云，“君子”與“民”相對，可知這裏的“君子”明顯指在位者。簡3—4“氏（是）故孾＝（君子）玉亓（其）言而麈（展）亓（其）行，敬城（成）亓（其）惪（德）目（以）臨民＝（民，民）趯（望）亓（其）道而備（服）安（焉），此之謂㲔（信）之目（以）惪（德）”以及簡7“孾＝（君子）敬成亓（其）惪（德），尖＝（小人）母〈女（如）〉寢（寐）”，在對季康子的回答中，孔子已把地位、道德都融入“君子”之中。《孔子見季桓子》中“君子”共有7例，皆指兼有

---

① 湯淺邦弘認爲這裏的“君子”指爲政者，見〔日〕湯淺邦弘：《戰國楚簡與儒家思想——“君子”的含義》，《竹簡學——中國古代思想的探究》，第14—15頁。

地位和道德的人。例如，簡5“是古（故）備（服）道之𡥈=（君子），[①] 行冠（忨），[②] 弗見也。吾（語）㑹（險），[③] 弗見也。備（服）[illegible]，弗見也”，[④]“服道”乃據道德而言，“弗見”則顯示這個“君子”擁有一定的地位。《顔淵問於孔子》中“君子”凡六見，顔淵向孔子咨詢君子如何“入事”“入教”，孔子答以“攸（修）身㠯（以）先，則民莫不從矣”，表明該篇的“君子”亦指兼有道德和地位的人。

比較特殊的是《從政》。由於它是一篇語録體散文，所以各章記載的“君子”含義頗不一致。有的指在位者，如甲5—甲7“𡥈=（君子）不㥶（寬）則亡（無）㠯（以）頌（容）百眚（姓），不共（恭）則亡（無）㠯（以）叙（除）辱，不惠則亡（無）㠯（以）聚民，不急（仁）則亡（無）㠯（以）行正（政），不敬則事亡（無）城（成）”，“君子”既然能够“容百姓”“聚民”“行政”，説明他的身份必然十分尊貴。有的“君子”則指有道德者，如［甲12+乙5］+甲11[⑤]“是古（故）

① 備，整理者釋爲“魚”，郭永秉釋爲“備”，讀爲“服”，見郭永秉：《上博竹書〈孔子見季桓子〉考釋二題》，《文史》2011年第4輯，第220頁。

② 冠，整理者釋爲“君子”合文，何有祖釋爲“冠”，見何有祖：《讀〈上博六〉劄記》，簡帛網，2007年7月9日。林聖峰讀爲“忨”，見林聖峰：《〈上博六·孔子見季桓子〉簡5“君子行忨弗視也……”句疏釋》，簡帛網，2008年9月30日。

③ 㑹，整理者讀爲“諭”，林聖峰讀爲“險”，見林聖峰：《〈上博六·孔子見季桓子〉簡5“君子行忨弗視也……”句疏釋》，簡帛網，2008年9月30日。

④ 以上數句的標點，整理者斷作“是古（故），魚（吾）道之，𡥈=（君子）行，𡥈=（君子）弗見也，吾㑹（諭）弗見也，魚（吾）[illegible]弗見也”，裘錫圭斷作“是故備（服）道之君子，行冠，弗視也。語險，弗視也，備（服）[illegible]（鮮），弗視也”，轉引自郭永秉：《〈孔子見季桓子〉5號簡釋讀補正》，《中國文字》新37期，（臺北）藝文印書館，2011年12月，第69頁。

⑤ 陳劍將甲15與乙5綴合，再與甲11編聯，見陳劍：《上博簡〈子羔〉〈從政〉篇的竹簡拼合與編聯問題小議》，簡帛研究網，2003年1月8日。又載《文物》2003年第5期，第58頁。

𡥈=（君子）弜（強）行目（以）時（待）名之至也。𡥈=（君子）䏆（聞）善言，目（以）攺（改）亓（其）言，見善行，內（納）亓（其）㝵（身）安（焉），① 可胃（謂）𝪥（學）矣。䏆（聞）之曰：可言而不可行，君子不言。可行而不可言，君子不行"，三處"君子"均指有道德者。

特別值得注意的是，在《季康子問於孔子》一文中，"賢人""君子"居然能够構成互文的關係。《季康子問於孔子》簡8有言：

> 萬𨿳含語肥也㠯（以）尻（處）邦豪（家）之述（術）曰："𡥈=（君子）不可㠯（以）不=弨=（不强，不强）則不立。

簡9—10則謂：

> 丘昏（聞）之牀（臧）𢓊（文）中（仲）又（有）言曰："𡥈=（君子）弨（強）則遣（遺），恖（威）則民不**9**道，𥂔（鹽—嚴）則遊（失）衆，盟（猛）則亡（無）新（親），好型（刑）而不羊（祥），好殺則复（作）𩣡（亂）。"是古（故）𦣞（賢）人之居邦豪（家）也，妟（夙）𦥟（興）夜痲（寐）**10**

簡8"萬𨿳含"向季康子傳授"君子"的"處邦家之術"，簡10則説"賢人"如何"居邦家"，前後互文見義，"賢人"

---

① 㝵，整理者讀爲"仁"，陳劍讀爲"身"，見陳劍：《上博簡〈子羔〉〈從政〉篇的竹簡拼合與編聯問題小議》，簡帛研究網，2003年1月8日。又載《文物》2003年第5期，第58頁。

"君子"的内涵必然相似。簡 9—10 臧文仲主張"君子"治理國家應避免"強則遺，威則民不道，嚴則失衆，猛則無親，好刑而不祥，好殺則作亂"的惡果，下文總結時孔子卻説"賢人之居邦家也，夙興夜寐"，也把治理國家的主體從"君子"換成"賢人"。上面已談到該篇的"君子"指兼有道德和地位的人，那麽此處的"賢人"自當與之同義。

或許有人會問，傳世典籍中是否也有"君子""賢人"含義相近的例證呢？答案是肯定的。試看《説苑·雜言》中的一則材料：

賢人君子者，通乎盛衰之時，明乎成敗之端，察乎治亂之紀，審乎人情，知所去就，故雖窮不處亡國之勢，雖貧不受污君之禄。是以太公年七十而不自達，孫叔敖三去相而不自悔，何則？不強合非其人也。太公一合於周而侯七百歲，孫叔敖一合於楚而封十世。大夫種存亡越而霸句踐，賜死於前，李斯積功於秦，而卒被五刑。盡忠憂君，危身安國，其功一也，或以封侯而不絶，或以賜死而被刑，所慕所由異也。故箕子棄國而佯狂，范蠡去越而易名，智過去君弟而更姓，皆見遠識微，而仁能去富勢，以避萌生之禍者也。夫暴亂之君，孰能離縶以役其身，而與於患乎哉？故賢者非畏死，避害而已也，爲殺身無益而明主之暴也。比干死紂而不能正其行，子胥死吴而不能存其國，二子者強諫而死，適足明主之暴耳，未嘗有益如秋毫之端也。是以賢人閉其智，塞其能，待得其人然後合。故言無不聽，行無見疑，君臣兩與，終身無患。[1]

---

[1]　向宗魯：《説苑校證》，第 410—411 頁。

　　"賢人君子"善於"審乎人情,知所去就""不强合非其人",故能"見遠識微""以避萌生之禍"。下文云"故賢者非畏死,避害而已也,爲殺身無益而明主之暴也""是以賢人閉其智,塞其能,待得其人然後合",唯有"賢人""賢者"而無"君子",説明"賢人君子"中的"君子"祇是用來陪襯"賢人","賢人"與"君子"的内涵應該大體相類。

　　又如《莊子·山木》:

　　　　仲尼曰:"始用四達,爵禄並至而不窮。物之所利,乃非己也,吾命有在外者也。君子不爲盜,賢人不爲竊,吾若取之,何哉?"①

　　"君子不爲盜"與"賢人不爲竊"對舉互文,言君子、賢人不行盜竊之事。郭象注云:"盜竊者,私取之謂也。今賢人、君子之致爵禄,非私取也,受之而已。"② 這意味着,至少在莊子的世界裹,"君子""賢人"尚無本質的區别。

　　不過,以上二例中的"君子""賢人"專就道德或才幹而言,"賢人"是否具有"在位者"之類的含義呢?按《逸周書·酆保》"率諸侯以朝賢人,而己猶不往",潘振注:"賢人,指天子。"③ 此其明證。《荀子·大略篇》亦云:"故禮之生,爲賢人以下至庶民也,非爲成聖也,然而亦所以成聖也。"④ 這個"賢人"高於"庶民",顯示他也擁有一定的地位(此"賢人"不及"成聖",與《哀公篇》略同)。

---

① 郭慶藩:《莊子集釋》,第 692 頁。
② 郭慶藩:《莊子集釋》,第 693 頁。
③ 黄懷信、張懋鎔、田旭東:《逸周書彙校集注》,第 208 頁。
④ 王先謙:《荀子集解》,第 578 頁。

　　《季康子問於孔子》和《莊子》都把"賢人"與"君子"視作同一類人，表明直至戰國中後期"賢人""君子"尚且沒有高下貴賤之分。誰都知道，孔子主張"泛愛衆""有教無類"，他從來都沒有將人劃分爲若干等級的意圖和做法。因此，把人按照一定標準劃分爲大聖、賢人、君子、士、庸人五等，肯定不是出自孔子原意，而是戰國末年的荀子借助孔子之口揭示的一種儒家新理念。

　　那麼，荀子爲什麼要將人按照道德、能力分爲五等呢？這應該是由當時的社會背景所決定的。進入戰國時期，各國紛紛通過變法加強君主集權，普通人若想實現政治抱負，必須獲得君主的認可、委任從而獲得一定的權位。荀子借助孔子之口闡述"人有五儀"，不是毫無意義地把人分成幾個等級，而是有針對性地回答魯哀公"吾欲論吾國之才，與之治國，敢問何如取之邪"的咨詢。當今《荀子》的通行本，大都把"孔子曰人有五儀"另起一段，[①] 應係後人誤讀所致。早期的《荀子》版本，如《影宋台州本荀子》《纂圖互注荀子》，"孔子曰人有五儀"均未獨立成文，[②] 即可證明。[③]《孔子家語·五儀》在孔子回答"雖有，不亦鮮乎"之後，尚有"哀公曰：'善哉！盡此而已乎'"一個銜接語，然後纔是"孔子曰人有五儀"云云，[④] 充分説明孔

①　參看《荀子》，《二十二子》本，上海古籍出版社，1986 年 3 月，第 360 頁。王先謙：《荀子集解》，《續修四庫全書》第 932 册，上海古籍出版社，2002年 4 月，第 695 頁。

②　參看《影宋台州本荀子》，《古逸叢書》本，廣陵書社，2013 年 7 月，第 474頁。《纂圖互注荀子》，《中華再造善本·唐宋編·子部》，北京圖書館出版社，2006 年 12 月，卷二十第 10 頁。

③　鄔可晶認爲《荀子·哀公篇》"魯哀公問於孔子曰吾欲論吾國之士"一節與"孔子曰人有五儀"一節缺少聯繫，其内容也與"五儀"無關，見鄔可晶：《〈孔子家語〉成書考》，中西書局，2015 年 8 月，第 68 頁。

④　高尚舉、張濱鄭、張燕：《孔子家語校注》，第 72 頁。

子關於"人有五儀"的講述，正是對魯哀公所言"吾欲論吾國之士，與之爲政"的回應。《大戴禮記·哀公問五義》省去"孔子曰：'人有五儀：有庸人，有士，有君子，有賢人，有大聖'"數句，而由哀公依次詢問什麼樣的人是庸人、士、君子、賢人、聖人，[①]上下文的邏輯關係更加清晰明了。《荀子·哀公篇》開頭魯哀公說"吾欲論吾國之士，與之治國"，哀公打算選拔魯國的人才，和他們一起治理國家，所以孔子把人按照道德、才能分爲五等，旨在幫助國君更加有效地選拔人才。

上文指出，把人分爲五等並非孔子的本意，而是荀子借助孔子之口提出的一種儒家新理念。事實上，魯哀公也根本不具備"論吾國之士，與之治國"的條件。換言之，魯哀公與孔子的這次問答，很可能是由荀子虛擬出來的。魯國國君自宣公開始權力逐漸弱化，國政被以季氏爲首的三桓操控。魯昭公曾一度嘗試廢掉三桓，終因實力不濟，反被三桓驅逐出國。哀公也夢想借助諸侯的力量討伐三桓，依然不幸失敗。《史記·魯周公世家》有言："（哀公）二十七年春，季康子卒。夏，哀公患三桓，將欲因諸侯以劫之，三桓亦患公作難，故君臣多間。公游于陵阪，遇孟武伯于街，曰：'請問余及死乎？'對曰：'不知也。'公欲以越伐三桓。八月，哀公如陘氏。三桓攻公，公奔于衛，去如鄒，遂如越。國人迎哀公復歸，卒于有山氏。"[②]魯哀公時期，權力牢牢把控在三桓手中，哀公怎麼能夠實現"吾欲論吾國之士，與之治國"的目標呢？

"有教無類"是孔子最重要的教育思想。雖然人生來有貧富、貴賤、智愚的不同，但在孔子看來，後天的教育能夠消除這

---

① 王聘珍：《大戴禮記解詁》，第9—11頁。
② 司馬遷：《史記（修訂本）》，第1858頁。

些差別，每個人都有機會通過努力成爲人才。《孟子·告子下》
"人皆可以爲堯舜"① 的觀點，正是對孔子 "有教無類" 思想的
繼承和發展。荀子按照道德、能力把人分爲五等，雖然符合當時
社會的迫切需求，卻與孔子的原意背道而馳，兩者之間不可同日
而語。

---

① 孫奭：《孟子注疏》，《十三經注疏》第 5 册，第 5996 頁。

第四章

宏觀專題研究

第一節　戰國時期《論語》類文獻在
楚國的傳播及其影響

過去很長一段時間內，人們通常認爲楚國思想文化的主體是老莊哲學，例如張正明即把老莊哲學列爲楚文化的六個構成要素之一。① 直到郭店簡、上博簡、清華簡公佈後，這個傳統觀念纔開始出現動搖。徐文武提出，儒家文獻在出土的楚簡中具有絶對數量優勢，道家文獻則相對較少。郭店簡中屬於儒家文獻的有《緇衣》《五行》《魯穆公問子思》《窮達以時》等 11 種，道家文獻祇有《老子（甲、乙、丙）》《太一生水》2 種。上博簡中的儒家文獻至少有 20 種，道家文獻祇有《恒先》《凡物流形》寥寥數篇。已公佈的清華簡以《尚書》或《尚書》類文獻爲主，也屬於儒家文獻。儒家和道家文獻之間呈現出的巨大反差，足以説明儒家思想在楚國主流思想中佔據主導地位。② 從目前楚地出

---

① 張正明：《楚文化史》，上海人民出版社，1987 年 8 月，導言第 3 頁。
② 徐文武：《楚國思想與學術研究》，湖北教育出版社，2012 年 9 月，前言第 7—8 頁。

土簡册的整體狀況看，儒家文獻所佔比例十分可觀，反映出儒學南漸在戰國時期的楚地一度非常盛行，楚人逐漸體會和重視以孔子爲代表的儒家對現實政治的積極作用，楚國的主流思想也由此受到儒學的重新塑造。

一

楚國立國之初，由於遠離周朝中央政權和東方各國，思想文化與中原地區差異很大。楚君熊渠曾公然宣稱："我蠻夷也，不與中國之號諡。"① 雖爲憤激之辭，但也説明楚國早期受南方蠻夷的影響是很深的。不過，正因爲它游離於中原各國之外，它的周圍環境相對穩定，所以發展也很迅速，當中原地區發生危機甚至動亂時，楚國就成爲理想的避難地點。《史記·魯周公世家》記載：

　　　及成王用事，人或譖周公，周公奔楚。（司馬貞索隱："經典無文，其事或别有所出。而譙周云：'秦既燔《書》，時人欲言金縢之事，失其本末，乃云成王少時病，周公禱河欲代王死，藏祝策於府。成王用事，人讒周公，周公奔楚。成王發府見策，乃迎周公。'又與《蒙恬傳》同，事或然也。"）②

按《史記·蒙恬列傳》云："及王能治國，有賊臣言：'周公旦欲爲亂久矣，王若不備，必有大事。'王乃大怒，周公旦走而奔於楚。"③《論衡·感類篇》亦言："古文家以武王崩，周公

---

① 司馬遷：《史記（修訂本）》，第 2031 頁。
② 司馬遷：《史記（修訂本）》，第 1831 頁。
③ 司馬遷：《史記（修訂本）》，第 3100 頁。

居攝，管、蔡流言，王意狐疑周公，周公奔楚，故天雷雨，以悟成王。"黄暉認爲，《尚書·金縢》"周公居東二年"，"居東"即指奔楚而言。① 若此説可信，周公受譖而奔楚，且停留時間達二年之久，應該會對楚國的思想文化產生一定的積極影響。

到了春秋末期，又發生了王子朝攜帶周室典籍逃往楚國的重要事件。《左傳》昭公二十六年云：

> 冬十月丙申，王起師于滑。辛丑，在郊，遂次于尸。十一月辛酉，晉師克鞏。召伯盈逐王子朝。王子朝及召氏之族，毛伯得、尹氏固、南宫嚚，奉周之典籍以奔楚。②

王子朝奔楚發生在楚昭王即位初年，這時的楚國已是南方大國，它曾多次嘗試與晉國爭霸中原。王子朝奔楚，似有借助楚國力量重返王位的企圖。尷尬的是，不久吳師入郢，楚國自救尚且不暇，王子朝也就失去了返回洛陽的可能。然而，他逃亡時所攜帶的"周之典籍"，客觀上卻促使了楚國思想文化的一次巨大飛躍。清人惠棟曾謂："周之典籍，盡在楚矣。"③ 范文瀾甚至認爲："這是東周文化最大的一次遷移，周人和周典籍大量移入楚國，從此楚國代替東周王國，成爲文化中心，與宋、魯同爲文化中心。"④ 楚國是否取代東周成爲文化中心不得而知，但王子朝帶去的大量周朝典籍，勢必將大幅度提高楚國統治階層對中原文化的認知和接受程度。

春秋末年，孔子爲宣揚自己的政治思想，開始對前代典籍進

---

① 黄暉：《論衡校釋》，第 788 頁。
② 孔穎達：《春秋左傳正義》，《十三經注疏》第 4 册，第 4590 頁。
③ 惠棟：《春秋左傳補注》，《清經解》第 3 册，第 2792 頁。
④ 范文瀾：《中國通史》第 1 册，人民出版社，1978 年 6 月，第 116 頁。

行系統整理，《易》《書》《詩》《禮》《樂》《春秋》因而被賦予了鮮明的儒家特色，逐漸演變成儒家的專有經典。戰國時期經過七十子後學的努力宣揚，儒學最終成爲舉世公認的顯學。《韓非子·顯學》有言："世之顯學，儒、墨也。儒之所至，孔丘也。墨之所至，墨翟也。"①《吕氏春秋·有度》亦曰："孔、墨之弟子徒屬充滿天下，皆以仁義之術教導於天下。"② 最早進入楚地傳播儒學的孔門弟子，應以澹臺滅明爲代表。《史記·仲尼弟子列傳》云："（澹臺滅明）既已受業，退而修行，行不由徑，非公事不見卿大夫。南游至江，從弟子三百人，設取予去就，名施乎諸侯。"③《儒林列傳》亦言："自孔子卒後，七十子之徒散游諸侯，大者爲師傅卿相，小者友教士大夫，或隱而不見。故子路居衛，子張居陳，澹臺子羽居楚，子夏居西河，子貢終於齊。"④ 張强據此認爲，澹臺滅明是七十子後學中率先進入楚國傳播儒學的人。⑤ 郭店簡《忠信之道》，上博簡《從政》《昔者君老》，廖名春、周鳳五推測它們的作者可能與子張之儒有關。⑥ 郭店簡《魯穆公問子思》《緇衣》《五行》三篇，學者大多認爲是子思之儒的作品。⑦ 除此之外，郭店簡《窮達以時》《性自命

① 王先慎：《韓非子集解》，第 499 頁。

② 許維遹：《吕氏春秋集釋》，第 665 頁。

③ 司馬遷：《史記（修訂本）》，第 2666 頁。

④ 司馬遷：《史記（修訂本）》，第 3760 頁。

⑤ 張强：《儒學南漸考》，《江海學刊》2006 年第 6 期，第 139 頁。

⑥ 參看廖名春：《郭店楚簡儒家著作考》，《孔子研究》1998 年第 3 期，第 75—76 頁。周鳳五：《讀上博楚竹書〈從政〉甲篇劄記》，《上博館藏戰國楚竹書研究續編》，第 187—189 頁。

⑦ 參看魏啓鵬：《〈德行〉校釋》，巴蜀書社，1991 年 8 月，第 105 頁。廖名春：《郭店楚簡儒家著作考》，第 82 頁。李學勤：《荆門郭店楚簡中的〈子思子〉》，《中國哲學》第 20 輯，遼寧教育出版社，1999 年 1 月，第 75—80 頁。郭梨華：《子思子哲學思想初探》，山東師範大學齊魯文化研究中心、美國哈佛大學燕京學社編：《儒家思孟學派論集》，齊魯書社，2008 年 12 月，第 125 頁。陳桐生：《七十子後學散文研究》，暨南大學出版社，2011 年 12 月，第 56—57 頁。

出》《成之聞之》《尊德義》《六德》《唐虞之道》《忠信之道》
《語叢（一~三）》，上博簡《孔子詩論》《緇衣》《性情論》
《民之父母》《子羔》《魯邦大旱》《周易》《仲弓》《逸詩》《內
禮》《相邦之道》《季康子問於孔子》《君子爲禮》《弟子問》
《孔子見季桓子》《天子建州》《武王踐阼》《子道餓》《顏淵問
於孔子》《成王既邦》《史蒥問於夫子》，以及清華簡《邦家之
政》《邦家處位》《治邦之道》《治政之道》，① 雖然各篇的作者
還有待考定，但它們明顯都屬於儒家學派的作品。鑒於這批文獻
大多寫定於戰國中後期，而且儒家特徵十分鮮明，很容易讓人聯
想到七十子後學進入楚國傳播儒學的歷史背景。尤其是郭店簡和
上博簡中的儒家典籍，很可能就直接出自七十子後學之手。②

　　有學者提出，王子朝奔楚是周文化大規模進入楚地的開
始，③ 或把“孔子適楚”和子張之儒、子思之儒南下楚國當作儒
學的兩次南漸，④ 恐與史實不甚相符。《左傳》昭公十二年記載：
“左史倚相趨過，王（楚靈王）曰：‘是良史也，子善視之，是
能讀《三墳》《五典》《八索》《九丘》。’”⑤《三墳》《五典》
《八索》《九丘》乃中原上古遺書，楚國的左史倚相卻對它們十

---

① 《治邦之道》與《治政之道》，整理者原誤分爲二，後據編痕、文義合爲一
　篇，見清華大學出土文獻研究與保護中心編，黃德寬主編：《清華大學藏戰
　國竹簡（玖）》，第 125 頁。此外，清華簡還有《尹至》《尹誥》《程寤》
　《保訓》《耆夜》《金縢》《皇門》《祭公》《說命》《周公之琴舞》《芮良夫
　毖》《厚父》《封許之命》《命訓》《攝命》《成人》等《書》類文獻，也可
　以籠統地劃爲儒家類典籍。
② 李零認爲郭店簡、上博簡主要是七十子的作品，見李零：《郭店楚簡校讀記
　（增訂本）》，第 4—5 頁。陳桐生將郭店簡、上博簡中的儒家文獻稱爲七十
　子後學散文，見陳桐生：《從出土文獻看七十子後學在先秦散文史上的地
　位》，《文學遺産》2005 年第 6 期，第 63—65 頁。
③ 何成軒：《先秦儒學在中原的傳播及其南漸趨勢》，《哲學研究》1997 年第 8
　期，第 44 頁。張强：《儒學南漸考》，第 140 頁。
④ 參看徐文武：《楚國思想與學術研究》，第 89—129 頁。
⑤ 孔穎達：《春秋左傳正義》，《十三經注疏》第 4 冊，第 4482—4483 頁。

分精通，説明早在王子朝奔楚以前，楚國與周王室、中原各國的文化交流就已十分頻繁。根據郭店簡、上博簡、清華簡等出土材料提供的信息，可以清楚地看出，儒學南漸應該是一個多批次、長時期的過程。自周公奔楚之後的數百年間，應該發生過多次中原典籍輸入楚國的事件，王子朝奔楚祇是其中的重要標志而已。在子張之儒、子思之儒南下的前後或同時，必定還有其他的儒家學派或人物陸續進入楚國傳播儒學。

二

早期儒家典籍在楚國的傳播，雖然富有成效，但其對象主要集中在楚國的統治階層，且呈現出無組織、低頻次、小規模的特徵。直到春秋末年孔子適楚，纔從根本上打破這一局面。孔子周遊列國，曾在陳、蔡停留很長一段時間。楚昭王派人禮聘孔子，陳、蔡大夫害怕孔子爲楚國所用，於是發兵將他圍困。孔子不得已"使子貢至楚，楚昭王興師迎孔子，然後得免"。① 楚昭王曾打算把書社之地封給孔子（《史記·孔子世家》《説苑·雜言》），② 由於令尹子西的阻撓，封地一事最終没能落實。雖然也有學者對"楚昭王興師迎孔子"等事持懷疑態度，③ 但孔子既在陳、蔡居住很長時間，而兩國很早就是楚國的勢力範圍（陳、蔡一度爲楚靈王所滅），那麼孔子的思想、學説繼續向南傳播到楚地，也是十分自然的事。據《論語》記載，孔子曾到達楚國的北境葉地，④ 並與葉公子高舉行了多次會談。"葉公問政。子

---

① 司馬遷：《史記（修訂本）》，第 2328 頁。
② 司馬遷：《史記（修訂本）》，第 2328 頁。向宗魯：《説苑校證》，第 419 頁。
③ 參看錢穆：《先秦諸子繫年考辨》，第 45 頁。
④ 清人崔述認爲孔子從未到達葉地，葉公問政於孔子發生在葉公治理上蔡（負函）之時，見崔述：《崔東壁遺書》，第 300 頁。

曰：'近者説，遠者來。'""葉公語孔子曰：'吾黨有直躬者，
其父攘羊，而子證之。'孔子曰：'吾黨之直者異於是。父爲子
隱，子爲父隱，直在其中矣。'"① 不僅如此，孔子還跟楚平王
太子建之子白公勝有過交集。《吕氏春秋・精諭》云："白公問
於孔子曰：'人可與微言乎?'孔子不應。白公曰：'若以石投水
奚若?'孔子曰：'没人能取之。'白公曰：'若以水投水奚若?'
孔子曰：'淄、澠之合者，易牙嘗而知之。'白公曰：'然則人不
可與微言乎?'孔子曰：'胡爲不可? 唯知言之謂者爲可
耳。'"② 楚國的封君葉公、白公分别就爲政等話題向孔子求教，
可見孔子當時已在楚國享有一定的聲譽。孔子周遊列國，目的是
希望獲得諸侯的任用，從而實現推行"仁政"的政治理想。雖
然孔子最終未能如願，但他的南行無疑进一步擴大了儒學的影
響，同時也爲七十子後學進入楚國奠定了堅實基礎。孔子去世
後，以澹臺滅明和子張之儒、子思之儒爲代表的七十子後學在楚
國傳播儒學的活動變得更加頻繁，他們不僅帶去了大量的經典著
作，還成功地將儒家思想傳入楚國腹地。例如出土衆多儒家典籍
的郭店一號楚墓，地點位於楚國故都紀南城附近的楚國貴族墓地
群中。發掘者認爲它的時代應在戰國中期偏晚，墓主人身份爲有
田禄之士，亦即上士。③ 2021 年 6 月，荆州王家咀 798 號戰國楚
墓中出土了一批青銅器、漆木器和竹簡，竹簡的主要内容爲
《詩經》、《孔子曰》、"樂"。發掘者據墓葬形制和出土文物推測

---

① 邢昺：《論語注疏》，《十三經注疏》第 5 册，第 5447—5448 頁。
② 許維遹：《吕氏春秋集釋》，第 483 頁。相似的記載亦見於《淮南子・道應》
《列子・説符》，文字略有差異。《墨子・非儒下》齊景公問孔子於晏嬰，晏
嬰回答説："孔某之荆，知白公之謀，而奉之以石乞，君身幾滅，而白公
僇。"按白公之亂發生在齊景公卒後十二年，《非儒下》所言當非事實。辨見
孫詒讓：《墨子閒詁》，第 298 頁。
③ 湖北省荆門市博物館：《荆門郭店一號楚墓》，《文物》1997 年第 7 期，第 47 頁。

墓主人身份爲"士"一級，年代約在戰國晚期前段。① 身處楚國核心地區的兩位墓主人，卻對儒家典籍十分偏愛，由此可以想見戰國時期儒家思想對楚人的影響有多麽巨大。

與《詩經》等書相比，《論語》的形成年代偏晚，它在楚國傳播的情況，過去因爲文獻不足，研究者較少。上博簡公佈後，因其包含很多與《論語》性質相似的文獻，這爲探討《論語》和《論語》類文獻在楚國的傳播及影響提供了契機。

上博簡《論語》類文獻共有十二篇，其中《從政》《仲弓》《君子爲禮》中的部分内容與《論語》關係密切，② 表明這三篇文獻的内容應當基本可信，③ 它們甚至有可能直接出自孔子弟子之手。《弟子問》記載了孔子與弟子之間的交談，屬於典型的語錄體，内容涉及"喪""仁""君子""言行"，與《論語》多可互相參證，因此它的真實性也有一定保障。其餘各篇，如《民之父母》《子羔》《魯邦大旱》《孔子見季桓子》，根據學者的細緻研究，可以斷定它們屬於孔門後學的假托。④ 至於《相邦之道》《季康子問於孔子》《顏淵問於孔子》《史蒥問於夫子》四篇，因爲缺少相關的資料，它們到底是真實記録還是孔門後學的假托，目前尚無十分把握。從整體上看，《論語》類文獻在楚國

① 荆州博物館：《湖北荆州王家咀 798 號楚墓發掘簡報》，《江漢考古》2023 年第 2 期，第 5—13 頁。

② 參看本章第二節 "《論語》類文獻與《論語》成書"。

③ 當然，《君子爲禮》記載的子羽、子贛就孔子與子産、禹、舜執賢進行的討論顯然是孔門後學僞托的，參看陳劍：《談談〈上博五〉的竹簡分篇、拼合與編聯問題》，簡帛網，2006 年 2 月 19 日。收入《戰國竹書論集》，第 176—177 頁。［日］淺野裕一：《上海楚簡〈君子爲禮〉與孔子素王説》，《簡帛》第 2 輯，第 289 頁注①。

④ 參看徐少華：《楚竹書〈民之父母〉思想源流探論》，《中國哲學史》2005 年第 4 期，第 76 頁。黄武智：《論上博楚簡〈子羔〉之禪讓觀及其文獻性質》，《慈惠學報》第 9 期，第 1—12 頁。［美］顧史考：《上博竹書〈魯邦大旱〉篇及其形成探索》，《簡帛》第 15 輯，第 17—30 頁。

的傳播具有非常顯著的特點——規模龐大、批次衆多，以及真實與僞托並行不悖。

　　然而，作爲一個複雜的整體，《論語》類文獻在向楚國傳播時，並非漫無章法，而是具有比較明確、統一的主題，即教育楚國統治階層如何治理國家，以此宣揚孔子的“仁政”思想。例如，《民之父母》通過子夏向孔子請教如何做到民之父母，概括了君主治理國家應當採取的途徑。①《子羔》是宣揚尚賢思想和禪讓制的作品，闡述了統治者“君天下”的條件取决於其德行“誠賢”。②《魯邦大旱》記載魯國發生大旱，哀公向孔子咨詢應對措施，孔子提出祭祀山川和匡正刑德的建議，比較直觀地勾勒出孔子的政教觀。③《從政》主要論述了爲政者應該具備的道德和行爲準則。④《仲弓》中孔子教導仲弓如何爲政，主要圍繞舉賢才、民務、導民興德展開。⑤《相邦之道》中魯國國君向孔子咨詢相邦之道、民事等與爲政有關的話題。⑥《季康子問於孔子》中季康子就“民務”“信之以德”向孔子咨詢，孔子趁機宣揚了自己的“仁政”思想。⑦ 與之相似，《孔子見季桓子》的主題是孔子向季桓子宣揚自己的“親仁”思想。⑧《顔淵問於孔子》中

---

① 參看陳麗桂：《由表述形式與義理結構論〈民之父母〉與〈孔子閒居〉及〈論禮〉之優劣》，《上博館藏戰國楚竹書研究續編》，第 247 頁。方旭東：《上博簡〈民之父母〉篇論析》，《上博館藏戰國楚竹書研究續編》，第 259 頁。

② 參看裘錫圭：《談談上博簡〈子羔〉篇的簡序》，《上博館藏戰國楚竹書研究續編》，第 9 頁。

③ 參看第二章第二節“《君子爲禮》《魯邦大旱》中的子贛”。

④ 馬承源主編：《上海博物館藏戰國楚竹書（二）》，第 213—214 頁。

⑤ 參看趙炳清：《略論〈中弓〉篇孔子“以民爲本”的政治思想》，《西華師範大學學報（哲學社會科學版）》2015 年第 5 期，第 29—34 頁。

⑥ 馬承源主編：《上海博物館藏戰國楚竹書（四）》，第 233 頁。

⑦ 參看［日］福田哲之：《上博五〈季康子問於孔子〉的結構與編聯》，《楚地簡帛思想研究（三）》，第 53—69 頁。

⑧ 參看第三章第一節“《孔子見季桓子》所見孔子‘親仁’思想”。

孔子就顏淵提出的"入事""入教"作了答復，介紹了爲政者治理國家應該採取的措施。①《弟子問》是語録體散文，話題比較分散，但也不乏與行政有關的内容，如簡5+13："子曰：'小子，來聽余言，豐年不恒至，耇老不復壯，賢者急就人，不曲防以去人。'"其中反映出孔子鼓勵弟子們積極入仕的思想。《史蒥問於夫子》探討如何教育國君之子，也與從政有一定關聯。祇有《君子爲禮》一篇，主要内容是孔子向顏淵講述爲仁的具體表現，似乎與政治無關，但它反映了孔子的仁學思想，跟《季康子問於孔子》提倡的"仁政"、《孔子見季桓子》的"親仁"正相呼應。總的來説，上博簡《論語》類文獻的内容重點聚焦於探討如何行政（側重於"仁政"），這既是以孔子爲代表的儒家的核心思想，同時又是楚國統治階層樂於接受的内容。換言之，這些文獻的創作者、傳播者以及接受者都有强烈的現實需求，因此它們纔能在楚國得到順利而廣泛的傳播。

　　《論語》類文獻在楚國傳播的過程中，有兩個比較特殊的現象：第一，有些文獻的字體結構具有明顯的齊魯系特徵。例如，蘇建洲提出《孔子見季桓子》的文字可能偏向齊魯一系，② 林聖峰對此有所補充。③ 《史蒥問於夫子》的字體與《孔子見季桓子》相同，④ 它的底本也應出自齊魯地區。至於《子羔》《魯邦

---

① 劉承：《上博簡〈顏淵問於孔子〉篇釋義與孔子若干思想考析》，《古籍整理研究學刊》2015 年第 5 期，第 4—7、16 頁。

② 蘇建洲：《讀〈上博六·孔子見季桓子〉筆記》，簡帛網，2007 年 7 月24 日。

③ 林聖峰：《〈上博六·孔子見季桓子〉底本國別問題補説》，簡帛網，2008 年6 月 7 日。

④ 參看《〈史蒥問於夫子〉初讀》第 14 樓"海天遊蹤"發言，簡帛網—簡帛論壇，2013 年 1 月 5 日。張峰：《〈上博九·史蒥問於夫子〉初讀》，簡帛網，2013 年 1 月 6 日。

大旱》等篇，馮勝君推測屬於楚文字抄本。① 這意味着，《子
羔》《魯邦大旱》等《論語》類文獻傳入楚國的時間已經很久，
它們的原始面貌幾乎被徹底"馴化"，而《孔子見季桓子》《史
蒥問於夫子》等篇，大概剛剛傳入楚國不久，故而保留了不少
齊魯一系的文字特徵。第二，儒家文獻進入楚國流傳之初，就已
遭到楚人有意識或無意識的改動。郭店簡《六德》和《忠信之
道》，本爲齊魯儒家文獻，當它們傳入楚國後，雖然不少文字還
保留齊系文字的面貌，② 但句末語氣詞"也/矣"已被改寫成楚
地特有的"此（些）"，"者"則被改寫爲"多"。③ 是否有實
詞在傳播的過程中受到有意識的改動，目前尚不得而知，需要在
材料充足的情況下進行仔細的辨識。④

三

　　以上博簡《論語》類文獻爲代表的儒家典籍在楚國的傳播，
在很大程度上加深了楚人對孔子治國理念的認知。然而戰國時期
兼併戰爭愈演愈烈，楚國的統治者不可能完全按照孔子的思想治
理國家。即便如此，孔子的某些治國理念還是對楚人產生了一定
的積極影響。清華簡《治政之道》有言：

　　　上不爲上之道，以欲下之綺（治），則亦不可曼

---

①　馮勝君：《郭店簡與上博簡對比研究》，綫裝書局，2007 年 5 月，第 252—
254 頁。

②　周鳳五認爲《六德》保存了齊魯儒家典籍文字的特色，《忠信之道》的字體
筆畫肥厚，"豐中首尾銳"的特徵顯著，保留了較多齊國文字的本來面貌，
見周鳳五：《郭店竹簡的形式特徵及其分類意義》，《郭店楚簡國際學術研討
會論文集》，湖北人民出版社，2000 年 5 月，第 59 頁。

③　參看附錄二《談談戰國時期楚地的特殊語氣詞"此（些）"和"多"》。

④　參看附錄三《據〈命〉〈邦人不稱〉談〈左傳〉"沈諸梁兼二事"——兼論
今本〈緇衣〉"葉公之顧命"的訛字問題》。

（得）。上風，下芔（草）。上之所好，下亦好之，上之所亞（惡），下亦亞（惡）之，古（故）爲上者不可以不慗（慎）。①

　　按《論語·顏淵》云："季康子問政於孔子曰：'如殺無道，以就有道，何如？'孔子對曰：'子爲政，焉用殺？子欲善，而民善矣。君子之德風，小人之德草。草上之風，必偃。'"② 顯而易見，《治政之道》的這段話是根據孔子"君子之德風，小人之德草。草上之風，必偃"敷演而成的。③ 原整理者指出，《治政之道》"爲典型的楚文字，很可能是楚人之作"。④ 楚國的儒家學者按照孔子的施政理念撰寫了這篇前所未見的鴻篇巨製（多達 3200 餘字），希望以此影響楚國的統治階層，反映出戰國時期儒家學派在楚國的活動已然十分活躍。他們的傳播對象，也不僅僅局限於楚國貴族，而是逐漸擴展到普通的士人階層。《孟子·滕文公上》云：

　　　　吾聞用夏變夷者，未聞變於夷者也。陳良，楚産也。悦周公、仲尼之道，北學於中國。北方之學者，未能或之先也，彼所謂豪傑之士也。⑤

---

① 清華大學出土文獻研究與保護中心編，黃德寬主編：《清華大學藏戰國竹簡（玖）》，第 126 頁。
② 邢昺：《論語注疏》，《十三經注疏》第 5 册，第 5439 頁。
③ 與《治政之道》語句相似的尚有《尚書·君陳》："凡人未見聖，若不克見，既見聖，亦不克由聖，爾其戒哉！爾惟風，下民惟草。"比較而言，《治政之道》和《論語·顏淵》的文義更加接近。
④ 清華大學出土文獻研究與保護中心編，黃德寬主編：《清華大學藏戰國竹簡（玖）》，第 125 頁。
⑤ 孫奭：《孟子注疏》，《十三經注疏》第 5 册，第 5884 頁。

楚人陳良悦服周公、孔子之道，主動進入中原地區學習儒家典籍，由於他的成績非常突出，以至於中原學者幾乎没人能够超過他。儒家學派將傳播對象由統治者擴展到普通士人，或許是形勢使然，屬於退而求其次的無奈選擇，但在客觀上卻掀起了楚人學習儒家典籍的高潮，陳良“悦周公、仲尼之道，北學於中國”就是其中一個比較典型的案例。

《論語》類文獻在楚國的傳播，也促使統治階層開始接納和重用有儒家背景的人物。上文提到孔子卒後，澹臺滅明等人開始進入楚國傳播儒學，表明此時楚國的統治階層對待儒家學者的態度已發生根本性的轉變。後來以法家面目出現的吳起，其實具有深厚的儒家背景。吳起曾師事曾子學習爲政之道，[①] 並在魯國開啓了他的仕途生涯。《史記·吳起列傳》云：“吳起者，衛人也，好用兵。嘗學於曾子，事魯君。”[②] 有的典籍説他受業於子夏之倫，“爲王者師”（《史記·儒林列傳》）。[③] 不僅如此，吳起還是《左傳》的重要傳人。《春秋左傳正義·春秋序》正義引劉向《別録》云：“左丘明授曾申，申授吳起，起授其子期，期授楚人鐸椒，鐸椒作抄撮八卷，授虞卿，虞卿作抄撮九卷，授荀卿，荀卿授張蒼。”[④] 吳起從曾申受《左傳》，隨後傳給其子吳期，吳期又傳給楚人鐸椒。鐸椒爲楚威王傅，曾把《左傳》改寫成《鐸氏微》一書。《史記·十二諸侯年表》載：“鐸椒爲楚威王傅，爲王不能盡觀《春秋》，采取成敗，卒四十章，爲《鐸氏

---

① 錢穆、郭沫若皆認爲吳起師事的曾子爲曾申（字子西，曾參之子），見錢穆：《先秦諸子繫年考辨》，第 176 頁。郭沫若：《述吳起》，《青銅時代》，群益出版社，1946 年，第 182 頁。
② 司馬遷：《史記（修訂本）》，第 2621 頁。
③ 司馬遷：《史記（修訂本）》，第 3760 頁。
④ 孔穎達：《春秋左傳正義》，《十三經注疏》第 4 册，第 3695 頁。

微》。"① 經過曾子、子夏之倫的培養以及《左傳》的啓示，吳起逐步成長爲一名傑出的政治家。《淮南子·道應》有言：

> 吳起爲楚令尹，適魏，問屈宜若曰："王不知起之不肖，而以爲令尹，先生試觀起之爲人也。"屈子曰："將奈何？"吳起曰："將衰楚國之爵而平其制祿，損其有餘而綏其不足，砥礪甲兵，時爭利於天下。"②

除"砥礪甲兵，時爭利於天下"帶有明顯的法家色彩外，"將衰楚國之爵而平其制祿，損其有餘而綏其不足"兩句，與孔子提倡的"不患寡而患不均"（《論語·季氏》）、"祿不足則請，有餘則辭"（《顏淵問於孔子》）高度吻合，足見吳起受孔子思想影響之深。

《史記·吳起列傳》亦云：

> 魏文侯既卒，起事其子武侯。武侯浮西河而下，中流，顧而謂吳起曰："美哉乎！山河之固，此魏國之寶也。"起對曰："在德不在險。昔三苗氏左洞庭，右彭蠡，德義不修，禹滅之。夏桀之居，左河濟，右泰華，伊闕在其南，羊腸在其北，修政不仁，湯放之。殷紂之國，左孟門，右太行，常山在其北，大河經其南，修政不德，武王殺之。由此觀之，在德不在險。若君不修德，舟中之人盡爲敵國也。"武侯曰："善！"③

---

① 司馬遷：《史記（修訂本）》，第 642 頁。
② 何寧：《淮南子集釋》，第 862—863 頁。
③ 司馬遷：《史記（修訂本）》，第 2623 頁。

吳起"在德不在險"的主張，顯然是對孔子"仁政"思想的繼承和發展。同樣的故事也見於《戰國策·魏策一》，在吳起回答之後，魏武侯還感慨地説"吾乃今日聞聖人之言也"，[1] 稱贊"在德不在險"是聖人纔能發表的言論。吳起在治理西河時，特別注意取信於民，堅持賞罰分明，得到百姓的普遍愛戴，更是對孔子"仁政"思想的具體實踐。吳起後來被迫離開魏國，由於他治理西河的良好聲譽，立刻就獲得楚悼王的重用。《史記·吳起列傳》云："楚悼王素聞起賢，至則相楚。"[2] 此後的吳起開始以嚴酷著稱，但他最初在西河得名以及受到楚王的賞識卻是基於他的儒家背景，這一點恐怕不容否認。當時間進入戰國中後期，社會環境發生很大變化，刑政開始超越德教，成爲各國統治者易於接受的治國理念。吳起在楚國推行嚴刑峻法，正是順應了這一時代潮流。楚悼王重用吳起，原本或許也打算按照他的"西河模式"進行治理，大概源於楚、魏國情的不同，導致吳起最終背離了孔子的"仁政"思想，這雖然令人惋惜，卻也是當時社會現實的需要。

四

　　作爲儒家典籍的重要組成部分，《論語》類文獻在楚國的傳播，充分反映出儒學南漸是一個多批次、長時期的過程。孔子適楚爲儒學南漸奠定了堅實基礎，它的最終完成則是在七十子後學的手中實現的。《論語》類文獻在楚國進行傳播時，具有非常明確、統一的主題，即通過教育楚國統治階層如何行政來宣揚孔子的"仁政"思想。衆所周知，儒家特別强調對現實政治的關注和參與，但孔子生前一直未獲重用，於是祇能借助整理六經的辦

---

①　諸祖耿：《戰國策集注匯考（增補本）》，第 1143 頁。

②　司馬遷：《史記（修訂本）》，第 2624 頁。

法，總結前代的治國經驗，提出系統的思想、學説，以此教育和影響未來的統治者。孔子卒後，七十子後學將其思想、學説繼續向楚國腹地傳播，正是儒家學者强烈的濟世情懷的絶佳反映。

　　《論語》類文獻南傳的影響，主要體現在楚國的士人階層開始主動學習儒家典籍，具有儒家背景的人物如澹臺滅明、吴起等，也在楚國獲得肯定和重用，這較孔子時代顯然已有很大進步。衹是受到當時社會條件的制約，楚國的統治者無法完全按照孔子的思想治理國家。儘管如此，以《論語》類文獻爲代表的儒家典籍在楚國的傳播，不僅提高了楚人對孔子施政理念的認知，還在很大程度上加速了楚國的儒家化進程，它對楚國主流思想文化的深刻影響毋庸置疑。

第二節　　《論語》類文獻與《論語》成書

　　《論語》的成書過程、編纂特點以及完成時間是古今許多學者關心並試圖解決的問題。過去受時代限制，人們衹能從稱謂、文體、内容、篇名幾個方面推斷《論語》的編纂者、前後十篇的成書先後等問題，由於材料單一且非原貌，導致所得結論難免存在一些失誤。隨着定州簡、上博簡、安大簡、海昏侯簡以及荆州王家咀簡的發現，特別是已公佈的上博簡中保存了許多與《論語》性質相似的文獻，不僅能切實幫助我們更加準確地還原、總結孔子思想，還爲重新檢討《論語》成書以及《論語》學的深入發展創造了條件。

一

　　上博簡《論語》類文獻中直接見於今本《論語》的有三篇，分別是《從政》《仲弓》《君子爲禮》，它們之間的差異僅僅在於文字繁簡的不同。《從政》甲 17—甲 18（釋讀意見參看第一章第二節）：

君子先 人則啓道（導）之，逡（後）人則奉相之，是呂（以）曰，尋=（君子）難旻（得）而惕（易）叀（事）也，兀（其）叀（使）人，器之。少（小）人先=（先人）則宔戠之，後人 甲 17 則兊（疾/嫉）毁之，是呂（以）曰，少（小）人惕（易）旻（得）而難叀（事）也，兀（其）叀（使）人，必求備安（焉）。 甲 18

整理者認爲相近的表述見於《論語·子路》：“子曰：‘君子易事而難説也，説之不以道，不説也。及其使人也，器之。小人難事而易説也，説之雖不以道，説也。及其使人也，求備焉。’”①

同篇甲 15+甲 5 云：②

毋暴，③ 毋褡（虐），④ 毋愇（賊），毋愘（貪）。不攸（修）不武〈戒〉，胃（謂）之必城（成），則暴。不善

---

① 馬承源主編：《上海博物館藏戰國楚竹書（二）》，第 230 頁。

② 陳劍將甲 15 與甲 5 編聯，見陳劍：《上博簡〈子羔〉〈從政〉篇的竹簡拼合與編聯問題小議》，簡帛研究網，2003 年 1 月 8 日。又載《文物》2003 年第 5 期，第 58—59 頁。

③ 暴，整理者釋爲“彝”，陳劍釋爲“暴”，見陳劍：《上博簡〈子羔〉〈從政〉篇的竹簡拼合與編聯問題小議》，簡帛研究網，2003 年 1 月 8 日。又載《文物》2003 年第 5 期，第 59 頁。

④ 褡，整理者讀爲“號”，陳劍讀爲“虐”，見陳劍：《上博簡〈子羔〉〈從政〉篇的竹簡拼合與編聯問題小議》，簡帛研究網，2003 年 1 月 8 日。又載《文物》2003 年第 5 期，第 59 頁。

（教）而殺，則禧（虐）。命亡（無） 旹（時），事必有旡（期），① 則惻（賊）。爲利桂（枉） 甲15 事，則賖（貪）。 甲5

陳劍、周鳳五分別指出，這段話可與《論語·堯曰》第二章對讀，其文作："子曰：'不教而殺謂之虐，不戒視成謂之暴，慢令致期謂之賊，猶之與人也，出納之吝，謂之有司。'"②

《仲弓》簡 [5+28+7] +8有言：③

中（仲）弓曰："敢昏（問）爲正（政）可（何）先？"5中（仲）尼： 28 "老＝（老老） 慈（慈）幼，先又（有）司， 譽（舉）臤（賢）才，惑（宥）怣（過）慇（赦）皋（罪），④ 7 ｛皋（罪）｝ 正（政）之旬（始）也。" 8

整理者點明此文與《論語·子路》"仲弓爲季氏宰，問政。子曰：'先有司，赦小過，舉賢才'" 略同，但後者缺記 "老老慈幼" 條。⑤ 按《仲弓》下文孔子分別就 "先有司" "舉賢才"

---

① 旡，整理者讀爲 "基"，周鳳五讀爲 "期"，見周鳳五：《讀上博楚竹書〈從政〉（甲篇）劄記》，簡帛研究網，2003 年 1 月 10 日。又載《上博館藏戰國楚竹書研究續編》，第 190 頁。

② 陳劍：《上博簡〈子羔〉〈從政〉篇的竹簡拼合與編聯問題小議》，簡帛研究網，2003 年 1 月 8 日。又載《文物》2003 年第 5 期，第 59 頁。周鳳五：《讀上博楚竹書〈從政〉（甲篇）劄記》，簡帛研究網，2003 年 1 月 10 日。又載《上博館藏戰國楚竹書研究續編》，第 187 頁。

③ 綴合、編聯參看李銳：《〈仲弓〉新編》，孔子 2000 網，2004 年 4 月 22 日。

④ 惑怣慇皋，整理者讀爲 "赦過與罪"，陳劍讀爲 "宥過赦罪"，見陳劍：《上博竹書〈仲弓〉篇新編釋文（稿）》，簡帛研究網，2004 年 4 月 18 日。收入《戰國竹書論集》，第 107 頁。

⑤ 馬承源主編：《上海博物館藏戰國楚竹書（三）》，第 268 頁。

"宥過赦罪"作了詳細闡述,《子路》則全然失載,爲避免枝蔓,這裏不擬展開討論。

《君子爲禮》篇幅雖長,卻祇有開頭的一段與《論語》密切相關:

　　　　顏（顏）囦（淵）　𢕬（侍）於夫=子=（夫子。夫子）曰:"韋（回）,君子爲豐（禮）,㠯（以）依於愳（仁）。"顏（顏）囦（淵）𢓊（作）而酓（答）曰:"韋（回）不愍（敏）,弗能少居也。"夫子曰:"遬（坐）,虘（吾）語女（汝）。言之而不義,丨口勿言也。貝（視）之而不義,目勿貝（視）也。聖（聽）之而不義,耳勿聖（聽）也。遑（動）而不義,身毋遑（動）安（焉）。"2

整理者亦已指出,此文載於《論語·顏淵》:"顏淵問仁。子曰:'克己復禮爲仁。一日克己復禮,天下歸仁焉。爲仁由己,而由人乎哉?'顏淵曰:'請問其目。'子曰:'非禮勿視,非禮勿聽,非禮勿言,非禮勿動。'顏淵曰:'回雖不敏,請事斯語矣。'"①

除以上數例可與《論語》直接印證外,整理者還提出《從政》甲11"聞之曰:可言而不可行,君子不言。可行而不可言,君子不行"與上博簡《緇衣》"子曰:可言而不可行,君子弗言。可行而不可言,君子弗行"幾乎完全相同,② 陳偉亦點明甲14"有所有餘而不敢盡之,有所不足而不敢弗▨"接近於《禮記·中庸》"（子曰）庸德之行,庸言之謹,有所不足,

---

① 馬承源主編:《上海博物館藏戰國楚竹書（五）》,第253頁。
② 馬承源主編:《上海博物館藏戰國楚竹書（二）》,第214頁。

不敢不勉，有餘不敢盡"，① 陳劍則提出乙 3 "聞之曰：從政，
不治則亂，治已至則▨" 可與《大戴禮記·子張問入官》"（孔
子曰）故君子南面臨官，不治則亂至，亂至則争，争之至又反
於亂"相對讀。② 由此可知，本篇"聞之曰"之後的内容，多
半應爲孔門後學記録的孔子言論。③ 陳偉在分析《從政》的底本
來源時曾説，該篇"也許屬於今傳《論語》的祖本系統，或是
與之並行的另外一系"。④ 所言雖持兩端，卻也基本符合事實。
周鳳五提出《從政》可能是七十子之徒或其後學闡述《論語》
或相關材料的記録，推測該篇似與子張有關。⑤ 陳劍進一步主
張《從政》是由《論語》的原始資料或當時流傳的《論語》别
本改編而來，很可能屬於"子張之儒"的作品。⑥ 此説的障礙
在於，《論語》是否在《從政》寫定之前就已成書並且流傳？

---

① 陳偉：《上海博物館藏楚竹書〈從政〉校讀》，簡帛研究網，2003 年 1 月 10
　日。收入《新出楚簡研讀》，第 152 頁。

② 陳劍：《上海博物館藏戰國楚竹書〈從政〉篇研究（三題）》，復旦大學出
　土文獻與古文字研究中心網，2008 年 2 月 28 日。又載《簡帛研究二○○
　五》，第 41 頁。

③ 楊朝明、郭齊勇均主張"聞之曰"即"孔子曰"，見楊朝明：《上博藏竹書
　〈從政〉篇"五德"略議——兼説〈從政〉應該屬於〈子思子〉佚篇》，簡
　帛研究網，2003 年 4 月 23 日。又《上博竹書〈從政〉篇與〈子思子〉》，
　《孔子研究》2005 年第 2 期，第 17—24 頁。郭齊勇：《上博楚簡所見孔子爲
　政思想及其與〈論語〉之比較》，《哲學研究》2007 年第 2 期，第 57 頁。此
　説過於絕對，陳劍已有所反駁，見陳劍：《上海博物館藏戰國楚竹書〈從政〉
　篇研究（三題）》，復旦大學出土文獻與古文字研究中心網，2008 年 2 月 28
　日。又載《簡帛研究二○○五》，第 38—39 頁。

④ 陳偉：《上海博物館藏楚竹書〈從政〉校讀》，簡帛研究網，2003 年 1 月 10
　日。收入《新出楚簡研讀》，第 153 頁。

⑤ 周鳳五：《讀上博楚竹書〈從政〉（甲篇）劄記》，簡帛研究網，2003 年 1 月
　10 日。又載《上博館藏戰國楚竹書研究續編》，第 188—189 頁。

⑥ 陳劍：《上海博物館藏戰國楚竹書〈從政〉篇研究（三題）》，復旦大學出
　土文獻與古文字研究中心網，2008 年 2 月 28 日。又載《簡帛研究二○○
　五》，第 39—42 頁。

假設當時尚有其他原始資料，如何判斷它們一定比《從政》更早？在没有新材料發現的情況下，不如把《從政》直接視作《論語》的原始資料爲妥。

《仲弓》一文，晁福林認爲它是孔門弟子記録的孔子言行，後在選編《論語》的過程中被删削不存，但主要内容已保存在《論語・子路》之内。① 既然《仲弓》的主要内容見於《子路》，如何又説它被删削不存？晁氏相信鄭玄《論語序》謂《論語》由“仲弓、子游、子夏等撰”，“仲弓之徒”若在編定《論語》一書時有突出作用，那麽他們爲何還要删掉這樣一篇與仲弓有關的宏文？羅新慧提出，《仲弓》是孔子、仲弓之間比較完整的對話記録，《論語・子路》應是經過剪裁之後的産物。② 陳桐生假定先有一個七十子後學的原始筆録素材，《仲弓》是在此基礎上推演鋪陳的繁本，《論語・子路》則爲精煉加工的節本。③ 與《從政》的情形相似，没有證據表明當時還有比《仲弓》更早的筆録素材，把《仲弓》直接看成《論語・子路》的源頭，比猜想必須先有一個原始筆録材料要自然和穩妥得多。

最後來看《君子爲禮》。淺野裕一提出該篇是以《論語・顔淵》“顔淵問仁”章爲基礎進而把它故事化而成的。④ 徐少華也認爲《君子爲禮》較《論語・顔淵》有所發揮，它的寫作年代

---

① 晁福林：《上博簡〈仲弓〉疏證》，《孔子研究》2005 年第 2 期，第 14 頁。
② 羅新慧：《孔子的歷史觀、入仕觀及其他——從上博楚竹書〈仲弓〉篇談起》，《史學史研究》2005 年第 3 期，第 41 頁。
③ 陳桐生：《孔子語録的節本和繁本——從〈仲弓〉看〈論語〉與七十子後學散文的形式差異》，《孔子研究》2006 年第 2 期，第 116—122 頁。
④ ［日］淺野裕一著，［日］藤井倫明譯：《上博楚簡〈君子爲禮〉與孔子素王説》，《簡帛》第 2 輯，第 291 頁。

不會早於《論語》。① 兩人均默認此時《論語·顏淵》已經定型，然後纔有《君子爲禮》的模仿和改寫，但事實也可能恰好相反。如果仔細加以對比，就會發現《論語·顏淵》"顏淵問仁"章的邏輯稍嫌混亂，遠不如《君子爲禮》清晰明了。《君子爲禮》中顏淵侍於孔子，孔子主動向顏淵講解"君子爲禮，以依於仁"，所以下文説"言之而不義，口勿言也。視之而不義，目勿視也。聽之而不義，耳勿聽也。動而不義，身毋動焉"，分別從言、視、聽、動四方面闡述"禮"的具體表現。《論語·顏淵》爲使本章與下文"仲弓問仁""司馬牛問仁"相統一，特意提煉出"顏淵問仁"的小題，這不僅與事實不符（本爲孔子主動告訴顏淵），而且"問仁"和"爲禮"的主旨也有一定衝突。《君子爲禮》開頭説"君子爲禮，以依於仁"，"禮"是外在，是此次對話的焦點，"仁"雖爲本質，但後文未作展開。《顏淵》把"君子爲禮，以依於仁"濃縮成"克己復禮爲仁"，已把重心轉移到"仁"，所以下文推演道"一日克己復禮，天下歸仁焉。爲仁由己，而由人乎哉"，進一步與"爲禮"的主題發生偏離，不得已衹好再讓顏淵"請問其目"，由此引出"非禮勿視，非禮勿聽，非禮勿言，非禮勿動"的答復。仿佛"爲禮"衹是末節，"爲仁"纔是核心。《顏淵》的編纂者罔顧孔子的原意是由"爲禮"漸至"依仁"，卻據《左傳》昭公十二年"仲尼曰：古也有志，克己復禮，仁也"② 將"君子爲禮，以依於仁"改寫成"克己復禮爲仁"，使之成爲孔子仁學思想中最具代表性的表述，又精細入微地把"禮"的四個外在表現"言、視、聽、動"的次序整齊作"視、聽、言、動"，真可謂煞費苦心。僅憑這一

---

① 徐少華：《論竹書〈君子爲禮〉的思想内涵與特徵》，《中國哲學史》2007 年第 2 期，第 31 頁。

② 孔穎達：《春秋左傳正義》，《十三經注疏》第 4 册，第 4483 頁。

點，就足以得出《君子爲禮》比《論語·顏淵》"顏淵問仁"章更爲原始的結論。①

《從政》《仲弓》《君子爲禮》三篇，遲至戰國中後期仍以單篇的形式在楚地流傳，而沒有被改寫爲今本《論語·子路》《堯曰》《顏淵》中的有關章節，説明《論語》此時還没有最終成書。换言之，《論語》結集的上限應該是戰國中期。誠然，《從政》《仲弓》《君子爲禮》進入楚國已有一定時間，同時期的齊魯儒者是否開始對這些文獻進行整理，以至於初步形成了《論語》一書呢？大概無此可能。當今許多學者主張《論語》在《從政》等篇之前就已成書，② 其依據主要是《禮記·坊記》曾出現《論語》的名稱。與《坊記》同爲子思所作的《緇衣》已被出土文獻證實爲先秦文獻，那麽《坊記》自然也是比較可靠的記録。這種推斷看似合理，但證據十分薄弱，"論語"二字及其之後的内容完全有可能是後人增補或改竄的産物。武内義雄曾指出：

> 《禮記》中子思所作之諸篇，引《論語》者祇此一例，其它同引《論語》，均冠以"子曰"。推測此章之前後文，與中間所引之《論語》，句語意味相同，恐係後人記於行旁之注語竄入文中者，非子思本來之語。③

---

① 宋立林認爲《君子爲禮》較《論語·顏淵》原始，《論語·顏淵》是經過潤色、加工的結果，見宋立林：《上博簡〈君子爲禮〉與顏氏之儒》，《中國哲學史》2014 年第 4 期，第 22 頁。

② 參看郭沂：《郭店竹簡與先秦學術思想》，第 335—339 頁。王博：《論〈論語〉的編纂》，《簡帛思想文獻論集》，（臺北）臺灣古籍出版有限公司，2001 年 5 月，第 299—337 頁。楊朝明：《新出竹書與〈論語〉成書問題再認識》，《中國哲學史》2003 年第 3 期，第 32—39 頁。

③ 轉引自趙貞信：《論語一名之來歷與其解釋》，《國立北平研究院史學集刊》第 2 期，第 3 頁。

　　李慶從文意、邏輯等方面對此作了補充論證，他認爲："如果説《高宗》之文是對'弛其親之過而敬其美'的説明的話，那麼，《論語》之文的重點當是對'三年'的説明，文意顯然不順。""《坊記》中其他的地方都是引經書來和孔子説的話互證，而這裏卻是用孔子自己的話來説明自己的話，從邏輯上也是説不通的。"①

　　即便反對此説的學者也承認，"論語"這一名稱在先秦時期並未廣泛流行，直至漢人引用《論語》時，也多稱它爲"傳"（《史記·封禪書》）、"記"（《後漢書·趙咨傳》）、"語"（《後漢書·邳彤傳》）等。② 如此看來，《坊記》中的這個孤證就顯得更加可疑。作爲"受業子思之門人"的孟子，他的著作中同樣多次引用孔子言論。顧炎武曾謂："《孟子》書引孔子之言凡二十有九，其載於《論語》者八（學不厭而教不倦，里仁爲美，君薨聽於冢宰，大哉堯之爲君，小子鳴鼓而攻之，吾黨之士狂簡，鄉原德之賊，惡似而非者），又多大同小異。然則夫子之言，其不傳於後世多矣。"③ 所言或有疏漏，如"惡似而非者"《論語》無之，④ 而《滕文公上》引孔子曰"君子之德風也，小人之德草也，草尚之風必偃"見於《論語·顏淵》。奇怪的是，以上各例無一處標注"論語"，亦可反證《坊記》所載《論語》之言不甚可信。

　　近年荆州王家咀楚墓出土一篇擬題爲《孔子曰》的文獻，"主題内容及文體與《論語》極爲相似"，部分篇章見於今本

---

① 李慶：《關於定州漢墓竹簡〈論語〉的幾個問題——〈論語〉的文獻學探討》，《中國典籍與文化論叢》第8輯，第17頁。

② 郭沂：《郭店竹簡與先秦學術思想》，第339頁。

③ 黄汝成：《日知録集釋》，上海古籍出版社，2006年12月，第443—444頁。

④ 參看陳垣：《日知録校注》，安徽大學出版社，2007年8月，第427頁。

《論語》，但不盡相同，少量章節可與《禮記》《孟子》等書對讀，也有未見於傳世記載的章節。[①] 該墓的埋葬年代約爲戰國晚期前段，此時《論語》當已初具規模，但仍與今本存在不少差異，表明它依然處於一個不斷加工、編纂和潤色的過程，戰國中期《論語》就已定型的可能性微乎其微。

二

自孔子之卒至戰國中後期，《論語》的結集應該經歷了一個漫長的歷史時期，從仲弓、子張、有子、曾子草創其事，到各派弟子門人不斷補充完善，它的定型甚至要遲到孔子五傳、六傳弟子的手中纔得以實現。這意味着，無論上博簡《論語》類文獻、安大簡《仲尼》還是荆州王家咀《孔子曰》，都不過是《論語》的取材來源或半成品。

上博簡《論語》類文獻中，除《從政》《仲弓》《君子爲禮》三篇直接見於《論語》者外，剩餘作品可粗略分爲四組：1.《弟子問》；2.《民之父母》；3.《子羔》《魯邦大旱》《孔子見季桓子》；4.《相邦之道》《季康子問於孔子》《顏淵問於孔子》《史蕾問於夫子》。

《弟子問》以語録或問答的形式記載了孔子與其弟子子贛、宰我、顏回、子路、子遊之間的言行，是上博簡中與《論語》相似程度最高的一篇文獻。跟《從政》《仲弓》《君子爲禮》相比，《弟子問》的語言更加凝練，而且它已實現獨立成篇，顯然經過孔門後學的深度加工。從理論上説，《弟子問》最有資格成爲《論語》中的一篇。令人感到疑惑的

---

① 趙曉斌：《湖北荆州王家咀 M798 出土戰國楚簡〈孔子曰〉概述》，《江漢考古》2023 年第 2 期，第 43—48 頁。

是，除《弟子問》附簡的"巧言令色，未可謂仁也"被改寫爲"巧言令色，鮮矣仁"兩見於《學而》《陽貨》外，它絕大多數的內容都沒有被選進《論語》，其他傳世典籍中也找不到任何與之相關的蛛絲馬迹。考《弟子問》簡 17 云"☒弗王，善矣夫，焉能王人？由"，① 似爲孔子、子路就"王人"展開的討論，不知是否和《齊論》中的《問王》有關。② 如果它不是《論語》的逸篇，其性質大概接近於郭店簡中的三種《老子》節抄本，③ 是楚人（可能屬於儒家的某個分支）摘編的孔子言論。或許正因如此，它不被齊魯儒家瞭解和認可，祇在一個特定的歷史時期內爲傳播孔子學說發揮過積極的作用。

《民之父母》見於今本《禮記·孔子閒居》，文字大同小異，主要圍繞"民之父母"的話題展開。孔子向子夏闡述了一個合格的君主在治理國家時應該採取的途徑，即通曉禮樂的原理，遵循內心的真實情感，到達志、詩、禮、樂、哀的最高境界。作爲孔門文學科代表人物的子夏，十分重視禮樂在國家治理中的功用，這可從他答復魏文侯問古樂中窺見一斑（《禮記·樂記》

---

① 以上數句的釋讀、標點參看牛新房：《讀上博（五）〈弟子問〉劄記一則》，簡帛網，2006 年 3 月 4 日。

② 2015—2016 年，江西南昌海昏侯墓出土約 5000 枚竹簡，內容包括《易經》《禮記》《論語》《孝經》，其中《論語》一書內發現了久佚的《知道》篇，學者推測它很可能屬於《齊論》，見楊軍、王楚寧、徐長青：《西漢海昏侯劉賀墓出土〈論語·知道〉簡初探》，《文物》2016 年第 12 期，第 72—75 頁。王楚寧、張予正：《海昏侯墓〈齊論·問王〉章句蠡測》，復旦大學出土文獻與古文字研究中心網，2017 年 8 月 17 日。倘若該書的《問王》保存良好的話，或許會對探尋《弟子問》消失不傳的原因有所啓發。

③ 參看王博：《關於郭店楚墓竹簡〈老子〉的結構與性質》，《道家文化研究》第 17 輯，生活·讀書·新知三聯書店，1999 年 8 月，第 149—150 頁。

《史記·樂書》）。① 《論語·八佾》記載："子夏問曰：'巧笑倩兮，美目盼兮，素以爲絢兮。何謂也？'子曰：'繪事後素。'曰：'禮後乎？'子曰：'起予者商也！始可與言《詩》已矣。'"② 子夏善於舉一反三，當他聽到孔子"繪事後素"的比喻後，立刻聯想到"仁"是人的內在修養，"禮"是"仁"的外在表現，在"仁"的基礎上實施"禮"，即可實現人格的完美、社會的和諧。《民之父母》的精神與此高度吻合，似非後人所能僞托。③ 但礙於它的篇幅太長，而且着重討論的對象是"禮樂"，與《論語》的編纂體例存在一定衝突，最終祇得改入《禮記》之中。安大簡《仲尼》、荆州王家咀簡《孔子曰》中那些不見於今本《論語》而見於《禮記》《大戴禮記》的章節，④ 亦可作如是觀。

《子羔》《魯邦大旱》《孔子見季桓子》這組文章，有充分證據表明它們均出自孔門後學的假托。⑤ 進入戰國時期，不同學

① 孔穎達：《禮記正義》，《十三經注疏》第 3 册，第 3334—3341 頁。司馬遷：《史記（修訂本）》，第 1445—1448 頁。

② 邢昺：《論語注疏》，《十三經注疏》第 5 册，第 5356—5357 頁。

③ 徐少華認爲《民之父母》反映的思想體系與孔子學説有較大差異，應是子夏及其後學擬托孔子之名發展出來的一種新思想（見徐少華：《楚竹書〈民之父母〉思想源流探論》，《中國哲學史》2005 年第 4 期，第 76 頁），兹所不取。

④ 參看徐在國、顧王樂：《安徽大學藏戰國竹簡〈仲尼〉篇初探》，《文物》2022 年第 3 期，第 77 頁。趙曉斌：《湖北荆州王家咀 M798 出土戰國楚簡〈孔子曰〉概述》，《江漢考古》2023 年第 2 期，第 46—47 頁。

⑤ 黄武智從先秦儒家"禪讓觀"的角度分析了《子羔》的時代背景，將其視爲戰國儒家假托孔子、子羔以闡述其禪讓思想的作品，見黄武智：《論上博楚簡〈子羔〉之禪讓觀及其文獻性質》，《慈惠學報》第 9 期，第 1—12 頁。顧史考認爲《魯邦大旱》原應屬於《晏子春秋》的資料，後爲儒者借用、改寫成儒家作品，以爲孔門之道服務，見〔美〕顧史考：《上博竹書〈魯邦大旱〉篇及其形成探索》，《簡帛》第 15 輯，第 17—30 頁。筆者認爲《孔子見季桓子》應是孔門後學爲了宣揚孔子的"親仁"思想而有意編造的一篇早期儒家文獻，參看第三章第一節"《孔子見季桓子》所見孔子'親仁'思想"。

派之間的競争日趨激烈。爲擴大影響，各家都紛紛改造先王舊籍"爲我所用"。在這種背景下，孔門後學自然也不能免俗。爲宣揚孔子的禪讓觀、政教觀以及親仁思想，他們不惜對當時流傳的文獻進行改寫，甚至憑借想象虛構出一些未曾發生過的歷史場景。雖然如此，這組文章主要圍繞孔子的政治主張展開，仍可看成是孔子思想的延伸，因此它們的歷史價值絲毫不容忽視。郭齊勇指出，楚簡中的"孔子曰"或"聞之曰"在流傳過程中爲傳播者所信實，即使不是孔子之言，也被由齊魯而荆楚、由春秋而戰國的受衆視爲孔子的言論或思想。① 此爲定評。然而，《子羔》等三篇終究没有被《論語》收録，顯然與它們的杜撰屬性有直接關係。

　　最後一組四篇文章的情況略有特殊，它們之間既没有内在關聯，又都不見於任何典籍記載，其真實與否一時也無從判定，故而籠統地把它們劃爲一類。其中，《相邦之道》祇有殘簡 4 枚，文義不甚連貫，篇末孔子語子贛曰"吾見於君，不問有邦之道，而問相邦之道，不亦愆乎"，批評魯君（可能是哀公）詢問"相邦之道"有違他一國之君的身份。孔子如此不留情面地抨擊魯國國君，勢必使《論語》的編纂者陷入兩難的境地——是將它改訂後加以收録，還是全部删落？荆州王家咀簡《孔子曰》的出現給出了答案，"孔子在陳，聞桓、僖燔，孔子喜。巫馬旗曰：'子新去夫魯，人其惑子。'孔子曰：'夫文、武猶有毀，而桓、僖如毀者也而不毀，夫天毀之也'"。② 此事亦載於《左

---

① 郭齊勇：《上博楚簡所見孔子爲政思想及其與〈論語〉之比較》，《哲學研究》2007 年第 2 期，第 54 頁。

② 趙曉斌：《湖北荆州王家咀 M798 出土戰國楚簡〈孔子曰〉概述》，《江漢考古》2023 年第 2 期，第 47 頁。

傳》哀公三年："孔子在陳，聞火，曰：'其桓、僖乎！'"① 孔
子言至"其桓、僖乎"便戛然而止，明顯遭到編纂者的竄改。
《孔子曰》所記故事完整，邏輯清晰，符合孔子一貫的"智者"
形象。但是，當孔子聽到本國先君桓公、僖公的宗廟發生火災時
竟然喜不自勝，未免不近人情。因此，縱使它所記内容完全屬
實，《論語》的編纂者也要將其淘汰，祇在《左傳》中略叙兩言
即告完結。

　　《季康子問於孔子》記載了季康子向孔子咨詢"民務"，孔
子趁機向他建議推行"仁政"，這與《孔子見季桓子》孔子向季
桓子宣揚"親仁"的主題正相呼應。《季康子問於孔子》"君子
强則遺，威則民不道，嚴則失衆，猛則無親，好刑而不祥，好殺
則作亂"的表述，也和《從政》的"獄則舉，威則民不道，嚴
則失衆，猛則無親，罰則民逃，好刑則民作亂"有一定相似之
處。該篇不但文筆流暢，情節也頗爲生動曲折，例如，當季康子
轉述葛臷含的錯誤施政理念時，孔子未作正面反駁，而是連番徵
引管仲、孟者側、藏文仲的言論予以批判，很難想象這能由後人
憑空虚構而來。《季康子問於孔子》未被改寫成《論語》的一
章，可能因爲全文洋洋灑灑，已經接近於《民之父母》的長篇
大論，從而跟《論語》的收録標準發生抵牾。②

　　《顏淵問於孔子》中顏淵就"入事"和"入教"兩個問題
向孔子請教，孔子主張政、教各有側重，二者相輔相成，都是爲
政者不可或缺的治國手段。顏淵對"入事""入教"的關切，反

---

① 　孔穎達：《春秋左傳正義》，《十三經注疏》第 4 册，第 4686 頁。
② 　陳桐生認爲《季康子問於孔子》反映的孔子以刑罰輔助德治的主張，與孔子
　　至純的仁者形象有悖，故而被《論語》的編纂者刻意捨棄，見陳桐生：《從
　　上博竹簡看〈論語〉的編纂特點》，《武漢理工大學學報（社會科學版）》
　　2008 年第 6 期，第 916—917 頁。

映出他也曾積極謀求出仕，可惜天不假年，未及實現政治抱負便溘然長逝。《論語·衛靈公》載："顏淵問爲邦。子曰：行夏之時，乘殷之輅，服周之冕，樂則韶舞。放鄭聲，遠佞人。鄭聲淫，佞人殆。"①《孟子·滕文公上》亦云："顏淵曰：'舜何人也，予何人也，有爲者亦若是。'"② 駱承烈、李啓謙皆據此認爲顏淵具有積極從事政治活動的"入世"思想。③《顏淵問於孔子》的出現，使顏淵積極入世的精神得到更爲充分的展示。如此重要的一篇文獻不被選入《論語》，的確出人意外：一方面，顏淵在《顏淵問於孔子》一文中表現出的"入世"傾向，可與《論語·衛靈公》《孟子·滕文公》的兩處描寫相互參證，而其他典籍（包括《論語》）的此類記載卻極爲罕見，以致於部分學者曾一度對顏淵的政治才幹表示質疑。④ 另一方面，《顏淵問於孔子》的篇幅不是很長，比較容易提煉、加工成《論語》的一章，就像《仲弓》被濃縮爲《論語·子路》"仲弓爲季氏宰"章那樣。這裏能够想到的解釋是，《顏淵問於孔子》可能遭到《論語》編纂者的蓄意遺漏，它或許是戰國末期儒家各派之間鬥爭的犧牲品。

　　《史蕳問於夫子》記載了齊國史官史蕳向孔子請教如何教育國君之子。雖然兩者的問答也屬於孔子應答弟子、時人的範疇，

---

① 邢昺：《論語注疏》，《十三經注疏》第 5 册，第 5468 頁。

② 孫奭：《孟子注疏》，《十三經注疏》第 5 册，第 5874 頁。

③ 參看駱承烈：《議顏回》，《鄭州大學學報（哲學社會科學版）》1981 年第 1 期，第 25 頁。李啓謙：《顏回研究》，《山東師範大學學報（人文社會科學版）》1985 年第 4 期，第 29 頁。

④ 董楚平懷疑顏淵缺乏"用之則行"的能力，見董楚平：《〈論語〉裏令人費解的一章》，《浙江學刊》2010 年第 5 期，第 31—32 頁。楊德春進而懷疑《述而》"用之則行"一章全係僞作，見楊德春：《〈論語·述而〉第十一章係僞作考》，《北華大學學報（社會科學版）》2014 年第 3 期，第 75—79 頁。

但史蜡的身份畢竟祇是齊國的一名普通史官，其人又默默無聞，① 遠不如管仲、晏嬰、蘧伯玉等人具有"國際影響"，因此該文的"落選"自在情理之中。

以上這批文獻，除《從政》《弟子問》是比較典型的語録體外，其餘作品均爲長篇大論（《相邦之道》篇幅短小乃竹簡殘缺所致），特别引人注意。過去學界一般認爲《論語》多係短小的語録，直至戰國中期纔出現《孟子》《莊子》那樣的長篇大論，語言也由簡約發展爲鋪排、設寓。② 但《民之父母》《子羔》《魯邦大旱》《孔子見季桓子》《季康子問於孔子》《顏淵問於孔子》《史蜡問於夫子》的成書年代均比《孟子》《莊子》要早，因此語録向長篇大論的演進，或許在《孟子》《莊子》之前就已完成。③ 不過，語録和長篇大論的關係，應該不止從簡至繁這樣一條途徑，也可能顛倒過來，由長篇大論提煉成短小的語録，甚至還存在第三種情形——兩者原本就是彼此獨立、互不干擾的平行狀態。具體到《論語》來說，孔子與弟子、時人的許多對話或許本爲長篇大論，今本《論語》呈現出短小精悍的面貌，可能是經過孔門後學編纂加工的結果。

三

《論衡·正説》有言："夫《論語》者，弟子共紀孔子之言

---

① 王志平認爲史蜡即衛國大夫史鰌，不確，參看第二章第三節"《史蜡問於夫子》中的史蜡"。

② 參看傅斯年：《中國古代思想與學術十論》，廣西師範大學出版社，2006 年 10 月，第 137 頁。劉大傑：《中國文學發展史》，上海古籍出版社，1997 年 9 月，第 85 頁。

③ 參看夏德靠：《先秦諸子文獻的類型與文體變遷——以〈論語〉類文獻爲考察中心》，《吉首大學學報（社會科學版）》2012 年第 5 期，第 62—70 頁。

行，敕記之時甚多，數十百篇。"① 上博簡中的十餘篇《論語》類文獻，應即在此"數十百篇"範圍之內。爲了更加有效和廣泛地宣揚孔子思想，七十子後學曾經編纂過爲數衆多的《論語》類文獻，其中既有《從政》《仲弓》《君子爲禮》之類的原始材料，也有不少改編甚至僞托的作品。它們在塑造孔子形象、宣傳儒家思想以及增强文化認同等方面發揮過積極作用，但絕大多數沒有保存下來，反映出早期的《論語》類文獻曾在七十子後學的手中經過嚴格的取捨、加工、改寫、歸類等工作。

先看取捨。上文提到《子羔》《魯邦大旱》《孔子見季桓子》這類假托的孔子文獻，在《論語》的編纂過程中一概遭到淘汰。《民之父母》關注的重點是"禮樂之原"，且篇幅較長，因此被移入《禮記》之中。即使像安大簡《仲尼》、荆州王家咀簡《孔子曰》已被初步加工成型的部分章節，由於它們的主題與《論語》發生偏離，或對塑造孔子形象有所損害，也會遭到無情的捨棄。

其次看加工。以《仲弓》爲例，雖然它有不少殘缺，但仍保留 540 字左右，屬於名副其實的長篇大論，當其選入《論語》時，卻被壓縮成簡短的一章，僅有 41 字。《君子爲禮》開篇的"君子爲禮，以依於仁"，《論語·顔淵》改寫成"克己復禮爲仁"，下文"一日克己復禮，天下歸仁焉。爲仁由己，而由人乎哉"當從他處移植而來，非《君子爲禮》所原有。除上揭壓縮、改寫、移植外，《論語》的加工至少還存在移録、黏合和擴充等方式，有時甚至將幾種方式混合使用。② 隨着越來越多的《論語》類文獻的重新面世，必定會不斷刷新人們對《論語》加工過程複雜程度的認知。

---

① 黄暉:《論衡校釋》，第 1136 頁。
② 參看夏德靠:《〈論語〉研究》，第 149—159 頁。

　　再次看改寫。爲和加工相區別，這裏的改寫特指小幅度的改動。典型的例子如《仲弓》"宥過赦罪"一句，《論語·子路》遵照孔子原意改寫成"赦小過"，更顯精煉嚴整。又如安大簡《仲尼》簡 7 "仲尼曰：古之學者自爲，今之學者爲人"，《論語·憲問》把"自爲"改作"爲己"，顯然是出於避免歧解的考量。① 簡 10 "仲尼曰：一簞食，一勺漿，人不勝其憂，己不勝其樂，吾不如回也"，《論語·雍也》不僅在開頭增加"賢哉回也"一句，還把"一勺漿"改作"一瓢飲"，又在其後增加"在陋巷"三字，"吾不如回也"則被改成"賢哉回也"。② 編纂者可能認爲"吾不如回也"與《公冶長》"吾與女弗如也"語義重複，③ 抑或感覺孔子推舉顏回太過，故而有此改竄。

　　最後看分類。當原始材料被初步選定和加工後，孔門後學還要對其進行必要的分類、編排工作。他們把原本分散的材料按照既定的主題匯總爲一篇，再根據彼此之間的邏輯聯繫設計出各篇的先後次序。④ 例如，《顏淵》的前三章分別是顏淵、仲弓、司

---

① 《管子·國蓄》"則君雖彊本趣耕，而自爲鑄幣而無已，乃今使民下相役耳，惡能以爲治乎"，《莊子·天地》"大聖之治天下也，搖蕩民心，使之成教易俗，舉滅其賊心而皆進其獨志，若性之自爲，而民不知其所由然"，均與此"自爲"含義有別。

② 參看徐在國、顧王樂：《安徽大學藏戰國竹簡〈仲尼〉篇初探》，《文物》2022 年第 3 期，第 75—77 頁。

③ 《公冶長》子謂子貢曰"弗如也，吾與女弗如也"，《論衡·問孔》引作"弗如也，吾與汝俱不如也"，《後漢書·樵玄傳》"猶仲尼稱不如顏淵"，李賢注引《論語》孔子曰："吾與汝俱不如也。"足證"吾與女弗如也"之"與"是一個連詞。有人提出"與"應訓"許"（秦道賓、朱熹等），不可信。參看楊逢彬：《論語新注新譯》，第 78—79 頁。

④ 參看劉純澤：《〈論語〉篇序傳》，《孔子研究》2004 年第 2 期，第 61—66 頁。畢寶魁：《關於〈論語〉篇章編排體例之思考》，《廣東技術師範學院學報》2010 年第 4 期，第 64—66 頁。劉華民：《試論〈論語〉篇章結構的邏輯性》，《常熟理工學院學報》2011 年第 5 期，第 79—83 頁。胡海迪：《〈論語〉編輯的連屬原則及其意義》，《遼東學院學報》2013 年第 2 期，第 62—63 頁。

馬牛問仁，説明該篇的主旨是探討如何推行仁政。稍後的《子路》則以子路問政開端，討論“先之勞之”“必也正名”等具體措施，比《顏淵》的層次已經有所下降。又如《衛靈公》《季氏》《陽貨》，國君不像國君，大夫不像大夫，家臣不像家臣，同爲不道之人，身份則逐步降低，故將三篇依次排列。由此容易理解，《論語》一書爲何會有前後稱謂、文體的差異乃至章節重複出現的現象。《論語》非一人一時編成，稱謂差異自然在所難免。在具體的編纂過程中，有的材料遭到嚴重壓縮（《仲弓》），有的祇被輕度改寫（《從政》《君子爲禮》），那麼前後存在文體差異也就不足爲奇。《論語》後十篇諸如“子路曾皙冉有公西華侍坐”“季氏將伐顓臾”等長篇大論，選入《論語》之際未經特殊處理，故而保留了比較原始的面貌，也不是完全没有可能。《論語》的編纂出自多人之手，彼此之間没有認真覆覈，由此導致個別章節的重出。有學者甚至認爲，《論語》中的重出現象，可能是編纂者根據主題需要有意爲之的産物。①

　　附帶談談篇題。先秦著述旨在傳播思想。作者無心追求“立言不朽”，書名、篇名更非所措意。上博簡的十二篇《論語》類文獻，祇有《子羔》《仲弓》出現了篇題，但它們應非原本如此，更可能出自抄寫者的草擬。郭店簡、上博簡《緇衣》，清華簡《皇門》《程寤》，分別見於今本《禮記》和《逸周書》，但原簡均無篇題，今本的名稱當爲後世整理者所加。清華簡《祭公之顧命》，今本《逸周書》省作《祭公》，今本《尚書》中的《金縢》，清華簡則題爲《周武王有疾周公所自以代王之志》，反映出不同的整理者或抄寫者都會根據自己的理解賦予它們不同的

---

① 參看畢寶魁：《〈論語〉重出現象考論》，《中國文化研究》2010 年第 2 期，第 156—159 頁。

名稱。請注意，當《仲弓》被壓縮成爲《論語·堯曰》的一章時，它的篇名也會自動消失，編纂者又按照新的主題把它分配到更大的一個"組合"之內。當然，此時未必一定就有"堯曰"的固定名稱。安大簡《仲尼》全無篇題，①荊州王家咀簡《孔子曰》祇有"部分簡背有卷題"，但"均不見於今本《論語》"，②説明直至戰國晚期《論語》一書的篇名尚未完全定型。相應地，"論語"的大題産生的時間必定不會早於這一時期。③

　　自清代乾嘉以來，學界還對《論語》前後十篇是否同時結集的問題聚訟不休。追本溯源，其釁實由崔述啓之。他據《論語》前後十篇文體、稱謂的差異，懷疑前十篇爲有子、曾子門人所記，後十篇則由後人採之他書而成。④梁啓超、蔣伯潛、錢穆、李慶等人續有考辨，都主張上論、下論非同一時期纂成。⑤直至定州漢簡《論語》公佈後，局面纔稍微發生一些變

---

① 徐在國、顧王樂：《安徽大學藏戰國竹簡〈仲尼〉篇初探》，《文物》2022年第3期，第75頁。

② 趙曉斌：《湖北荊州王家咀M798出土戰國楚簡〈孔子曰〉概述》，《江漢考古》2023年第2期，第43頁。

③ 徐在國、顧王樂把安大簡《仲尼》篇末"仲尼之尚諍也"之"尚諍"讀爲"論語"，繼而提出"《論語》之名在戰國早中期就已經出現"，見徐在國、顧王樂：《安徽大學藏戰國竹簡〈仲尼〉篇初探》，《文物》2022年第3期，第77—78頁。按"尚諍"無論讀音還是用字習慣都和"論語"有較大差異，"仲尼之論語"也頗爲不辭。何況《仲尼》"原無篇題，不分章"，篇、章尚處於混沌狀態，"論語"的大題更加無從談起。

④ 崔述：《崔東壁遺書》，第616—617頁。

⑤ 梁啓超：《梁啓超全集》，第5074—5076頁。蔣伯潛：《諸子通考》，第299—302頁。錢穆：《論語新解》，第256頁。李慶：《關於定州漢墓竹簡〈論語〉的幾個問題——〈論語〉的文獻學探討》，《中國典籍與文化論叢》第8輯，第15—16頁。日本學者藤塚鄰、武內義雄等也認爲《論語》前後十篇差異很大，參看［日］吉田賢抗：《日本關於〈論語〉撰者與編纂方式的研究與〈論語〉的注釋工作》，《孔子研究》1988年第1期，第121頁。

化。梁濤據簡本與今本《論語》在孔子稱謂上經常互有差別的現象，提出按照稱謂判斷《論語》的成書先後"證據並不充分"。①

上博簡《從政》《仲弓》《君子爲禮》中的部分内容見於《論語·子路》《堯曰》《顔淵》，它們在《論語》中的次序，分別是第十三、第二十、第十二，皆屬於《論語》的後十篇。此三篇未經加工提煉，表明《論語》的編纂尚在進行之中，似可支持後十篇晚於前十篇的推斷，但這要滿足一個前提——《論語》的前十篇已於此前基本完成。按郭店簡《尊德義》"民可使道之，而不可使知之。民可道也，而不可强也"，② 相近的表述見於《論語·泰伯》"民可使由之，不可使知之"。③ 兩相比較，後者應是前者的改寫。《語叢三》"毋意，毋固，毋我，毋必"，裘錫圭指出此即《論語·子罕》孔子之"四毋"。④《子罕》《泰伯》在《論語》中的次序分別是第九、第八，但它們與今本《論語》的文字、語序均有一定差別，説明戰國中期《論語》的前十篇也還没有纂成。

荆州王家咀簡《孔子曰》公佈了三條重要簡文："子贛曰：'聞斯行諸？'孔子曰：'聞而弗行，焉用聞？'子路曰：'聞斯行諸？'孔子曰：'有父兄在，如之何其聞斯行之也？'公西華曰：'賜也問曰：聞斯行諸？子曰：聞而弗行，焉用聞？由也曰：聞斯行諸？子曰：有父兄在，如之何其聞斯行之也？赤也惑，請問之。'孔子曰：'賜也退，故進之。由也進，故退之。'""子路

---

① 梁濤：《定縣竹簡〈論語〉與〈論語〉的成書問題》，《管子學刊》2005 年第 1 期，第 99 頁。

② 荆門市博物館編：《郭店楚墓竹簡》，第 174 頁。

③ 邢昺：《論語注疏》，《十三經注疏》第 5 册，第 5401 頁。

④ 荆門市博物館編：《郭店楚墓竹簡》，第 214 頁。

爲季氏宰，孔子曰：'由也爲季氏宰，無能改於其德，其布粟倍他日矣。由也弗吾徒也已，小子鳴鼓而攻之可矣。'""宰我問德，孔子曰：'大德毋逾閑，小德出入可也。'"① 前二章見於《論語·先進》，後一章見於《子張》，次序分別是第十一、十九。今本《子張》把"大德不逾閑，小德出入可也"當作子夏之言，② 應該是錯誤的（改"毋"爲"不"更屬點金成鐵）。然而，《孔子曰》謂"賜也退，故進之""子路爲季氏宰"，大概也難免"以訛傳訛"之譏。子贛勇於任事，"賜不受命，而貨殖焉，億則屢中"（《論語·先進》），③ 何來退怯之説？至於"子路爲季氏宰"，不僅《先進》稱"季氏富於周公，而求也爲之聚斂而附益之。子曰：'非吾徒也，小子鳴鼓而攻之可也'"，④《孟子·離婁上》也説："求也爲季氏宰，無能改於其德，而賦粟倍他日。孔子曰：'求非我徒也，小子鳴鼓而攻之可也。'"⑤《國語·魯語下》亦有"季康子欲以田賦，使冉有訪諸仲尼，仲尼不對，私於冉有曰"云云，⑥ 足證爲季氏加徵賦税的人是冉有而非仲由。《孔子曰》雖然略有錯訛，但它明顯經過編纂者的深度加工，這標志着戰國後期《論語》的後十篇已經初具形態。

安大簡《仲尼》亦可佐證這一判斷。該篇共 13 簡，"內容爲孔子言論，共 25 條""見於今本《論語》者共 8 條，其中見於《里仁》者 2 條，其他分別見於《衛靈公》《公冶長》《憲

① 趙曉斌：《湖北荆州王家咀 M798 出土戰國楚簡〈孔子曰〉概述》，《江漢考古》2023 年第 2 期，第 43—44、46、47 頁。

② 邢昺：《論語注疏》，《十三經注疏》第 5 册，第 5502 頁。

③ 邢昺：《論語注疏》，《十三經注疏》第 5 册，第 5428 頁。

④ 邢昺：《論語注疏》，《十三經注疏》第 5 册，第 5428 頁。

⑤ 孫奭：《孟子注疏》，《十三經注疏》第 5 册，第 5920 頁。

⑥ 董增齡：《國語正義》，第 534—536 頁。

問》《雍也》《顏淵》《季氏》"。①《里仁》《公冶長》《雍也》的次序爲第四、五、六,《顏淵》《憲問》《衛靈公》《季氏》爲第十二、十四、十五、十六。整體上看,《仲尼》的語言已經相當精煉,有的章節幾乎和傳世典籍完全相同,顯示它們也曾經過孔門後學的精心編纂。然而,《仲尼》呈現出的前後十篇的混合形態,一則反映篇的界限不甚清晰,按主題匯集材料的計劃尚未萌芽。二則説明《論語》的前後十篇均未定型,各種孔子言論仍然以"雜亂無章"的形態進行流傳。由此看來,《論語》前後十篇結集有先後的推測大概很難成立。②

四

　　荆州王家咀簡《孔子曰》的公佈,還向世人傳遞出一個新信息,遲至戰國晚期前段,與今本二十篇規模大體相同的《論語》依然没有形成。有人把安大簡《仲尼》和荆州王家咀簡《孔子曰》的性質視爲"楚國版論語","戰國時期儒家分爲多個流派,可能存在多種版本的'論語',今本《論語》及各種漢簡《論語》傳承自齊魯之地,而王家咀楚簡《孔子曰》與安徽大學藏戰國竹簡《仲尼》有相似之處,是楚國儒者所誦習的經典"。③ 這個看法雖有一定道理,但也存在邏輯上的漏洞。今本《論語》不僅内容可靠、文字精煉,而且篇章結構佈局合理,主

---

① 徐在國、顧王樂:《安徽大學藏戰國竹簡〈仲尼〉篇初探》,《文物》2022 年第 3 期,第 75 頁。

② 王鐵認爲,《孟子》引用孔子之言見於今本《論語》二十篇中的十四篇,包括向來被認爲形成較晚的後五篇中的《陽貨》《子張》,因此後五篇收入《論語》的時代應該不會太晚,見王鐵:《試論〈論語〉的結集與版本變遷諸問題》,《孔子研究》1989 年第 3 期,第 60 頁。

③ 《荆州戰國楚墓出土楚國版"論語"——部分竹簡内容疑似前所未見的先秦樂譜》,《楚天都市報》2022 年 5 月 27 日第 A03 版。

題也非常明確。《孔子曰》祇是對孔子言行的簡單匯編，章節之間没有邏輯關係，自然也表達不出什麽主題。與今本《論語》相比，《孔子曰》不過是一堆"斷爛朝報"，它與影響中國兩千多年主流思想的今本《論語》存在本質上的不同。就形式而言，如果摘録部分孔子言行即可謂之《論語》，那麽戰國時期各地流傳的《論語》版本恐怕將有數十百種之多。更大的疑問是，齊魯地區既已產生相對成熟的版本，楚人爲什麽還要另起爐竈，製造一本粗糙拙劣的《論語》呢？如果抛開先入爲主的觀念，把《孔子曰》看作《論語》的一個"未定稿"，或許更加接近事實。也就是説，《論語》的成書時間應該還要繼續往後順延。

《漢書·藝文志》有《古論》二十一篇，班固自注："出孔子壁中，兩《子張》。"如淳曰："分《堯曰》篇後子張問'何如可以從政'已下爲篇，名曰《從政》。"① 《藝文志》又云："武帝末，魯共王壞孔子宅，欲以廣其宮，而得《古文尚書》及《禮記》《論語》《孝經》凡數十篇，皆古字也。"②《古論》與《古文尚書》同出於孔子宅壁，其内容則與《魯論》大體相似（多出的一篇係拆分而來），説明戰國末年《論語》已有比較成熟的版本。

《韓詩外傳》凡三引《論語》，分別是卷二："《論語》曰：'色斯舉矣，翔而後集。'接輿之妻是也。"卷五："故孔子正假馬之名，而君臣之義定矣。《論語》曰：'必也正名乎。'"卷六："夫隱、諱、移、苟，争言競爲而後息，不能無害其爲君子也，故君子不爲也。《論語》曰：'君子於其言，無所苟而已矣。'"③

---

① 班固：《漢書》，第 1716—1717 頁。

② 班固：《漢書》，第 1706 頁。劉向《别録》亦言："魯人所學謂之《魯論》，齊人所學謂之《齊論》，合壁所得謂之《古論》，而《古論》爲孔安國所注，無其傳學者。"見皇侃：《論語義疏》，中華書局，2013 年 10 月，第 4 頁。

③ 許維遹：《韓詩外傳》，第 57、200—201、208—209 頁。

《論語》之後尚均有《詩》曰，文繁不具。這個現象表明，《韓詩外傳》所引《論語》云云原書就已存在，斷非後人所能追加。考《韓詩外傳》爲漢文帝時韓嬰所傳，他在書中多次徵引《論語》，説明漢代初年《論語》已然盛行於世。"論語"之名也不必晚至孔安國時纔開始確立，《論衡·正説》所謂"初，孔子孫孔安國以教魯人扶卿，官至荆州刺史，始曰《論語》"① 顯然不足爲憑。②

目前已知最早的《論語》是定州漢簡殘本，它的埋藏年代約爲漢宣帝五鳳三年（前55）。學者通過考察簡文的避諱用字情況，推測它的抄寫年代當在西漢初年。③ 簡本《論語》的章節、文字與今本《論語》稍有差異（分篇相同），這多半是由竹簡保存不善所造成的。雖然它的性質尚待最終考定，但該書的出現足以證實漢初《論語》的流傳已經相當廣泛。

《史記·仲尼弟子列傳》太史公曰："學者多稱七十子之徒，譽者或過其實，毀者或損其真，鈞之未睹厥容貌，則論言弟子籍，出孔氏古文近是。余以弟子名姓文字悉取《論語》弟子問，并次爲篇，疑者闕焉。"④ 所謂"孔氏古文"，當指孔安國所傳之《古論》而言（司馬遷嘗"從安國問故"⑤）。據統計，《史

---

① 黄暉：《論衡校釋》，第1138頁。
② 《論衡·正説》又稱"至武帝發取孔子壁中古文，得二十一篇，齊、魯二，河間九篇，三十篇"，則漢初似有《河間論語》一種。然此書《漢書·藝文志》不載，西漢諸儒亦絶口不提，是否真有其書，以及九篇的性質如何，學界尚無統一意見。
③ 陳東認爲定州簡《論語》的抄寫年代當在漢高祖時期，流行於漢初（高、惠、文、景帝時期），見陳東：《關於定州漢墓竹簡〈論語〉的幾個問題》，《孔子研究》2003年第2期，第7頁。鄭春汛認爲定州簡《論語》屬於漢初的今文隸寫系統，見鄭春汛：《從定州漢墓竹簡〈論語〉的性質看漢初〈論語〉面貌》，《重慶社會科學》2007年第5期，第40頁。
④ 司馬遷：《史記（修訂本）》，第2689頁。
⑤ 班固：《漢書》，第3607頁。

記》一書"用《論語》原文的有一百一十九條，除個別文字與今本《論語》小有異同外，基本意思完全一致"。① 換言之，西漢中期司馬遷所看到的《論語》，其實已和今本幾乎没有差別。

綜合以上幾個方面考慮，《論語》結集的下限應該不會晚於漢代初年。

或許有人會問，倘若《論語》遲至戰國後期至秦朝統一六國之間纔最終完成，② 那麼如何解釋《緇衣》《孟子》等書大量引用《論語》的現象？要回答這個問題，需要把視線重新回到上博簡、安大簡和荊州王家咀簡上來。上博簡的《仲弓》《君子爲禮》等篇，由於内容豐富，最初即以單篇的形式在各地流傳。那些情節簡單的章節，則被匯集到諸如《弟子問》《從政》和安大簡《仲尼》之類的作品内，以"組團"的形式（規模大小不定）集中展示。由於編纂者的不同，類似作品的數量無疑是非常龐大的。《緇衣》《孟子》等書引用的孔子言行，應該大多出自這類作品之中。但它們的組合有太多的隨意性，也没有按照一定主題形成篇的概念，所以《緇衣》《孟子》既没有出現《論語》的大題，更没有出現具體的篇名。這種尷尬的局面，可能晚至荊州王家咀簡《孔子曰》以後纔逐漸發生改變（《孔子曰》部分有篇題，但與今本《論語》不同）。當《論語》的篇章陸續確立後，一種全新的、具有劃時代意義的經典終於走完了它的演進歷程，孔子思想的傳播也從此邁進了一個新紀元。

---

① 張伯偉：《環繞今本〈論語〉的諸問題——兼與朱維錚先生商榷》，《孔子研究》1987 年第 3 期，第 96 頁。

② 李慶認爲《論語》在戰國中期至秦統一中國這個階段已經形成二十篇的規模，定州簡《論語》是其代表，見李慶：《關於定州漢墓竹簡〈論語〉的幾個問題——〈論語〉的文獻學探討》，《中國典籍與文化論叢》第 8 輯，第 386—387 頁。

結　語

本書對上博簡《論語》類文獻主要作了四個方面的研究。

第一，疑難字詞研究。提出《魯邦大旱》簡3"抑吾子如重命其與"一句，應在"重命"下點斷，"其與"二字改與下文"女（汝）"字連讀。"其"是第三人稱代詞，文中子贛用以代指自己，表示謙卑。"與"訓爲許可、同意。"其與汝"，謂他（子贛自指）同意您。《從政》甲17—18"小人先人則𡘫哉之，後人則𧮫毁之"之"𧮫"，可隸定作"兖"，讀爲"疾"或"嫉"，訓爲嫉恨。《仲弓》附簡"唯政者，正也"之"唯"，發語詞，性質和"夫"相似，表提示和强調作用。《弟子問》"𧰼年不恒至"之"𧰼"，釋"豐"最爲可信。"豐年不恒至"，指豐穰之年不常遇到。《季康子問於孔子》簡13"古子以此言爲奚如"之"古"，應讀爲"故"，猶如"夫"，語氣詞。簡18"是故賢人大於邦"之"大"，可讀爲"世"，訓爲繼世、世襲。"賢人大（世）於邦"，謂賢人世襲於邦國。

第二，人物研究。《顔淵問於孔子》中顔淵向孔子請教"入教""入事"，不僅使人們對孔子的政教觀有更爲充分的認識，也從側面反映出顔淵具有積極入世的思想。《君子爲禮》《魯邦大旱》中有關子贛的記載頗爲可疑，它們應該都是戰國時期的孔門後學爲宣揚孔子思想而有意編造的文獻。由於子贛在孔子去世後的一段時間内影響很大，孔門後學在編寫類似文獻時，往往選擇子贛作爲主要角色，反映出子贛維護孔子的印象確實深入人心。《史䀇問於夫子》中的"史䀇"是一位齊國史官，他是孔子的晚輩。典籍中的"史鰌"乃衛國大夫，且年長孔子二十餘歲。二者不可能是同一個人。

第三，思想研究。《孔子見季桓子》記載的孔子與季桓子的這次會面，歷史上可能根本没有發生過，本篇應是孔門後學爲宣揚孔子的"親仁"思想而有意編造的一篇儒家文獻。《仲弓》《季康子問於孔子》中孔子對"民務"的回答頗有差異，這是由仲弓、季康子身份和地位的不同所造成的。作爲普通士人的仲弓被季桓子選任爲宰臣，孔子從"祭""喪""行"的具體措施給予教誨，非常切合宰臣的有關職責。季康子是執掌魯國實權的正卿，孔子祇能從宏觀層面提出"信之以德"的建議。孔子對"民務"的回答各有側重，十分鮮明地體現了他"因材施教"的教育特點。《荀子·哀公篇》記載孔子把人按照道德水平的高低或能力的大小分爲五個等級，即大聖、賢人、君子、士、庸人。但《季康子問於孔子》中"賢人""君子"互文見義，表明二者内涵必然相近，都指兼有道德和地位的人。因此，將人分爲大聖、賢人、君子、士、庸人五等，恐非孔子本意，而是戰國時期的荀子借助孔子之口揭示的一種儒家新理念。

第四，宏觀專題研究。本部分主要考察了戰國時期《論語》類文獻在楚國的傳播及其影響，《論語》類文獻與《論語》成書相關的幾個問題。

戰國時期《論語》類文獻在楚國的傳播，具有規模龐大、批次衆多，以及真實與僞托並存的特點。但其主題十分鮮明、統一，即通過教育楚國統治階層如何行政來宣揚孔子的"仁政"思想。同時，它也反映出儒學南漸是一個多批次、長時間的過程。《論語》類文獻南傳的影響，主要體現在孔子的施政理念對楚人產生了積極影響，楚國的士人階層開始主動學習儒家典籍，具有儒家背景的人物如澹臺滅明、吳起，也在楚國獲得肯定和重用。

通過辨析上博簡《論語》類文獻與《論語》的關係，可知早期的《論語》類文獻曾在七十子後學的手中經過嚴格的取捨、加工、改寫、歸類等工作。但遲至戰國晚期《論語》一書的篇名尚未完全確立，相應地，“論語”這一大題出現的時間自然也就更晚。《論語》前後十篇匯集的時間大體相同，前十篇早於後十篇完成的觀點難以成立。

《論語》結集的上限是戰國晚期前段。由於漢初已有比較成熟的《論語》版本（定州漢簡《論語》）流傳，《漢書·藝文志》又有《古論》二十一篇，說明戰國末年《論語》已基本定型。換言之，《論語》結集的時間很可能是戰國後期至秦朝統一六國之間的某個階段。

附録一
先秦時期臣下稱君爲 "爾" "汝" 現象新論

上海博物館藏戰國竹簡中，存在一些臣下稱君爲 "女（汝）" 的情況，過去學者大多認爲臣下稱君爲 "汝" 不合情理，故主張 "女" 讀爲 "諾" 或 "如"。然而，在《詩經》《尚書》《逸周書》等傳世文獻中，尚保留一定數量的臣下稱君爲 "爾" "汝" 的材料。本文結合出土文獻如清華壹《祭公之顧命》祭公稱周穆王、清華陸《管仲》管仲稱齊桓公、清華玖《成人》成人稱王爲 "汝" 以及清華叁《説命上》傅説稱武丁爲 "爾" 等實例，嘗試對先秦時期臣下稱君爲 "爾" "汝" 的現象重新加以揭示。

一

上博五《姑成家父》簡9—10云：

公恩（慍），① 亡（無）告＝（告，告）狂＝門＝夫＝

---

① 恩，陳劍讀爲 "慍"，見陳劍：《〈上博（五）〉零劄兩則》，簡帛網，2006年2月21日。收入《戰國竹書論集》，第190頁。

（強門大夫，強門大夫）曰："<u>女</u>出内庫之緐（囚）。"①
已而余（予）之兵。② 9弜（強）門夫＝（大夫）銜（率），
吕（以）睪（釋）長魚嚻（矯），③ 惻（賊）參（三）垺＝
（郤，郤）宁（錡）、垺（郤）至、姑（苦）城（成）豪
（家）父立死，不用亓（其）衆。 10

　　女，整理者讀作"如"。④ 陳劍改讀爲"汝"。⑤ 陳偉提出，
"這段話是強門大夫對厲公説的，大夫稱國君爲'汝'，不免可
疑"，"女"應讀爲"諾"。⑥ 冀小軍主張"如"可解釋爲"當
如是"之"當"。⑦ 周鳳五認爲"強門""夫"下均有兩短横，
"夫"下短横表示"大夫"合文，"強門"下短横似屬誤衍。⑧

---

① 出，整理者釋爲"此"，連上讀，陳劍釋爲"出"，改屬下讀。緐，陳劍讀爲
"囚"。皆見陳劍：《〈上博（五）〉零劄兩則》，簡帛網，2006 年 2 月 21 日。
收入《戰國竹書論集》，第 191 頁。

② 已，圖版作"　"，筆者釋爲"已"，見拙作：《上博五〈姑成家父〉新
釋（二則）》，《江漢考古》2017 年第 4 期，第 124—125 頁。余，季旭
昇讀爲"予"，見季旭昇：《上博五芻議（下）》，簡帛網，2006 年 2 月
18 日。按："女出内庫之囚"是強門大夫對晉厲公的回答，"已而予之
兵"是晉厲公接受強門大夫意見後採取的具體行動。以往學者因"已"
字不識，多將"已而予之兵"一句看作強門大夫的話，恐怕是不對的。

③ 整理者將"以釋"二字連上讀，陳劍改屬下讀，見陳劍：《〈上博（五）〉
零劄兩則》，簡帛網，2006 年 2 月 21 日。收入《戰國竹書論集》，第
191 頁。

④ 馬承源主編：《上海博物館藏戰國楚竹書（五）》，第 248 頁。

⑤ 陳劍：《〈上博（五）〉零劄兩則》，簡帛網，2006 年 2 月 21 日。收入《戰
國竹書論集》，第 191 頁。

⑥ 陳偉：《〈苦成家父〉通釋》，簡帛網，2006 年 2 月 26 日。收入《新出楚簡
研讀》，武漢大學出版社，2010 年 3 月，第 235 頁。

⑦ 冀小軍：《〈苦成家父〉補説》，簡帛網，2006 年 6 月 13 日。

⑧ 周鳳五：《上博五〈姑成家父〉重編新釋》，《臺大中文學報》第 25 期，
2006 年 12 月，第 17 頁。

沈培從之，認爲"曰"後面的話應當是厲公所言。① 後來，他又否定了這個觀點："採用這樣的看法，其實主要就是爲了避免讀'女'爲'汝'而造成的不合理情況。現在看來，説簡文'重文符號'爲'誤衍'，帶有很大的猜測性，難以證明。"繼而認爲冀小軍的意見值得注意，但不贊成"如"訓爲"當"，而應訓爲"不如"。②

　　上引各家意見中，以沈培之説最爲後出，影響一度較大，③因此有必要略加辨析。傳世文獻中"如"作"不如"解時，前人多把"如"視爲"不如"之省。《公羊傳》隱公元年"母欲立之，己殺之，如勿與而已矣"，何休注云："如即不如，齊人語也。"④ 顧炎武以爲"此不必齊人語"，《左傳》僖公二十二年"若愛重傷，則如勿傷，愛其二毛，則如服焉"，成公二年"若知不能，則如無出，今既遇矣，不如戰也"，昭公十三年"二三子若能死亡，則如違之，以待所濟。若求安定，則如與之，以濟所欲"，昭公二十一年"君若愛司馬，則如亡"，定公五年"不能，如辭"，定公八年"然則如叛之"，諸"如"字皆"不如"語急之省，引《左傳》僖公二十二年正義"如猶不如，古人之

① 沈培：《上博簡〈姑成家父〉的一個編聯組位置的調整》，簡帛網，2006年2月22日。又載耿振生、劉家豐主編：《語苑擷英（二）：慶祝唐作藩教授八十壽辰學術論文集》，中國大百科全書出版社，2007年12月，第326頁。
② 沈培：《由上博簡證"如"可訓爲"不如"》，簡帛網，2007年7月15日。又載《出土文獻與古文字研究》第2輯，復旦大學出版社，2008年8月，第154—155頁。
③ 參看徐在國：《上博楚簡文字聲系（一——八）》，第1444頁。高佑仁：《〈湯處於湯丘〉劄記六則》，田煒主編：《文字·文獻·文明》，上海古籍出版社，2019年10月，第89—91頁。單育辰：《清華陸〈鄭武夫人規孺子〉釋文商榷》，復旦大學出土文獻與古文字研究中心編：《出土文獻與傳世典籍的詮釋》，中西書局，2019年11月，第125頁。
④ 徐彥：《公羊傳注疏》，《十三經注疏》第5冊，第4770頁。

語然，猶似敢即不敢”爲證。① 劉淇亦謂：“如之訓不如，猶可之訓不可，省文也。”② 俞樾、黃侃均持相似看法。③ 姚堯通過梳理《左傳》中“如”和“不如”的文例後認爲，“如”絕大多數與否定詞“勿”“無”“弗”連用，即提出否定性的建議，表示不要做某事（“如”所引出的建議多爲消極性的，衹爲避免某事，較少正面的建議），而“不如”没有這種傾向。“如”多用於對未然、假設的情況提出建議，“不如”則用於對已然或必然情況提出建議。“如”與“不如”的功能和語意有分工，二者不是“如即不如”的關係。④ 吴瑞東也對顧炎武“語急省”的觀點提出異議，他認爲“如”訓“不如”的用例均出現在表示給對方建議的對話中，即便有所“語急”，也不可能略去否定性成分“不”字。此“如”可理解爲“哪裏比得上”“怎能比得上”，帶有反問的語氣，但語氣弱於真正的反問句。⑤ 概言之，“如”非但不是“不如”之省，它甚至無法具備“不如”的義項。

《姑成家父》中强門大夫對晉屬公説“女出内庫之囚”，“出内庫之囚”既非消極的建議，又是一件必然發生的事實，因此“女”不能讀爲“如”訓爲“不如”。況且無論將“如”解釋成“不如”還是“當”，它們表示的都是建議而非肯定的意見。從

---

① 黄汝成：《日知録集釋》，第 1808—1809 頁。

② 劉淇：《助字辨略》，中華書局，1954 年 10 月，第 43 頁。

③ 俞樾：《古書疑義舉例》，中華書局，1956 年 1 月，第 26—27 頁。黄侃：《經傳釋詞箋識》，《量守廬群書箋識》，武漢大學出版社，1985 年 6 月，第 17 頁。沈培承認“如”訓爲“不如”衹是語用上的現象，很可能是古人在記録語言時因爲“不”發輕音而將其忽略不計造成的，見沈培：《清華簡〈鄭武夫人規孺子〉校讀五則》，《漢字漢語研究》2018 年第 4 期，第 53 頁。

④ 姚堯：《“如即不如”考辨》，《漢語史研究集刊》第 15 輯，巴蜀書社，2012 年 12 月，第 241—253 頁。

⑤ 吴瑞東：《“語急省”辯證二例》，《福建江夏學院學報》2017 年第 1 期，第 90—97 頁。

下文“已而予之兵，强門大夫率”看，“女出内庫之囚”一句顯示的態度已然十分堅決，如此“已而予之兵”纔有着落。不然，釋放内庫囚徒尚在商討之間，怎麽可以馬上發給他們武器呢？綜合各方面考慮，“女出内庫之囚”之“女”，仍以陳劍讀爲“汝”的意見最爲可信。學者們之所以把“女”讀爲“諾”或“如”，主要是對强門大夫稱晉厲公爲“汝”這一現象持懷疑態度，如果我們能在先秦文獻中找到臣下稱君爲“汝”的直接證據，那麽這個疑問自然可以迎刃而解。

二

南宋學者洪邁《容齋隨筆》卷十五“呼君爲爾汝”條云：

> 東坡云：“凡人相與號呼者，貴之則曰公，賢之則曰君，自其下則爾汝之。雖王公之貴，天下貌畏而心不服，則進而君公，退而爾汝者多矣。”予謂此論特後世之俗如是爾，古之人心口一致，事從其真，雖君臣父子之間，出口而言，不復顧忌，觀《詩》《書》所載可知矣。箕子陳《洪範》，對武王而“汝”之。《金縢》策祝，周公所以告大王、王季、文王三世祖考也，而呼之曰“爾三王”，自稱曰“予”，至云“爾之許我，我其以璧與珪，歸俟爾命，爾不許我，我乃屏璧與珪”，殆近乎相質責而邀索也。《天保》報上之詩，曰“天保定爾，俾爾戩穀”，《閟宫》頌君之詩，曰“俾爾富（當作“熾”）而昌”“俾爾昌而熾”，及《節南山》《正月》《板》《蕩》《卷阿》《既醉》《瞻卬》諸詩，皆呼王爲“爾”。《大明》曰“上帝臨女”，指武王也。《民勞》曰“王欲玉女”，指厲王也。至或稱爲“小子”，雖幽、厲之君，亦受之而不怒。嗚呼！三代之風俗，

可復見乎？晉武公請命乎天子，其大夫賦《無衣》，所謂
"不如子之衣"，亦指周王也。①

《詩》《尚書》由於成書年代較早，且地位崇高，後人一般
不敢輕易改動，因此保留了不少臣下稱君爲"爾""汝"的材
料。除洪氏列舉的《尚書·洪範》箕子稱周武王、《詩·大雅·
大明》周人稱周武王、《民勞》召穆公稱周厲王爲"汝"外，典
籍中至少還有以下幾個例證（臣下稱君爲"爾"的情況詳後）：

(1)《尚書·太甲下》伊尹申誥于王曰："有言逆于汝
心，必求諸道。有言遜于汝志，必求諸非道。"②

(2)《尚書·洛誥》："公曰：已，汝惟沖子，惟終。汝
其敬識百辟享，亦識其有不享。享多儀，儀不及物，惟曰不
享。"孔安國傳："已乎，汝惟童子，嗣父祖之位，惟當終
其美業。奉上謂之享。言汝爲王，其當敬識百君諸侯之奉上
者，亦識其有違上者。奉上之道多威儀，威儀不及禮物，惟
曰不奉上。"③

(3)《管子·牧民》："御民之轡，在上之所貴。道民之
門，在上之所先。召民之路，在上之所好惡。故君求之則臣
得之，君嗜之則臣食之，君好之則臣服之，君惡之則臣匿
之。毋蔽汝惡，毋異汝度，賢者將不汝助。"房玄齡注：
"汝，君也。"④

---

① 洪邁：《容齋隨筆》，中華書局，2005年11月，第195頁。
② 孔穎達：《尚書正義》，《十三經注疏》第1冊，第349頁。
③ 孔穎達：《尚書正義》，《十三經注疏》第1冊，第457頁。
④ 黎翔鳳：《管子校注》，第18頁。張固也提出，《管子》注乃尹知章所作，見
　　張固也：《〈管子〉研究》，齊魯書社，2006年1月，第28—29頁。

　　以上伊尹稱太甲、周公稱成王、管子稱其君（應爲齊桓公），均使用了第二人稱代詞“汝（女）”，説明臣下稱君爲“汝”在春秋以前還是一種比較常見的現象。

　　除傳世文獻外，近年公佈的清華簡等出土材料中也有不少臣下稱君爲“汝”的例證。清華壹《祭公之顧命》簡15—17云：

　　　　公曰：“於（嗚）虎（呼）！天子，不（丕）則鹽（寅）言孳（哉）！女（汝）母（毋）以戻孳（兹）皐鐻（辜），15芒（亡）寺（時）䆌（遠）大邦，女（汝）母（毋）以俾（嬖）卸（御）息（塞）尔（爾）戕（莊）句（后），女（汝）母（毋）以少（小）惎（謀）敗大廈（作），女（汝）母（毋）以俾（嬖）士息（塞）夫=（大夫）卿李（士），女（汝）16母（毋）各豪（家）相而（乃）室，朕（然）莫血（恤）亓（其）外。”①17

　　今本《逸周書·祭公》作“公曰：嗚呼！天子，我不則寅哉寅哉！汝無以戻□罪疾，喪時二王大功，汝無以嬖御固莊后，汝無以小謀敗大作，汝無以嬖御士疾大夫卿士，汝無以家相亂王室而莫恤其外”，②兩相對讀，可知祭公確實可稱周穆王爲“女（汝）”，這是臣下稱君爲“汝”最直接和顯豁的證據。

　　又如清華陸《管仲》簡27—30：

　　　　趄（桓）公或（又）䎽（問）於𥥦（管）中（仲）：“爲君與爲27臣篤（孰）裝（勞）？”𥥦（管）中（仲）倉

---

① 清華大學出土文獻研究與保護中心編，李學勤主編：《清華大學藏戰國竹簡（壹）》，第174—175頁。
② 黃懷信、張懋鎔、田旭東：《逸周書彙校集注》，第935—938頁。

（答）曰："爲臣獠（勞）才（哉）！"☑28☑不獠（勞）而爲臣獠（勞）虎（乎）？唯（雖）齊邦區＝（區區），不若蕃算，29☑不穀（穀）余日三壁之，夕三壁之，爲君不獠（勞）而爲臣獠（勞）虎（乎）？"箕（管）中（仲）曰："善才（哉）！女果若氏（是），則爲君獠（勞）才（哉）！"① 30

"女果若是"之"女"，因爲後面有"果若是"的限定，故不能讀爲"如"，又因爲前面已有"善哉"的感歎詞，因此也不能讀爲"諾"。"女"在文中祇能讀爲"汝"。這表明作爲臣下的管仲，可以徑稱其國君齊桓公爲"女（汝）"。

清華玖《成人》簡 29—30 記録了成人對王説的一段話：

塦（成）人曰："句（后），朕書（盡）告女（汝），吉兇不易，罨（恪）芋（兹）毋謐（怠），② 毋敗朕型（刑），以夾（循）興（繩）下蚘（尤）。父（衆）29佳（惟）竷（辨）飤（飭），佳（惟） 勁（物）觀之。"③ 30

成人是王的臣下，他以"朕"自稱，而稱"王"爲"女（汝）"，除了反映他的地位、身份比較尊貴外，也説明臣下稱

① 　清華大學出土文獻研究與保護中心編，李學勤主編：《清華大學藏戰國竹簡（陸）》，第 113 頁。
② 　芌，整理者讀爲"哉"，趙平安讀爲"兹"，見趙平安：《〈成人〉篇"市"字的釋讀及其相關問題》，《清華大學學報（哲學社會科學版）》2020 年第 1 期，第 38 頁。
③ 　清華大學出土文獻研究與保護中心編，黄德寬主編：《清華大學藏戰國竹簡（玖）》，第 156 頁。

君爲"汝"在西周末期尚很普遍。①

再如上博二《魯邦大旱》簡1、2（釋讀意見參看第一章第一節）：

　　魯邦大旱，哀公謂孔子："子不爲我圖之?"孔子答
曰："邦大旱，毋乃失諸刑與德乎? 唯☒1之何哉?"孔子
曰："庶民知敬之事鬼也，不知刑與德。*女毋愛珪璧幣帛於*
山川，正刑與 德 ☒2

　　"女毋愛珪璧幣帛於山川"之"女"，整理者讀爲"如"。②
沈培亦謂"如"應訓爲"不如"。"如毋愛珪璧幣帛於山川"，
言孔子要求魯哀公不如不要愛惜珪璧幣帛於山川。③ 將"如毋
愛"譯爲"不如不要愛惜"，語義頗嫌重複，恐難成立。孔子告
誡魯哀公，提出"女毋愛珪璧幣帛於山川"的舉措，這是十分
肯定的意見，而非含蓄委婉的建議。此"女"應改讀爲"汝"，
是孔子對魯哀公的一種稱謂。

上博七《吳命》簡4記載：

　　孤叟（使）一介叟（使），④ 懃（親）於桃逆裝（勞）
丌（其）夫＝（大夫），虘（且）青（請）丌（其）行。朁

---

① 據筆者研究，成人應該就是爲周穆王制定刑書的吕侯之名，參看拙作：《〈成
　人〉"王"爲周王説》，未刊稿。
② 馬承源主編：《上海博物館藏戰國楚竹書（二）》，第 206 頁。
③ 沈培：《由上博簡證"如"可訓爲"不如"》，簡帛網，2007 年 7 月 15 日。
　又載《出土文獻與古文字研究》第 2 輯，第 157 頁。
④ 銮，整理者釋爲"吏"，復旦大學讀書會讀爲"使"，見復旦大學出土文獻
　與古文字研究中心研究生讀書會：《〈上博七·吳命〉校讀》，復旦大學出土
　文獻與古文字研究中心網，2008 年 12 月 30 日。又載《出土文獻與古文字研
　究》第 3 輯，復旦大學出版社，2010 年 7 月，第 264 頁。

（荆）爲不道，胃（謂）余曰："<u>女（汝）</u>，周之肖（孽）子▨①

　　簡文開頭自稱曰"孤"，可知説話者的身份是吳王，下文"荆爲不道，謂余曰：'汝，周之孽子'"，主語則爲楚國大夫。吳王雖然不是楚人的國君，但身份畢竟有上下之別，楚人徑稱吳王爲"汝"，説明"汝"的使用已突破單個國家的範圍，它甚至通行於昔日的"國際場合"（這裏的"汝"没有輕賤的含義，詳下文）。

　　既然傳世文獻和出土材料中有大量臣下稱君爲"汝"例證的存在，那麼將上博五《姑成家父》簡9"女出内庫之囚"中的"女"讀爲"汝"，視作强門大夫對晉厲公的一種稱謂，不僅邏輯簡捷明了，而且與當時的社會文化環境十分吻合。

三

　　通過對典籍和出土文獻的考察，還可以發現，在商、西周、春秋乃至戰國時期，臣下不但可以對君稱"汝"，還能稱君爲"爾""乃""而""若"，例如（上引洪邁列舉的臣下稱君爲"爾"者已除外）：

　　（1）清華叁《説命》簡2—3："王廼儙（訊）敓（説）曰：'帝殹（抑）尔以畀舍（余），殹（抑）非？'敓（説）廼曰：'隹（惟）帝以余畀尔＝（尔，尔）左執朕袂，尔右頴＝（稽首）。'"②

　　（2）《詩·大雅·抑序》："抑，衛武公刺厲王，亦以自警

---

① 肖子，整理者釋爲"菊是"，復旦大學讀書會釋讀爲"肖（孽）子"，見復旦大學出土文獻與古文字研究中心研究生讀書會：《〈上博七·吳命〉校讀》，復旦大學出土文獻與古文字研究中心網，2008年12月30日。又載《出土文獻與古文字研究》第3輯，第266頁。

② 清華大學出土文獻研究與保護中心編，李學勤主編：《清華大學藏戰國竹簡（叁）》，中西書局，2012年12月，第122頁。

也。"其詩曰："誨<u>爾</u>諄諄，聽我藐藐。"鄭玄箋："我教告王口語諄諄然，王聽聆之貌藐藐然。"①

（3）《詩·周頌·武》："嗣武受之，勝殷遏劉，耆定<u>爾</u>功。"②

（4）《詩·魯頌·泮水序》："泮水，頌僖公能修泮宫也。"其詩曰："式固<u>爾</u>猶，淮夷卒獲。"③

（5）《尚書·伊訓》："嗚呼！嗣王祇厥身，念哉。聖謨洋洋，嘉言孔彰。惟上帝不常，作善降之百祥，作不善降之百殃。<u>爾</u>惟德，罔小，萬邦惟慶。<u>爾</u>惟不德，罔大，墜厥宗。"④

（6）《尚書·西伯戡黎》："（紂）王曰：'嗚呼！我生不有命在天。'祖伊反曰：'嗚呼！乃罪多參在上，乃能責命于天。殷之即喪，指乃功，不無戮于<u>爾</u>邦。'"⑤

（7）《尚書·立政》："今文子文孫，孺子王矣。其勿誤于庶獄，惟有司之牧夫。其克詰<u>爾</u>戎兵，以陟禹之迹。"⑥

（8）《晏子春秋·雜上》："景公正晝被髮，乘六馬，御婦人以出正閨，刖跪擊其馬而反之，曰：'<u>爾</u>非吾君也。'公慚而不朝。"⑦

（9）《逸周書·大戒》："周公曰："於！敢稱乃武考之言曰：微言入心，夙喻動衆，大乃不驕，行惠於小，小乃不懾。連官集乘，同憂若一，謀有不行。予惟重告<u>爾</u>。"⑧

①　孔穎達：《毛詩正義》，《十三經注疏》第 1 册，第 1199 頁。
②　孔穎達：《毛詩正義》，《十三經注疏》第 1 册，第 1288 頁。
③　孔穎達：《毛詩正義》，《十三經注疏》第 1 册，第 1320 頁。
④　孔穎達：《尚書正義》，《十三經注疏》第 1 册，第 345 頁。
⑤　孔穎達：《尚書正義》，《十三經注疏》第 1 册，第 375 頁。
⑥　孔穎達：《尚書正義》，《十三經注疏》第 1 册，第 495 頁。
⑦　吳則虞：《晏子春秋集釋》，第 315 頁。
⑧　黄懷信、張懋鎔、田旭東：《逸周書彙校集注》，第 564 頁。

（10）《尚書·益稷》："禹曰：'都！帝，慎<u>乃</u>在位。'帝曰：'俞！'禹曰：'安<u>汝</u>止，惟幾惟康，其弼直，惟動丕應徯志，以昭受上帝，天其申命用休。'"①

（11）《左傳》定公十四年："夫差使人立於庭，苟出入，必謂己曰：'夫差，<u>而</u>忘越王之殺<u>而</u>父乎？'則對曰：'唯，不敢忘。'"②

（12）《史記·越王勾踐世家》："王乃大怒，曰：'伍員果欺寡人！欲反。'使人賜子胥屬鏤劍以自殺。子胥大笑曰：'我令<u>而</u>父霸，我又立<u>若</u>，<u>若</u>初欲分吳國半予我，我不受，已，今<u>若</u>反以讒誅我。'"司馬貞索隱："而，汝也。父，闔廬也。若，亦汝也。"③

（13）《孟子·梁惠王上》："（孟子）曰：'然則王之所大欲可知已：欲辟土地，朝秦楚，莅中國，而撫四夷也。以<u>若</u>所爲，求<u>若</u>所欲，猶緣木而求魚也。'王曰：'<u>若</u>是其甚與？'曰：'殆有甚焉。緣木求魚，雖不得魚，無後災。以<u>若</u>所爲，求<u>若</u>所欲，盡心力而爲之，後必有災。'"④

以上傅說稱武丁、衛武公稱周厲王、周人稱武王、魯人稱僖公、伊尹稱太甲、祖伊稱紂王、齊國受刑之人稱景公爲"爾（尔）"，周公稱成王爲"乃""爾"，禹稱舜爲"乃""汝"，吳人稱夫差爲"而"，伍子胥稱夫差爲"而""若"，孟子稱齊宣王爲"若"，雖然用字略有差異，但均爲第二人稱代詞，且"若""爾""而"與"女（汝）"古音相近，常可通用。⑤《小

① 孔穎達：《尚書正義》，《十三經注疏》第 1 冊，第 297 頁。
② 孔穎達：《春秋左傳正義》，《十三經注疏》第 4 冊，第 4672 頁。
③ 司馬遷：《史記（修訂本）》，第 2092 頁。
④ 孫奭：《孟子注疏》，《十三經注疏》第 5 冊，第 5809 頁。
⑤ 有關例證參看高亨編著，董治安整理：《古字通假會典》"而與若""而與汝"條，第 397—398 頁。"爾與而""爾與女""爾與汝"條，第 549 頁。

爾雅·廣詁》"而、乃、爾、若，汝也"，胡承珙曰："而、乃、爾、若四字不獨訓女，字亦皆通作女。"胡世琦云："而、乃、爾、若、汝並一聲之轉，古通用。"朱駿聲亦言："五字一聲之轉，皆借爲爾。"① 上引《史記·勾踐世家》子胥既稱夫差爲"而"，又稱之爲"若"，清華壹《祭公之顧命》祭公既稱周穆王爲"汝"，又稱其爲"而（乃）"，即爲支持此說的重要書證。

　　李家浩謂："在戰國時代的楚國方言裏，'爾''汝'似乎還不用來表示賤稱。"② 張玉金指出，在春秋時代，至少是在春秋的早中期，第二人稱代詞"爾""女（汝）"還不是賤稱，而是通稱。③ 通過上文的分析，可把"爾""汝"在書面語中用作通稱的年代下延至戰國時期（《孟子·梁惠王上》）。上揭出土文獻的寫定年代大多在戰國中後期（有些傳世文獻也可作如是觀），表明當時的人們仍然堅信"爾""汝"衹是通稱。④ 如果這些第二人稱代詞已有貶義，簡文的編纂者或抄寫者大概不會無動於衷，從而繼續把它們用於臣下對君主的稱呼。

---

① 遲鐸：《小爾雅集釋》，第 57 頁。

② 李家浩：《九店楚簡"告武夷"研究》，《著名中年語言學家自選集·李家浩卷》，安徽教育出版社，2002 年 12 月，第 328 頁。

③ 張玉金：《西周漢語第二人稱代詞有無謙敬功能》，《西周漢語代詞研究》，中華書局，2006 年 4 月，第 109—119 頁。張玉金：《春秋出土與傳世文獻第二人稱代詞研究》，《中國文字研究》第 11 輯，大象出版社，2008 年 12 月，第 19—28 頁。

④ 何樂士認爲"爾"用於禮貌、尊敬和友好的場合，"女"用於隨便、不敬甚至責難、咒罵的場合，見何樂士：《〈左傳〉語法研究》，河南大學出版社，2012 年 6 月，第 164 頁。洪波認爲"爾"是通稱，無尊崇、親近或輕賤意義，"女（汝）"是賤稱形式，表示輕賤意義，"而"是親密稱形式，表示親近意義，見洪波：《先秦漢語對稱代詞"爾""女（汝）""而""乃"的分別》，《語言研究》2002 年第 2 期，第 36 頁。錢宗武認爲"'汝'多用於表示親熱和尊重的語境，'爾'多用於表示謙恭或訓誡的語境"，見錢宗武：《今文尚書語法研究》，商務印書館，2004 年 10 月，第 13 頁。按三說似皆可商，"爾""而""女（汝）"古音頗近，典籍中也有不少它們之間互相通假的例證，不能因用字差異而強分褒貶。

　　胡偉曾對九店楚簡、上博簡《昔者君老》《彭祖》、睡虎地秦簡、馬王堆帛書、居延漢簡等出土文獻進行考察，提出第二人稱代詞"爾""汝""而""若"在戰國至西漢時期老百姓的實際口語中一直都是通稱形式，衹有在封建文人或士大夫言語對稱中，"爾""汝"纔有謙敬功能。① 胡氏推斷"爾""汝""而""若"在戰國至西漢時期一直都是通稱，這是十分可信的，但他對《孟子·盡心下》"人能充無受爾汝之實"的理解有些偏差，進而得出"爾""汝"在戰國時期已有輕賤含義的錯誤結論。爲了彌合《孟子》與出土文獻之間的"抵牾"，衹好認爲"爾""汝"表賤稱的情況衹存在於士大夫、文人的言語對稱中，老百姓的實際口語中"爾""汝"則一直都是通稱形式，明顯不合情理。爲方便討論，先把《孟子·盡心下》中的有關表述抄録如下：

　　　　人能充無受爾汝之實，無所往而不爲義也。（趙岐注："爾汝之實，德行可輕賤，人所爾汝者也。既不見輕賤，不爲人所爾汝，能充大而以自行，所至皆可以爲義也。"）②

學者大都據此認爲"爾""汝"在戰國時期已有輕賤的含義。③但孟子强調的是"實"而非"爾""汝"，德行卑劣的人，爲他人所輕賤，至以"爾""汝"相指斥，而自己卻能安然受之，此即所謂"爾汝之實"，不是説"爾""汝"二字就有輕賤的含

---

① 胡偉：《戰國至西漢出土文獻第二人稱代詞謙敬功能研究》，《河北科技大學學報（社會科學版）》2009 年第 4 期，第 62—66 頁。

② 孫奭：《孟子注疏》，《十三經注疏》第 5 册，第 6046 頁。

③ 參看楊伯峻、何樂士：《上古漢語語法及其發展》，語文出版社，1992 年 3 月，第 104 頁。

義。清代學者焦循早已點明："'爾''汝'爲尊於卑、上於下之通稱，卑下者自安而受之，所謂實也。無德行者爲有德行者所輕賤，亦自安而受之，亦所謂實也。蓋假借'爾''汝'爲輕賤，'受爾汝之實'，即受輕賤之實，故云'德行可輕賤，人所爾汝者也'，非謂德行可輕賤，專在稱謂之'爾''汝'也。"① 焦氏説"爾""汝"是尊於卑、上於下的通稱，顯然是不對的，但他明確指出孟子此言"蓋假借'爾''汝'爲輕賤"，"非謂德行可輕賤，專在稱謂之'爾''汝'"，誠爲卓見。上引《孟子·梁惠王上》中孟子尚能對齊宣王稱"若"，"若"與"爾""汝"音近可通，説明此時"爾""汝"等字本身應該没有輕賤的含義。

　　形成或草創於戰國時期的各類典籍中，士大夫以上階層對"汝"的使用也很普遍。《吕氏春秋·應言》有云：

　　　　魏令孟卯割絳、汾、安邑之地以與秦王。王喜，令起賈爲孟卯求司徒於魏王。魏王不説，應起賈曰："卯，寡人之臣也。寡人寧以臧爲司徒，無用卯。願大王之更以他人詔之也。"起賈出，遇孟卯於廷。曰："公之事何如？"起賈曰："公甚賤於公之主。公之主曰：'寧用臧爲司徒，無用公。'"孟卯入見，謂魏王曰："秦客何言？"王曰："求以女爲司徒。"②

又如《戰國策·燕策二》：

---

①　焦循：《孟子正義》，中華書局，2015 年 10 月，第 1085 頁。
②　許維遹：《吕氏春秋集釋》，第 502—503 頁。

　　蘇代自齊獻書於燕王曰："臣之行也，固知將有口事，故獻御書而行，曰：'臣貴於齊，燕大夫將不信臣。臣賤，將輕臣。臣用，將多望於臣。齊有不善，將歸罪於臣。天下不攻齊，將曰善爲齊謀。天下攻齊，將與齊兼鄲臣。臣之所重處重卵也。'王謂臣曰：'吾必不聽衆口與讒言，吾信<u>汝</u>也，猶剗刈者也。上可以得用於齊，次可以得信於下，苟無死，<u>女</u>無不爲也，以<u>女</u>自信可也。'"①

　　魏王稱孟卬爲"女（汝）"，祇是用來代指對方，很難説"女（汝）"就有輕賤的含義。燕王稱蘇代爲"汝（女）"，不僅沒有輕賤的意思，甚至還蘊含親暱的成分。② 這充分表明，"汝"字在戰國時期士大夫以上階層的口吻中依然沒有輕賤的意思。

　　爲什麼戰國以前的臣下可以稱君爲"爾""汝"呢？上引洪邁嘗歸結於"古之人心口一致，事從其真，雖君臣父子之間，出口而言，不復顧忌"，即早期先民質樸率真，臣下稱君爲"爾""汝"，祇是用來代指對方，原無輕蔑之義，故天子、國君也不以爲迕。梁玉繩在解釋《詩》《書》中臣下屢以"爾""汝"呼君的現象時也説："蓋古之君臣尚質，不相嫌忌，所謂'忘形到爾

---

① 諸祖耿：《戰國策集注匯考（增補本）》，第 1602—1603 頁。
② 與《戰國策·燕策》記載相似的內容又見於馬王堆帛書《戰國縱橫家書》"蘇秦自齊獻書於燕王章"，獻書於燕王者爲蘇秦，與《燕策》不同。帛書中燕王謂蘇秦"吾必不聽衆口與造言，吾信若，猶齗也。大可以得用於齊，次可以得信，下苟毋死，若無不爲也"，見湖南省博物館、復旦大學出土文獻與古文字研究中心編纂，裘錫圭主編：《長沙馬王堆漢墓帛書集成（叁）》，第 206 頁。《燕策》中燕王稱蘇代爲"女（汝）"，而帛書中燕王稱蘇秦爲"若"，這既是"女（汝）""若"通假的一個佳證，又可證明"女（汝）""若"在戰國時期仍然沒有貶義。

汝’也。”① 當然，有些大臣年老位尊（如伊尹之於太甲、周公
之於成王、祭公之於穆王、管仲之於齊桓公、孔子之於魯哀
公），他們用“爾”“汝”稱呼君王，也是再正常不過的事。

　　那麼，如何看待許多先秦典籍中没有臣下稱君爲“爾”
“汝”的記載呢？筆者以爲，由於先秦典籍大多經過漢代學者的
整理，故而摻雜了一些後世的思想觀念，臣下以“爾”“汝”等
第二人稱稱呼君王的情形可能遭到了改寫，例如《國語》《左
傳》兩書，幾乎查檢不到任何臣下稱君爲“爾”“汝”的例證。
當時間進入戰國中後期，君主集權得到顯著加强，等級觀念愈發
深入人心，從過去的“百姓諸侯稱天子，國人卿大夫稱諸侯，
亦畢恭畢敬，絶不稱名”，② 發展到臣下對國君稱君、王、君王，
再演變爲不敢直斥其身份，開始稱“左右”“足下”“陛下”。③
秦始皇統一六國後，更對字詞、稱謂的使用作了嚴格規定，“左
右”“足下”又被淘汰，“陛下”逐漸成爲群臣對皇帝的專有稱
謂。這就容易令後人產生一種錯覺，以至於在潛意識中認爲先秦
時期的臣下也不能以“爾”“汝”等第二人稱稱呼天子或國君，
從而給正確認識這一“特殊”現象製造了不小的難度。

---

① 梁玉繩：《瞥記二》，《清白士集》卷十九，清嘉慶刻本，第 18 頁。
② 虞萬里：《先秦動態稱謂發覆》，《中國文字研究》第 1 輯，廣西教育出版社，
　1999 年 7 月，第 299 頁。
③ 《戰國策·燕策二》：“望諸君乃使人獻書報燕王曰：‘臣不佞，不能奉承先王
　之教，以順左右之心，恐抵斧質之罪，以傷先王之明，而又害於足下之義，
　故遁逃奔趙。’”見諸祖耿：《戰國策集注匯考（增補本）》，第 1612—1613
　頁。蔡邕《獨斷》卷上：“陛下者，陛，階也，所由升堂也。天子必有近臣
　執兵陳於陛側，以戒不虞。謂之陛下者，群臣與天子言，不敢指斥，故呼在
　陛下者而告之，因卑達尊之意也。上書亦如之。及群臣庶士相與言殿下、閣
　下、足下、侍者、執事之屬，皆此類也。”見蔡邕：《獨斷》，《叢書集成新
　編》第 28 册，（臺北）新文豐出版公司，1986 年 1 月，第 29 頁。

四

在上博簡和清華簡中，臣下對君主的稱謂其實比較多樣，如
《鮑叔牙與隰朋之諫》二大夫稱齊侯爲“公”，《曹沫之陣》曹
沫稱魯侯爲“君”，《姑成家父》强門大夫稱晉厲公爲“汝”，
而在《魯邦大旱》中，孔子既稱魯侯爲“公”，又稱其爲
“汝”，《祭公之顧命》祭公既稱周穆王爲“天子”，又稱其爲
“汝”，又稱其爲“而（乃）”，《管仲》管仲稱齊桓公爲“君”，
又稱其爲“汝”，《成人》成人稱王爲“后”，又稱其爲“汝”，
反映出當時臣下對君王的稱呼尚有一定的隨意性。差可類比的
是，戰國時期的國君一般自稱“寡人”“孤”，卻又以“我”
“吾”等第一人稱代指自己，如《國語·吳語》：“吳王夫差乃告
諸大夫曰：‘孤將有大志於齊，吾將許越成，而無拂吾慮。’”①
《越語上》：“越王句踐棲於會稽之上，乃號令於三軍曰：‘凡我
父兄昆弟及國子姓，有能助寡人謀而退吳者，吾與之共知越國之
政。’”②《戰國策·燕策一》：“王曰：‘子聞之，寡人不敢隱
也。我有深怨積怒於齊，而欲報之二年矣。齊者，我讎國也，故
寡人之所欲伐也。’”③“寡人”“孤”乃謙稱，“公”“君”“天
子”“后”則爲尊稱，而“汝”“而（乃）”與“吾”“我”性
質相似，都是通稱。

應該承認，到了戰國的中後期，臣下已經很少再用“爾”
“汝”稱呼君王。《韓非子·難三》中期對秦昭王曰：“今足下雖
强，未若知氏，韓、魏雖弱，未至如其晉陽之下也。此天下方用

---

①　董增齡：《國語正義》，第 1210 頁。
②　董增齡：《國語正義》，第 1267—1268 頁。
③　諸祖耿：《戰國策集注匯考（增補本）》，第 1532 頁。

肘足之時，願王勿易之也。"①《戰國策·齊策一》："楚將伐齊，魯親之，齊王患之。張丐曰：'臣請令魯中立。'乃爲齊見魯君，魯君曰：'齊王懼乎？'曰：'非臣所知也，臣來弔足下。'魯君曰：'何弔？'曰：'君之謀過矣。君不與勝者而與不勝者，何故也？'"② 中期稱秦昭王爲"足下"，又稱其爲"王"，張丐稱魯君爲"足下"，又稱其爲"君"，以及上引《戰國策·燕策二》望諸君（樂毅）稱燕王爲"左右"、爲"足下"，皆係下對上的敬稱。臣下對國君的稱謂在戰國時期由通稱變爲敬稱，是封建社會君臣依附關係强化的反映，也是時代發展的必然結果。

但是，臣下不再以"爾""汝"等稱呼帝王，不代表這些第二人稱馬上就有輕賤的含義。正如胡偉所指出的，"爾""汝""而""若""乃"在西漢時期的馬王堆帛書、尹灣簡、敦煌簡、居延簡、張家山簡中都是通稱，無謙敬功能。③ 就筆者所見，"爾""汝"由親暱引申出輕賤的意思，大概是從魏晉以後開始流行的。《世說新語·排調》有言："晉武帝問孫皓：'聞南人好作爾汝歌，頗能爲不？'皓正飲酒，因舉觴勸帝而言曰：'昔與汝爲鄰，今與汝爲臣。上汝一杯酒，令汝壽萬春。'帝悔之。"④魏晉時期的江南人喜歡創作"爾汝歌"，反映出"爾""汝"已有調謔、輕視的意味，所以晉武帝在聽到孫皓新編的歌曲時會感到不悦。《魏書·陳奇傳》亦云："雅性護短，因以爲嫌，嘗衆辱奇，或爾汝之，或指爲小人。"⑤ 既謂"嘗衆辱奇，或爾汝之"，說明此時"爾汝"的輕賤含義已經相當明顯。《顏氏家

① 王先慎：《韓非子集解》，第 413 頁。
② 諸祖耿：《戰國策集注匯考（增補本）》，第 513 頁。
③ 胡偉：《戰國至西漢出土文獻第二人稱代詞謙敬功能研究》，《河北科技大學學報（社會科學版）》2009 年第 4 期，第 65—66 頁。
④ 余嘉錫：《世說新語箋疏》，中華書局，2007 年 10 月，第 918 頁。
⑤ 魏收：《魏書（修訂本）》，中華書局，2017 年 1 月，第 1995 頁。

訓·治家》也稱:"河北人事,多由内政,綺羅金翠,不可廢闕,贏馬悴奴,僅充而已。倡和之禮,或爾汝之。"① 河北一帶不重禮儀,夫婦應答時至以"爾""汝"互稱,故爲顔之推所譏。綜而言之,大約在魏晉南北朝時期,以"爾""汝"稱呼他人已變成一種極不禮貌甚至帶有侮辱性質的行爲。

人們在閱讀出土文獻時,往往習慣於用後世的思想觀念去"認識"早期的歷史文化,因而容易産生一些誤解。如果能將傳世文獻中的有關記載加以查檢、分析,並結合出土文獻進行仔細考辨,對於重新揭示上古時期的某些特殊現象,無疑具有十分積極的意義。

---

① 王利器:《顔氏家訓集解(增補本)》,中華書局,2013年1月,第58頁。

附録二
談談戰國時期楚地的特殊語氣詞
"此（些）"和"多"

《楚辭·招魂》自"乃下招曰"至"魂兮歸來，反故居些"止，每句句末均使用了語氣詞"些"，共計112例。對該字的解釋，學者歷來頗有爭議，[①] 但一般把它視爲戰國時期流行於楚地的一個特殊語氣詞。在近年公佈的戰國簡册中，有一個用作句末語氣詞的"此"也曾出現兩次，皆見於郭店簡《忠信之道》

[①] 沈括認爲"些"即梵語"薩埵訶"的合言，見沈括：《夢溪筆談》，文物出版社，1975年12月，卷三第2頁。黄伯思認爲"些"是楚語，見黄伯思：《東觀餘論》，中華書局，1988年8月，第311頁。方以智認爲"些"猶"斯"，見方以智：《通雅》，中國書店，1990年2月，第32頁。劉淇認爲"些"猶"兮"，見劉淇：《助字辨略》，第223頁。王念孫認爲"些"係"呰"字之訛，《楚辭》的"呰"與《詩經》的"斯"同義，皆爲語詞，見王引之：《經傳釋詞》，第77—78頁。岑仲勉認爲"些"來源於突厥文"sa"，見岑仲勉：《楚辭注要翻案的有幾十條（一名楚辭中之古突厥語）》，《中山大學學報》1961年第2期，第60頁。湯炳正認爲《招魂》的"些"是"此"的重文復舉，古人於"此"字下作"二"以爲重文符號，後人誤將"此""二"合而爲一，見湯炳正：《〈招魂〉"些"字的來源——〈屈賦新探〉之四》，《四川師範學院學報》1978年第2期，第57—58頁。朱季海認爲"些"通"只"，見朱季海：《楚辭解故》，上海古籍出版社，1980年3月，第347頁。游國恩認爲"些"與"兮"聲音相近，都是楚國方音，見游國恩：《屈原作品介紹》，《游國恩學術論文集》，中華書局，1989年1月，第230頁。王泗原認爲"些"原作"止二"，後寫成"此二"，進而訛作"些"，見王泗原：《楚辭校釋》，人民教育出版社，1990年2月，第124—125頁。

簡 3—5：

> 大〈夫〉舊（久）而不俞（渝），① 忠之至也。匋而者
> 尚，信**3**之至也。至忠無謅，至信不伓（背），<u>夫此之冑
> （謂）此</u>。大忠不兌（說），大信**4**不期。不兌（說）而足
> 敚（養）者，墬（地）也。不期而可██者，天也。配天墬
> （地）也者，② <u>忠信之冑（謂）此</u>。 **5**

　　"夫此之謂此""忠信之謂此"之"此"，趙建偉懷疑皆當
作"也"，或讀爲"哉"。③ 陳偉認爲"此"應屬下讀，"此"
與"是"字同義。④ 劉釗提出"此"字乃涉上而誤，當爲"也"
字。⑤ 徐新新認爲，《忠信之道》中的"此"，可能是外來文獻
在楚地經過馴化的初步結果，但也不排除"此"是作者或抄手
的筆誤。⑥ 黃傑受到一位前輩學者的提示（原文如此），將《忠
信之道》中的"此"與《楚辭·招魂》中的"些"聯繫起來，
繼而認爲，"此""些"用法相同，讀音相近，應是同一個詞的
不同書寫形式。古文字和典籍中罕見"些"字，當由"此"衍
變而來。但"此"作爲句末語助詞極爲罕見，不符合對"此"

---

① 大，周鳳五認爲係"夫"字之訛，見周鳳五：《郭店楚簡〈忠信之道〉考
釋》，《中國哲學》第 21 輯，遼寧教育出版社，2000 年 1 月，第 140 頁。

② 配，圖版作"██"，整理者釋爲"仰"，陳劍釋爲"配"，見陳劍：《釋〈忠
信之道〉的"配"字》，《國際簡帛研究通訊》第 2 卷第 6 期，2002 年 12
月。收入《戰國竹書論集》，第 14—23 頁。

③ 趙建偉：《郭店竹簡〈忠信之道〉〈性自命出〉校釋》，《中國哲學史》1999
年第 2 期，第 35 頁。

④ 陳偉：《郭店竹書別釋》，第 79—80 頁。

⑤ 劉釗：《郭店楚簡校釋》，福建人民出版社，2003 年 12 月，第 164 頁。

⑥ 徐新新：《郭店竹簡〈唐虞之道〉〈忠信之道〉〈魯穆公問子思〉〈窮達以時〉
集釋——兼論竹簡的歷史背景和古書流傳情況》，華東師範大學碩士學位論
文，2014 年 5 月，第 101—102 頁。

的一般認知，而“玭”與“瑳”、“觜”與“髊”常互爲異文，“嗟”是古漢語中的專職虛詞，故主張“此”“些”皆讀爲“嗟”。①

今按：《忠信之道》“夫此之謂此”“忠信之謂此”之“此”，跟《招魂》中的“些”用法相同，讀音也很接近，② 都是表示判斷的語氣詞。黃傑等將《忠信之道》中的“此”與《招魂》中的“些”字聯繫起來，無疑是可信的意見。“夫此之謂此”一句，也可與典籍中的“夫此之謂矣”“其此之謂矣”“其此之謂也”相互比較。試看以下諸例：

能以禮扶身，則貴名自揚，天下順焉，令行禁止，而王者之事畢矣。《詩》曰：“有覺德行，四國順之。”夫此之謂矣。（《韓詩外傳》卷五）③

士伯怒謂韓簡子曰：“薛徵於人，宋徵於鬼，宋罪大矣，且己無辭而抑我，以神誣我也，啓寵納侮，其此之謂矣。”（《左傳》定公元年）④

夫概王曰：“所謂‘臣義而行，不待命’者，其此之謂也。”（《左傳》定公四年）⑤

齊子雖憂弗害，夫弗及而憂，與可憂而樂，與憂而弗害，皆取憂之道也，憂必及之。《大誓》曰：“民之所欲，天必從之。”三大夫兆憂，能無至乎？言以知物，其是之謂

---

① 黃傑：《〈忠信之道〉“此”與〈招魂〉“些”》，《光明日報》2014 年 5 月 27
　日第 16 版。
② 參看黃傑：《〈忠信之道〉“此”與〈招魂〉“些”》。
③ 許維遹：《韓詩外傳集釋》，第 189 頁。
④ 孔穎達：《春秋左傳正義》，《十三經注疏》第 4 冊，第 4629 頁。
⑤ 孔穎達：《春秋左傳正義》，《十三經注疏》第 4 冊，第 4639 頁。

矣。(《左傳》昭公元年）①

　　孔子曰："可以與人終日而不倦者，其惟學乎！"其身體不足觀也，其勇力不足憚也，其先祖不足稱也，其族姓不足道也，然而可以聞四方而昭於諸侯者，其惟學乎！《詩》曰："不愆不亡，率由舊章。"夫學之謂也。（《說苑·建本》）②

　　不難發現，《忠信之道》中的"此"，和典籍中的"矣""也"的語法功能大致相當，均爲句末語氣詞。《招魂》中的"些"與《忠信之道》中的"此"，讀音、用法都很接近，説明它們確實應爲一字異體的關係。"此（些）"用爲句末語氣詞除見於《楚辭》和楚地出土的簡册外，其他文獻均無發現，因此，"此（些）"大概衹能理解爲戰國時期楚地的特殊語氣詞，亦即楚人的方言用字。

　　那麽，中原地區的句末語氣詞"也""矣"在楚地卻變成了"此"，如何解釋這一現象呢？據學者研究，《忠信之道》本爲齊魯儒家文獻，不少文字還保留有齊系文字的面貌。③ 當其傳入楚地後，部分字詞已經遭到抄寫者有意識的改動。原文當作"夫此之謂也/矣"的句末語氣詞"也/矣"，被抄寫者改成楚地纔使用的"此"，就是一個十分生動的例證。由此看來，徐新新懷疑《忠信之道》中的"此"是外來文獻在楚地經過馴化的結果，應該是一種比較接近事實的推測。

---

① 孔穎達：《春秋左傳正義》，《十三經注疏》第 4 册，第 4387 頁。
② 向宗魯：《說苑校證》，第 67—68 頁。
③ 周鳳五認爲《唐虞之道》與《忠信之道》的字體筆畫肥厚，"豐中首尾鋭"的特徵顯著，保留了較多齊國文字的本來面貌，見周鳳五：《郭店竹簡的形式特徵及其分類意義》，《郭店楚簡國際學術研討會論文集》，湖北人民出版社，2000 年 5 月，第 59 頁。

　　前面談到"此（些）"是戰國時期楚地的方言用字。誰都無法否認，方言的形成，與該地的地域環境、語言習慣等密切相關。由於地理位置的特殊，楚地方言與中原地區有很大不同，但傳世典籍對此罕有記載，祇有個別方言用字保存在楚人的著作或楚人抄寫的文獻中。這就決定了在對這些楚地方言進行解釋時，不能也沒有必要求之過深，更不能把它們讀作中原地區常見的語氣詞。宋代學者葉夢得曾指出：

　　　　《楚辭》言"些"，息个切，又音細。沈存中謂梵語"薩縛訶"三合之音，此非是，不知梵語何緣得通荆楚之間？此正方言，各係其山川風氣所然，安可以義考哉！大抵古文多有古卒語之辭，如《螽斯羽》"詵詵兮，宜爾子孫繩繩兮"，以"兮"爲終，《老子》文亦多然。"母也天只，不諒人只"，以"只"爲終。"狂童之狂也且""椒聊且，遠條且"，以"且"爲終。"棠棣之華，鄂不遠而""俟我于著乎而，充耳以素乎而"，以"而"爲終。"既曰歸止，曷又懷止"，以"止"爲終，無不皆然。風俗所習，齊不可移之宋，鄭不可移之許。後世文體既變，不復論其終。楚詞者類，仍用"些"語已誤，更欲窮其義，失之遠矣。①

　　除葉氏列舉的"兮""只""且""而""止"外，上古漢語中至少還有"忌""思""斯""嗟"等句末語氣詞，這應該是由不同地區的語言差異所造成的。有些語氣詞的讀音、用法非常接近，但它們是否就是一個字的不同書寫形式，目前恐怕還很難

---

① 葉夢得：《巖下放言》，《文淵閣四庫全書》第 863 冊，（臺北）商務印書館，1986 年 3 月，第 724 頁。

論定。① 因此，葉夢得把"些"視作楚地方言，認爲其來源和内涵已經不能準確考求，仍是非常有價值的意見。姜亮夫在其名著《楚辭通故》中，也稱贊葉氏此説"最爲通達"。②

綜上，"此（些）"是戰國時期流行於楚地的一個特殊語氣詞，通常被用於句末表示判斷，大致和中原地區的"也""矣"等句末語氣詞相當，但筆者不同意把它讀爲"哉""嗟"或其他字。

戰國時期的楚地還有一個特殊的語氣詞"多"，它在郭店簡《六德》中的使用更加頻繁，共有 8 次之多。現將有關簡文抄録如下：

　　　　大材埶（設）者（諸）13 大官，③ 少（小）材埶（設）者（諸）少（小）官，因而它（施）禄安（焉），旻（事）之足以生，足以死，胃（謂）14 之君，以宜（義）旻（事）人多。宜（義）者，君惪（德）也。非我血既（氣）之新（親），畜我女（如）亓（其）15 子

---

① 黄易青認爲"只""些""斯""思""止"是上古同一個語氣詞"兮"的時地變體，而"兮"又是"呵"的變體，它們聲音的不同，是受上古時地音變的影響，見黄易青：《上古詩歌語氣助詞"只、些、斯、思、止"的詞源》，《北京師範大學學報（社會科學版）》2018 年第 1 期，第 49—59 頁。按：這些語氣詞的讀音並不一致，用法也有細微區别。更大的疑問在於，它們時常出現在相近的句子中，如《楚辭·招魂》"歸來兮，恐自遺賊些"、《詩·小雅·蓼蕭》"蓼彼蕭斯，零露湑兮"、《小雅·車舝》"鮮我覯爾，我心寫兮。高山仰止，景行行止"。如果它們是同一個語氣詞的變體，爲什麽又要同時出現呢？

② 姜亮夫：《楚辭通故》，《姜亮夫全集（四）》，雲南人民出版社，2002 年 10月，第 283 頁。

③ 埶，整理者讀爲"藝"，郭永秉讀爲"設"。者，郭永秉讀爲"諸"。皆見郭永秉：《讀〈六德〉〈子羔〉〈容成氏〉劄記三則》，簡帛網，2006 年 5 月 26日。又《戰國竹書剩義（三則）》，收入《古文字與古文獻論集》，上海古籍出版社，2011 年 6 月，第 89—93 頁。

弟，古（故）曰：句（苟）淒（濟）夫人之善它（施），① 懷（勞）其㲼（股）忲（肱）之力弗敢曇（憚）也，② 16广（危）元（其）死弗敢悉（愛）也，③ 胃（謂）之【臣】，以忠（忠）叟（事）人多。忠（忠）者，臣悳（德）也。智（知）可17爲者，智（知）不可爲者，智（知）行者，智（知）不行者，胃（謂）之夫，以智衛（率）人多。18智也者，夫悳（德）也。能（一）与之齊，④ 冬（終）身弗改之壴（矣）。是古（故）夫死又（有）宔（主），冬（終）19身不家（嫁），⑤ 胃（謂）之婦，以信從人多也。信也者，婦悳（德）也。20

藿（觀）者（諸）詩（《詩》）、箸（《書》）則亦才（在）壴（矣），藿（觀）者（諸）24豊（《禮》）、《樂》則亦才（在）壴（矣），藿（觀）者（諸）《易》《旾（春）秋》則亦才（在）壴（矣）。新（親）此多也，⑥ 蜜（密）

---

① 淒，袁國華讀爲"濟"。它，整理者缺釋，袁國華釋爲"它"，讀爲"施"。皆見袁國華：《郭店楚簡文字考釋十一則》，《中國文字》新24期，（臺北）藝文印書館，1998年12月，第144—145頁。

② 㲼忲，整理者缺釋，陳偉讀爲"股肱"，見陳偉：《郭店簡〈六德〉校讀》，《古文字研究》第24輯，中華書局，2002年6月，第395頁。侯乃峰認爲上字從兀、及聲，讀爲"股"，見侯乃峰：《説楚簡"及"字》，簡帛網，2006年11月29日。趙平安認爲上字實即"股"之指事本字，見趙平安：《關於及的形義來源》，簡帛網，2007年1月23日。

③ 广，整理者釋爲"危"，馮勝君釋爲"广"，讀爲"危"，見馮勝君：《論郭店簡〈唐虞之道〉〈忠信之道〉〈語叢〉一～三以及上博簡〈緇衣〉爲具有齊系文字特點的抄本》，第247頁。

④ 能，陳偉讀爲"一"，見陳偉：《郭店楚簡別釋》，《江漢考古》1998年第4期，第70—71頁。

⑤ 家，裘錫圭釋讀爲"䜌（變）"，陳偉釋爲"家"，讀爲"嫁"，見陳偉：《郭店楚簡別釋》，第71頁。

⑥ 新，顏世鉉讀爲"親"，見顏世鉉：《郭店楚墓竹簡儒家典籍文字考釋》，《經學研究論叢》第6輯，（臺北）臺灣學生書局，1999年3月，第183頁。

此多【也】，① 25 顗（美）此多【也】。② 26

　　敊之爲言也，猷（猶）敊敊也，少（小）而32羑多

也。 33

　　以上這些“多”字，廖名春訓爲賢、美、好。③ 顏世鉉最初
讀“多”爲“尔”，④ 後改讀爲“祇”，訓爲“安”。⑤ 丁原植將
“多”訓爲重視。⑥ 林素清讀“多”爲“也”。⑦ 沈培最初認爲
“多”應讀爲“何”，而以“何”字單獨成句，⑧ 後把“多”讀
爲“是”，解爲代詞。⑨ 陳劍認爲“多”係指示代詞，意爲
“……的（人或東西）”，跟“者”字的部分用法相類。劉樂賢
讀“多”爲“是”，同“氏”，語氣詞。⑩ 顧史考認爲“多”是

①　蜜，整理者隸定作“會”，徐在國釋爲“蜜”，讀爲“密”，見徐在國：
　　《上博竹書（二）文字雜考》，《學術界》2003 年第 1 期，第 100—
　　101 頁。

②　顗，李零讀爲“美”，見李零：《郭店楚簡校讀記》，《道家文化研究》第 17
　　輯，第 518 頁。

③　廖名春：《郭店楚簡〈六德〉篇校釋》，《清華簡帛研究》第 1 輯，清華大學
　　思想文化研究所，2000 年 8 月，第 73 頁。

④　顏世鉉：《郭店楚簡散論（二）》，《江漢考古》2000 年第 1 期，第 40 頁。

⑤　顏世鉉：《郭店楚簡〈六德〉箋釋》，《“中央研究院”歷史語言研究所集刊》
　　第 72 本第 2 分，2001 年 6 月，第 461 頁。

⑥　丁原植：《郭店楚簡儒家佚籍四種釋析》，（臺北）臺灣古籍出版有限公司，
　　2004 年 9 月，第 218 頁。

⑦　林素清：《重編郭店楚簡〈六德〉》，《古墓新知——紀念郭店楚簡出土
　　十周年論文專輯》，（香港）國際炎黃文化出版社，2003 年 11 月，第
　　73 頁。

⑧　沈培：《郭店楚簡劄記四則》，《簡帛語言文字研究》第 1 輯，巴蜀書社，
　　2002 年 11 月，第 13—16 頁。

⑨　沈培：《郭店簡〈六德〉“多”字舊説訂誤》，《21 世紀的中國語言學
　　（二）》，商務印書館，2006 年 12 月，第 389—399 頁。

⑩　陳、劉二説分別見於沈培《郭店簡〈六德〉“多”字舊説訂誤》第 385、
　　404 頁。

“者也”的合音。① 單育辰讀“多”爲“者”。②

從語法結構看，“多”明顯也是句末語氣詞。郭店《五行》簡 40 “匿之爲言也，猶匿匿也，小而軫者也”，與上引《六德》簡 32—33 “酖之爲言也，猶酖酖也，小而(字)多也”在表述上尤爲相似，表明“多”的語法功能應該跟“者”大體相同。李天虹已指出，《六德》“以信從人多也”“以智率人多”，與《禮記·郊特牲》“從人者也”“以知帥人者也”的結構十分相似，“多”應當用作語氣詞。③ 其說可信。需要指出的是，《六德》也是一篇齊魯儒家文獻，當它流入楚地後，經過輾轉傳抄，原來寫作“者”的語氣詞被改成具有楚地特色的“多”。《六德》中“多”的用法雖然大致相當於“者”，但“多”無法直接讀爲“者”，這不僅因爲它們沒有直接相通的例證，④ 而且《六德》中“者”的使用也很頻繁（如“義者”“忠者”“智也者”“信也者”），如果“多”必須讀爲“者”，那麼楚人爲什麼還要將“多”“者”交替使用呢？筆者以爲，“多”與“此（些）”一樣，是楚地的方言用字，它的來源和内涵已經無從查考，學者們

①　［美］顧史考：《郭店楚簡〈成之〉等篇雜志》，《清華大學學報》2006 年第 1 期，第 88 頁。

②　單育辰：《楚地戰國簡帛與傳世文獻對讀之研究》，中華書局，2014 年 5 月，第 292、294 頁。

③　李天虹：《郭店楚簡與傳世文獻互徵七則》，《江漢考古》2000 年第 3 期，第 85 頁。

④　單育辰讀“多”爲“者”，李家浩有所補充，認爲“者”屬章母魚部，“多”屬端母歌部，古代章、端二母和魚、歌二部都很相近，舉《説文》“奢”字籀文作“(字)”爲證，見李家浩：《關於郭店竹書〈六德〉“仁類蕳而速”一段文字的釋讀》，《出土文獻》第 10 輯，中西書局，2011 年 7 月，第 50—51 頁。但沈培早已指出，歌、魚相通大概要到西漢時代纔開始，而且主要是歌部中的麻韻字和魚部中的麻韻字相通，就“多”和“者”二字的具體用法來看，即便在漢代，也沒有看到“多”“者”相通的實例。因此，要説在戰國時代“多”和“者”二字就可以通假，恐怕是不確切的。見沈培：《郭店簡〈六德〉“多”字舊説訂誤》，第 387 頁。

把"多"讀爲中原地區的"者"或其他語氣詞的做法是没有必要的。

　　揚雄的《方言》匯集了西漢時期東齊青徐、南楚西秦、燕代朝鮮等地的方言，卻没有收録"此（些）""多"這兩個戰國時期楚地的特殊語氣詞，大概因爲該書側重於注解實詞，從而有所遺漏。自此以後，"此（些）""多"再也没有出現在古代典籍中（或許它們被其他字取代了，目前還没有發現），祇以口語的形式保留在楚人的方言裏。直到宋代，一個疑似"多"的異體"哆"纔被《廣韻》再次記録下來，注釋謂"語助聲"。①導致戰國以後的楚人不再書面使用"此（些）""多"的原因可能是多方面的，需要作進一步的考察。儘管如此，對"此（些）""多"兩個語氣詞的重新認識，將加深我們對戰國時期楚國方言的理解，並有助於更加準確地解讀楚地新出土的珍貴文獻。

---

① 趙少咸：《廣韻疏證》，巴蜀書社，2010 年 4 月，第 2909 頁。

附録三
據《命》《邦人不稱》談《左傳》
"沈諸梁兼二事"

——兼論今本《緇衣》"葉公之顧命"的訛字問題

楚惠王十年（前479），楚國爆發了著名的白公勝之亂。白公勝之父爲楚平王太子建，太子建遭費無極之讒，由城父出奔宋國，遇華氏之亂，不得已改投鄭國，"鄭人甚善之"（《史記·伍子胥列傳》），[①] 他反與晉人密謀偷襲鄭國，計劃洩露後爲鄭定公所殺，勝隨伍子胥逃往吳國。楚國令尹子西派人將勝召回，任命他爲巢大夫，號白公。白公勝欲報父仇，請求討伐鄭國，子西同意卻未出兵。不久晉國伐鄭，楚惠王命令尹子西出兵援救，並與鄭人結盟。事爲白公勝所知，於是襲殺令尹子西、司馬子期，楚惠王僅以身免。葉公沈諸梁（字子高）聽到消息後，親率蔡地軍隊趕赴郢都平定叛亂。《左傳》哀公十六年云：

> 葉公在蔡，方城之外皆曰："可以入矣。"子高曰："吾聞之，以險徼幸者，其求無魘，偏重必離。"聞其殺齊管脩也，而後入……葉公亦至，及北門，或遇之曰："君胡不胄？

---

① 司馬遷：《史記（修訂本）》，第2629頁。

國人望君，如望慈父母焉，盜賊之矢若傷君，是絕民望也，若之何不胄？"乃胄而進。又遇一人曰："君胡胄？國人望君，如望歲焉，日日以幾，若見君面，是得艾也，民知不死，其亦夫有奮心，猶將旌君以徇於國，而又掩面以絕民望，不亦甚乎？"乃免胄而進。遇箴尹固，帥其屬將與白公，子高曰："微二子者，楚不國矣。棄德從賊，其可保乎？"乃從葉公，使與國人以攻白公。白公奔山而縊，其徒微之。生拘石乞，而問白公之死焉，對曰："余知其死所，而長者使余勿言。"曰："不言將烹。"乞曰："此事克則爲卿，不克則烹，固其所也，何害？"乃烹石乞。王孫燕奔頯黃氏。<u>諸梁兼二事</u>。國寧，乃使寧爲令尹，使寬爲司馬，而老於葉。①

　　所謂"兼二事"，指兼任令尹、司馬二職，觀下文"國寧，乃使寧爲令尹，使寬爲司馬"自知（杜預注："二事，令尹、司馬"）。葉公在平定白公之亂時，爲了號令統一，曾短暫兼任過令尹和司馬二職。等到惠王復位，楚國重獲安定，葉公於是主動辭去令尹、司馬，返回自己的封地葉終其天年。上博簡《命》《邦人不稱》的公佈，爲重新認識這段歷史提供了契機。先看上博八《命》：②

　　鄴（葉）公子高之子見於命（令）尹子=萅=（子春，子春）胄（謂）之曰："君王窮亡（無）人，命虐（吾）爲楚邦，志（恐）不⬛能，呂（以）辱釴（斧）童（鑕）。先夫=（大夫）之風討（裁）遷（遺）命，亦可呂（以）告我。"酓（答）曰："僕（僕）既旻（得）辱見（視）日②之

---

① 孔穎達：《春秋左傳正義》，《十三經注疏》第 4 冊，第 4731—4732 頁。
② 編聯、釋文、斷句參看俞紹宏、張青松：《上海博物館藏戰國楚簡集釋》第 8 冊，第 78—97 頁。

廷，命求言吕（以）畬（答），唯（雖）釳於釳（斧）茞（鑕），命勿之敢韋（違）。女（如）吕（以）僕（僕）之觀見（視）日也，**3**十又厽（三）亡僕（僕）。"命（令）尹曰："先夫=（大夫）旬命（令）尹，受司馬，　絢（治）楚邦之正（政），黭（黔）頁（首）蠆（萬）民，**6**莫不忻（欣）憙（喜），四海之内，莫弗瞕（聞）。子胃（謂）昜（陽）爲擎（賢）於先夫=（大夫），請昏（問）元（其）古（故）？"畬（答）曰：**7**"亡僕（僕）之尚楚邦之正（政），迍（坐）畬（友）五人，立畬（友）七人，君王之所吕（以）命與所爲於楚**8**邦，必内（入）瓜之於十畬（友）又三，皆無𣪠，安（焉）而行之。含（今）見（視）日爲楚命（令）尹，迍（坐）畬（友）亡（無）**9**一人，立畬（友）亡（無）一人，而邦正（政）不敗，僕（僕）吕（以）此胃（謂）見（視）日十又厽（三）亡僕（僕）。"命（令）尹曰："尚善！"安（焉）敳（樹）**10**迍（坐）畬（友）三人，立畬（友）三人。**11**

"旬令尹，受司馬"之"旬""受"，原整理者分別讀爲"司""授"。① 陳偉從整理者讀"旬"爲"司"，"受"如字讀。② 劉雲讀"旬"爲"嗣"，"嗣""受"含義相近。③ 復旦吉大讀書會懷疑"旬"可讀爲"辭"，"受"應如字讀。④

以上學者多據《左傳》來解釋《命》，有刻意"趨同"之

① 馬承源主編：《上海博物館藏戰國楚竹書（八）》，第197頁。
② 陳偉：《上博八〈命〉篇賸義》，簡帛網，2011年7月9日。
③ 復旦吉大古文字專業研究生聯合讀書會《上博八〈命〉校讀》文後跟帖，2011年7月23日。
④ 復旦吉大古文字專業研究生聯合讀書會：《上博八〈命〉校讀》，復旦大學出土文獻與古文字研究中心網，2011年7月17日。

嫌。復旦吉大讀書會從邏輯角度出發，把"訇令尹"之"訇"讀爲"辭"，"受司馬"之"受"如字讀，顯然最爲可信。"辭令尹，受司馬，治楚邦之政"，謂葉公謝絕令尹的任命，而以司馬之職暫領楚國軍政。類似的記載又見於《邦人不稱》：①

　　橐（就）白公之禍（禍），龒（聞）命（令）尹、司馬既死，牀（將）迊（蹠）郢。鄴（葉）之者（諸）耂（老）皆柬（諫）曰："不可，必弖（以）帀（師）！"鄴（葉）4公子高曰："不旻（得）王，牀（將）必死，可（何）弖（以）帀（師）爲？"乃乗（乘）埶（駟）車五𡕒（乘），述（遂）迊（蹠）郢。至，未旻（得）王，卲（昭）夫人胃（謂）鄴（葉）公5子高："先君之子聚才（在）外，6盍睪（擇）而立之？邦既又（有）王，母（毋）亦窜（勸）虗（乎）？"鄴（葉）公子高曰："一人千君，犿可它？"果7下宓（寧）禍（禍），賞之弖（以）西轊田百貞（畛），訇（辭）曰："君王㢟，臣之青（請）命，未尚（嘗）不許。"訇（辭）不受賞。命之爲命（令）11尹，訇（辭），命之爲司馬，訇（辭），曰："弖（以）鄴（葉）之遠，不可蓄也。"安（焉）叚（假）爲司馬，不戉（啓）亓（其）折（制），而邦人不受（稱）還12安（焉）。10上

　　據《邦人不稱》所載，白公之亂爆發後，葉公不待軍隊集結就隻身奔赴郢都。在平定叛亂的緊要關頭，葉公深明大義，堅決反對另立新君。等到局勢緩和，惠王除賞賜葉公許多封地外，

---

① 編聯、釋文、斷句參看俞紹宏、張青松：《上海博物館藏戰國楚簡集釋》第9冊，第215—228頁。

還準備對他委以重任，"命之爲令尹，辭，命之爲司馬，辭"，
楚惠王打算任命葉公爲令尹和司馬，葉公均未接受，理由是
"以葉之遠，不可蓄也"。祇是迫於當時局勢十分危急，爲了迅
速戡亂，葉公曾"假爲司馬"，這與《命》"辭令尹，受司馬"
的記載大體吻合（略有不同的是《邦人不稱》言葉公"辭司馬"
而"假爲司馬"，《命》謂葉公"受司馬"）。要之，葉公曾因
形勢需要短暫代理過司馬一職，但他對令尹的任命從未接受，
《左傳》則謂"沈諸梁兼二事"，二者差異十分明顯，如何看待
這一現象呢？

　　從楚國當日的情形來看，白公之亂導致令尹、司馬的職位空
缺，葉公以假司馬的名義暫領楚國軍政，率領國人平定叛亂，實
際上他已擁有令尹、司馬二職的權力。等到楚惠王復位，葉公把
假司馬的職位也讓出，而使子西之子寧、子期之子寬分別繼任令
尹、司馬。也就是説，在白公之亂至惠王復位的這段時間內，楚
國根本不存在令尹和司馬。《左傳》撮其大要，直書"沈諸梁兼
二事"，雖然也無大謬，但卻不是歷史的真實反映。

　　然而，《邦人不稱》把葉公推辭令尹、司馬和接受假司馬的
時間放在平定白公之亂後，也是不可信的。葉公之所以就任假司
馬，是因爲這一職務對軍隊具有絶對的控制權力。倘若白公之亂
已經平定，葉公自然也就没有必要再去接受假司馬一職。大概
《邦人不稱》的主旨在於宣揚葉公的謙恭退讓，故而在叙述相關
事件的先後順序上出現一些偏差。無獨有偶，《左傳》記載葉公
在白公之亂爆發後拒絶"方城之外皆曰可以入矣"的建議，直
到聽説齊管脩被殺後纔率領軍隊進入郢都，《國語》也稱葉公
"帥方城之外以入"，[1]《邦人不稱》卻謂葉公不待軍隊集結，祇

---

① 董增齡：《國語正義》，第 1196 頁。

率領五輛馹車就奔赴郢都。兩相比較，自能發現《邦人不稱》的記載不免有些誇誕，這也應該是作者爲突出葉公的急於赴難而有意改造史實的結果。①

《左傳》哀公十六年"葉公在蔡"，杜預注云："蔡遷州來，楚并其地。"②《國語·楚語下》"子高以疾閒居於蔡"，韋昭注亦言："蔡，故蔡國，楚滅之，葉公兼而治焉。"③ 都説葉公曾經兼治蔡地，這爲探討今本《禮記·緇衣》"葉公之顧命"之"葉"當爲"祭"字之訛指明了方向。

《緇衣》有如下一段話：

　　《葉公之顧命》曰："毋以小謀敗大作，毋以嬖御人疾莊后，毋以嬖御士疾莊士、大夫、卿士。"

鄭玄注："葉公，楚縣公葉公子高也。臨死遺書曰顧命。"④南宋學者王應麟反對此説，他指出："葉公，當作'祭公'，疑記《禮》者之誤。"⑤ 明代楊慎和清代江永、惠棟皆持相似看法。⑥ 王引之⑦對此亦有詳細考辨：

① 曹方向認爲《邦人不稱》與《左傳》《國語》所述雖有不同，但各有其合理之處，見曹方向：《上博簡所見楚國故事類文獻校釋與研究》，武漢大學博士學位論文，2013 年 5 月，第 117—118 頁。

② 孔穎達：《春秋左傳正義》，《十三經注疏》第 4 冊，第 4731 頁。

③ 董增齡：《國語正義》，第 1195 頁。

④ 孔穎達：《禮記正義》，《十三經注疏》第 3 冊，第 3579 頁。

⑤ 翁元圻：《困學紀聞注》，中華書局，2016 年 3 月，第 714 頁。

⑥ 楊慎：《丹鉛總録》卷十二，《文淵閣四庫全書》第 855 冊，臺灣商務印書館，1986 年 7 月，第 462 頁。江永：《群經補義》，《清經解》第 2 冊，上海書店，1988 年 10 月，第 269 頁。惠棟：《九經古義·禮記下》，《清經解》第 2 冊，第 771 頁。

⑦ 王引之，《禮記訓纂》引作"王念孫"，見朱彬：《禮記訓纂》，浙江大學出版社，2010 年 7 月，第 797 頁。

"祭"與"蔡"古字通。《吕氏春秋·音初》篇"周昭王及蔡公殞於漢中"，僖四年《左傳》正義引作"祭公"，《古今人表》亦作"祭公"。《墨子·所染》篇"幽王染於蔡公穀"，《吕氏春秋·當染》篇作"祭公敦"。《春秋》鄭祭仲，《易林·既濟之鼎》作"蔡仲"。《漢安平相孫根碑》"祭足"作"蔡足"。皆其證也。《逸周書·祭公》篇，《禮記·緇衣》引作"葉公"，亦是借"蔡"爲"祭"，因訛而爲"葉"耳。①

按"葉"屬喻紐葉部，"祭"屬精紐月部，聲紐遠隔，韻部葉、月雖可通轉，但韻尾發音部位畢竟有所不同，因此它們無法構成通假關係。郭店簡、上博簡《緇衣》與"葉"相對應的字皆作"晉"，陳高志、李家浩、孔仲温、王輝、徐在國主張讀爲"祭"，② 十分可信。"葉"與"祭""晉"都不能通假，③ 今本《緇衣》"葉公之顧命"之"葉"，恐怕祇能如多數學者所説，理解成"祭"的訛字。④ 然而，"葉""祭"二字的形體差別很

① 王引之：《經義述聞》，江蘇古籍出版社，1985 年 7 月，第 505—506 頁。
② 陳高志：《〈郭店楚墓竹簡·緇衣篇〉部分文字隸定檢討》，《張以仁七秩壽慶論文集》，臺灣學生書局，1999 年 1 月，第 367 頁。李家浩：《楚大府鎬銘文新釋》，《語言學論叢》第 22 輯，商務印書館，1999 年 7 月，第 98—99 頁。孔仲温：《郭店楚簡〈緇衣〉字詞補釋》，《古文字研究》第 22 輯，中華書局，2000 年 7 月，第 247—248 頁。王輝：《郭店楚簡釋讀五則》，《簡帛研究二○○一》，廣西師範大學出版社，2001 年 9 月，第 172—173 頁。徐在國：《郭店楚簡文字三考》，《簡帛研究二○○一》，第 181—182 頁。
③ 史傑鵬認爲"晉""葉"古音不是很遠，如"揸""插"音近，"插"屬葉部，古音和"葉"相近，見史傑鵬：《從郭店和上博簡〈緇衣〉的幾條簡文談今本〈緇衣〉的形成》，《畏此簡書：戰國楚簡與訓詁論集》，第 187—188 頁。按：此説祇是從語音上論證"晉""葉"有通假的可能，但證據並不充分，兹所不取。
④ 劉信芳認爲《葉公之顧命》是葉公臨終時引用祭公之語，故被楚人記在葉公名下，見劉信芳：《上博藏竹書〈柬大王泊旱〉聖人諸梁考》，《中國史研究》2007 年第 4 期，第 18—19 頁。

大，“祭”是怎麼訛變成“葉”的呢？

章太炎曾經提出一個假説：

> 春秋時之葉，即在南陽府葉縣南三十里。葉與蔡地相
> 聯，當文王時，蔡公之國必兼得葉縣，故蔡公亦可稱葉公，
> 猶韓可稱鄭也。此《逸周書》之祭公謀父，“祭”當爲
> “蔡”省，即文王時蔡公之後，非《左傳》所謂“凡、莊、
> 邢、茅、胙、祭，周公之胤”者。《周語》“穆王將征犬戎，
> 祭公謀父諫曰”，章解云：“祭，畿内之國，周公之後也。”
> 此未諦矣。蓋蔡地雖封蔡叔之後，而蔡公子孫之徙封者，亦
> 仍稱蔡公，並亦仍稱葉公，此猶咸林之鄭遷於鄶國，而仍以
> 鄭稱也。故葉公即是祭公，即是謀父，非字有誤也。①

章氏把西周畿内文王之後的“祭”（字亦作“鄒”）與蔡叔之
後的“蔡”混爲一談，必不可信，② 但他認爲葉公、蔡公是一人
二名的關係，卻有一定的啓發性。

按《史記·楚世家》云：“（靈王）八年，使公子棄疾將兵
滅陳。十年，召蔡侯，醉而殺之，使棄疾定蔡，因爲陳蔡公。”③

---

① 章太炎：《膏蘭室劄記》，《章太炎全集》第 1 册，上海人民出版社，1982 年
7 月，第 217—218 頁。

② 參看王引之：《經義述聞》，第 505 頁。

③ 司馬遷：《史記（修訂本）》，第 2045 頁。按：“陳”字當爲衍文。《史記·
蔡世家》：“（靈侯）九年，陳司徒招弑其君哀公，楚使公子棄疾滅陳而有之。
十二年，楚靈王以靈侯弑其父，誘蔡靈侯于申，伏甲飲之，醉而殺之，刑其
士卒七十人。令公子棄疾圍蔡，十一月，滅蔡，使棄疾爲蔡公。”《十二諸侯
年表》：“（楚靈王十年）醉殺蔡侯，使棄疾圍之，棄疾居之，爲蔡侯。”皆
謂公子棄疾爲蔡公（蔡侯）。《左傳》昭公八年云：“九月，楚公子棄疾帥師
奉孫吳圍陳，宋戴惡會之。冬十一月壬午，滅陳。使穿封戌爲陳公，曰‘城
麇之役不諂’。”更可佐證楚靈王所封陳公爲穿封戌，而非公子棄疾。

不久公子棄疾弒靈王自立，是爲楚平王，平王允許蔡侯遷至新蔡復國。至蔡昭侯時，吳國又將蔡國遷至州來。楚惠王四十二年，楚國攻破州來，蔡國從此絶祀。

在此期間，爲預防吳國溯江入郢，楚昭王派左司馬眅、申公壽余、葉公諸梁"致蔡於負函，致方城之外於繒關"，爲即將到來的戰争作準備。由於葉距離蔡地很近，楚王於是命令葉公兼治兩邑。前引《左傳》哀公十六年"葉公在蔡"，以及《國語·楚語下》"子高以疾閒居於蔡"，可爲明證。《論語·先進》孔子曰"從我於陳、蔡者，皆不及門也"，[①] 此"蔡"應指蔡國故地，而非蔡國當時的都城州來。崔述《洙泗考信録》卷三"孔子無至州來及葉之事"云：

> 《世家》云："冉求既去，明年，孔子自陳遷於蔡。明年，孔子自蔡如葉，葉公問政云云。"余按：《左傳》哀公二年，蔡遷於州來。四年，葉公諸梁致蔡於負函。十六年，楚白公作亂，葉公自蔡入楚，攻白公。白公死，葉公兼攝令尹、司馬。國寧，乃老於葉。則是<u>孔子在陳之時，葉公在蔡不在葉也</u>。蔡既遷於州來，去陳益遠，來往當由楚境，孔子未必遠涉其地，而《論語》《孟子》《春秋傳》中亦俱無孔子與蔡之君、大夫相與周旋問答之事，則是孔子所謂<u>"從我於陳、蔡"者，乃負函之蔡，非州來之蔡也</u>。葉公本楚卿貳，與聞國政，不當居外，以新得蔡地，故使鎮之，而孔子適在陳、蔡之間，因得相與周旋。及其請老，乃歸於葉。《史記》但見《論語》《孟子》中有孔子在蔡之文，遂誤以爲州來之蔡，又因葉公有問政、問孔子於子路之事，遂別出"自蔡如

---

①　邢昺：《論語注疏》，《十三經注疏》第 5 册，第 5426 頁。

葉"之文以合之，而不知其誤分一事爲兩事也。故今考而正之，列葉公之問於在蔡之時，而無孔子如州來及葉之事。①

如崔氏所説，孔子適陳之時，蔡國已把都城遷至州來，短時間内孔子根本無法從容往返於二地，典籍中也没有孔子與蔡侯、蔡大夫相問答的任何記載，因此孔子所到的"蔡"，指的應是蔡國的舊都上蔡。《論語·子路》葉公問政於孔子，也應該發生在葉公兼治上蔡之時。

葉公兼治上蔡，更直接的證據見於《邦人不稱》簡 10 下："寣（就）王之長也，賞之目（以）焚或（域）百貞（畛），古（故）爲鄴（葉）連嚻（敖）與鄒（蔡）樂尹，而邦人不叓（稱）畬（能）安（焉）。"② 連敖、樂尹皆爲楚國官名。《左傳》定公五年"王將嫁季芊，季芊辭曰：'所以爲女子，遠丈夫也，鍾建負我矣。'以妻鍾建，以爲樂尹"，③《史記·淮陰侯列傳》"漢王之入蜀，信亡楚歸漢，未得知名，爲連敖"，李奇曰："楚官名。"④ 葉公被楚王任命爲葉連敖與蔡樂尹，這是葉公曾兼治蔡、葉兩地的鐵證。正因如此，時人自然可以稱他爲"蔡公"。沈諸梁"葉公"的稱號，大概是他歸老葉地後纔開始定型並廣爲流傳的。

上博四《柬大王泊旱》有如下幾則材料：

命（令）尹子林龢（問）於太剕（宰）子步。22

---

① 崔述：《崔東壁遺書》，第 300 頁。
② 釋文、斷句參看俞紹宏、張青松：《上海博物館藏戰國楚簡集釋》第 9 册，第 230 頁。
③ 孔穎達：《春秋左傳正義》，《十三經注疏》第 4 册，第 4647 頁。
④ 司馬遷：《史記（修訂本）》，第 3149 頁。

陵尹、贅（鼇）尹皆絢（給）元（其）言，呂（以）告太割（宰）："君聖人虗（諸）良倀（長）子，牺（將）正**19**於君。"　**20**

牺（將）鼓（鼓）而涉之，王夢厽（三）闈未啓，王呂（以）告梡（相）屡與中余（舍）："含（今）夕不穀（穀）**9**夢若此，可（何）？"梡（相）屡、中余（舍）盦（答）："君王尚（當）呂（以）昏（問）太割（宰）晉戻（侯），皮（彼）聖人之孫＝（子孫）。"　**10**

"君王當以問太宰晉侯"一句，整理者原在"太宰"下點斷，① 劉樂賢改與下文"晉侯"連讀，提出"晉侯"可能是太宰之名。② 董珊也認爲"晉侯"是"太宰"的名字。③ 劉信芳指出簡 22"子步"乃太宰之名，"晉侯"可能是太宰的爵稱。④

前面提到郭店簡、上博簡《緇衣》"晉公之顧命"，學者多主張讀爲"祭"，相應地，此處"太宰晉侯"之"晉"，很可能應讀爲從"祭"得聲之"蔡"，"晉侯"即"蔡侯"。葉公平定白公之亂，使惠王復得君位，但葉公功遂身退，選擇歸老於葉地，惠王出於對葉公的敬意，將"蔡侯（蔡公）"繼續封給他的長子子步，自然是合乎情理的安排。

葉公與其長子子步兩代"蔡公（蔡侯）"，給楚人留下的印象肯定特別深刻，以至於當齊魯儒家文獻《緇衣》傳入楚國時，因爲"祭""蔡"通假，"祭公"之"祭"被楚人破讀爲"上

---

① 馬承源主編：《上海博物館藏戰國楚竹書（四）》，第 204 頁。

② 劉樂賢：《讀上博（四）劄記》，簡帛研究網，2005 年 2 月 15 日。

③ 董珊：《讀〈上博藏戰國楚竹書（四）〉雜記》，簡帛研究網，2005 年 2 月 20 日。

④ 劉信芳：《竹書〈東大王泊旱〉試解五則》，簡帛研究網，2005 年 3 月 14 日。

蔡"之"蔡",而葉公亦曾兼任蔡公,楚人於是誤以爲"祭公之
顧命"乃"葉公之顧命",繼而不自覺地將"祭公"之"祭"
錯改成"葉"。這也意味着,今本《緇衣》的底本很可能是流傳
於戰國時期楚地的一個版本。① 雖然它錯簡頗多,文字也有不少
訛誤,但由於其他版本或遭燒毀,或深埋地下,祇有此本僥幸流
傳,漢末鄭玄在對"葉公之顧命"進行疏通時,又把"葉公"
誤解爲"楚縣葉公子高也",從而使後世學者彌增困惑,這大概
是他所始料未及的。

---

① 張富海根據今本《緇衣》第十六章引用了《大甲》《兑命》,最後一章也加
　　引了《兑命》,此二篇不見於伏生今文《尚書》和孔壁古文《尚書》,漢人
　　無法見到,由此推斷今本《緇衣》的改寫是在楚簡本流傳之後的戰國晚期,
　　見張富海:《郭店楚簡緇衣篇研究》,北京大學碩士學位論文,2002 年 5 月,
　　第 36—37 頁。

附録四
上博簡《論語》類文獻釋文

《民之父母》

子㠱（夏）䎽（問）於孔子：“䐉（《詩》）曰：‘幾（豈）俤（悌）君子，民之父母。’敢䎽（問）可（何）女（如）而可胃（謂）民之父母？”孔＝（孔子）㑹（答）曰：“民 [1] 之父母虎（乎），必達豐（禮）樂之䈞（原），㠯（以）至‘五至’，㠯（以）行‘三亡（無）’，㠯（以）皇（橫）于天下，四方又（有）敗，必先智（知）之，亓（其） [2] 可 胃（謂）民之父母矣。”子㠱（夏）曰：“敢䎽（問）可（何）胃（謂）‘五至’？”孔＝（孔子）曰：“‘五至’虎（乎），勿（物）之所至者，志亦至安（焉）。志之 [3] 所 至者，豐（禮）亦至安（焉）。豐（禮）之所至者，樂亦至安（焉）。樂之所至者，悡（哀）亦至安（焉）。悡（哀）樂相生，君子 [4] 㠯（以）正，此之胃（謂）‘五至’。”子㠱（夏）曰：“‘五至’既䎽（聞）之矣，敢䎽（問）可（何）胃（謂）‘三亡（無）’？”孔＝（孔子）曰：“‘三亡（無）’虎（乎），亡（無）聖（聲）之樂，亡（無）膛（體）⑤之豊（禮），亡（無）備（服）之桑（喪），君子昌（以）此皇（橫）于天下。奚（傾）耳而聖（聽）之，不可戛（得）而窜（聞）也，明目而視之，不可⑥戛（得）而視也，而戛（德）既（氣）塞於四沬（海）矣，此之胃（謂）'三亡（無）'。"子卽（夏）曰："亡（無）聖（聲）之樂，亡（無）膛（體）之豊（禮），亡（無）備（服）之桑（喪），可（何）志（詩）⑦是遲（耳）？"孔＝（孔子）曰："善才（哉），商也！牊（將）可矛（教）詩（《詩》）矣。'城（成）王不敢康，遇（夙）夜畲（基）命又（宥）窨（密）'，亡（無）聖（聲）之樂，'槐（威）我（儀）尼＝（遲遲），⑧不可選也'，無體之禮，'凡民有喪，匍匐救之'，無服之喪也。"子卽（夏）曰："亓（其）才（在）詼（語）也，敗矣，左（宏）矣，大矣！聿（盡）⑨於此而已乎？"孔子曰："猶有五起焉。"子夏曰："所謂'五起'，可戛（得）而窜（聞）异（歟）？"孔＝（孔子）曰："亡（無）聖（聲）之樂，燹（氣）志不慧（違），⑩無膛（體）之豊（禮），槐（威）我（儀）尼＝（遲遲），亡（無）備（服）之桑（喪），內虘（恕）巽悲。亡（無）聖（聲）之樂，塞于四方，亡（無）膛（體）之豊（禮），日述（就）月相（將），亡（無）膛〈備（服）〉之⑪喪，屯（純）戛（德）同明。亡（無）聖（聲）之樂，它（施）返（及）孫＝（孫子），亡（無）膛（體）之豊（禮），塞於四沬（海），亡（無）備（服）之桑（喪），爲民父母。亡（無）聖（聲）之樂，燹（氣）⑫志既戛（得），亡（無）膛（體）之豊（禮），槐（威）我（儀）異＝（翼翼），亡（無）備（服）【之】喪，它（施）返（及）四或（國）。亡（無）聖（聲）之樂，燹（氣）志既從，亡（無）膛（體）之豊

（禮），上下禾（和）同，亡（無）備（服）13之喪，昌（以）畜蠆（萬）邦。"14

<h2 style="text-align:center">《子羔》</h2>

子羔昏（問）於孔=（孔子）曰："厽（三）王者之乍（作）也，盧（皆）人子也，而丌（其）父戔（賤）而不足稱（稱）也與（歟）？敗（抑）亦城（誠）天子也與（歟）？"孔=（孔子）曰："善！而（爾）昏（問）之也。舊（久）矣，丌（其）莫☒9

☒也，觀於伊而旻（得）之，寃（懷）厽（三）11上念（年）而畫（劃）於伓（背）而生=（生，生）而能言，是塦（禹）也。离（契）之母，又（有）迺（娀）是（氏）之女10也，遊於央臺之上，又（有）鶬（燕）監（銜）卵而隋（錯）者（諸）丌（其）湔（前），取而軟（吞）之，寃（懷）11下三念（年）而畫（劃）於雁（膺），生乃虘（呼）曰：港大簡3'鉋。'是离（契）也。句（后）稷之母，又（有）匐（邰）是（氏）之女也，遊於玄咎之內，各（冬）見芺，玫（搴）而薦之，乃見人武，顉（履）昌（以）蕊（忻），禱曰：'帝之武，尚夏（使）12☒是句（后）稷｛之母｝也。厽（三）王者之乍（作）也如是。"子羔曰："肰（然）則厽（三）王者篤（孰）爲☒13

☒"又（有）吳（虞）是（氏）之樂正耆〈瞽（瞽）〉宯（叟）之子也。"子羔曰："可（何）古（故）昌（以）旻（得）爲帝？"孔=（孔子）曰："昔者而〈天〉弗殜（世）也，善與善相受（授）也，古（故）能絢（治）天下，坪（平）萬邦，夏（使）亡（無）又（有）少（小）大、恩（肥）磽（瘠），夏（使）

（使）虜（皆）1夏（得）丌（其）社稷百眚（姓）而奉守之。堯見龛（舜）之惪（德）叹（賢），古（故）讓之。"子羔曰："堯之夏（得）龛（舜）也，龛（舜）之惪（德）則城（誠）善6嚞（歟）？伊（抑）堯之惪（德）則甚昷〈盟（明）〉嚞（歟）？"孔＝（孔子）曰："鈞（均）也。龛（舜）嗇（穡）於童土之田，則2

☑之童土之莉（黎）民也。"孔＝（孔子）曰☑3

☑虖（吾）昏（聞）夫龛（舜），丌（其）幼也，每（敏）目（以）好寺（詩），丌（其）言☑4

☑或目（以）曡而遠。堯之取龛（舜）也，從者（諸）卉（草）茅之中，與之言豊（禮），敚專☑5

☑𧮫而和，古（故）夫龛（舜）之惪（德）丌（其）城（誠）叹（賢）矣，采（由）者（諸）吅（畎）畜（畝）之中而夏（使），君天下而曼（稱）。"子羔曰："女（如）龛（舜）才（在）含（今）之殜（世），則可（何）若？"孔＝（孔子）曰：8"亦紀先王之遊道，不奉（逢）盟〈盟（明）〉王，則亦不大浸（使）。"孔＝（孔子）曰："龛（舜）丌（其）可胃（謂）受命之民矣。龛（舜），人子也，7而厽（三）天子事之。"14

《魯邦大旱》

魯邦大旱，哀公胃（謂）孔＝（孔子）："子不爲我圖（圖）之？"孔＝（孔子）倉（答）曰："邦大旱，母（毋）乃遊（失）者（諸）型（刑）與惪（德）虖（乎）？唯☑1

之可（何）才（哉）？"孔＝（孔子）曰："衆（庶）民智（知）敚之事槐（鬼）也，不智（知）型（刑）與惪（德）。女（汝）母（毋）惡（愛）珪璧帛（幣）帛於山川，政（正）

埜（刑）與 德 ☒2

出，遇子贛（贛），曰：“賜，而昏（聞）壟（巷）迻（路）之言，母（毋）乃胃（謂）丘之倉（答）非與（歟）？”子贛（贛）曰：“否。戝（抑）虔（吾）子女（如）達（重）命，丌（其）與女（汝）。夫政（正）埜（刑）與惪（德），目（以）事上天，此是才（哉）。女（若）天〈夫〉母（毋）悉（愛）圭（珪）璧3希（幣）帛於山川，母（毋）乃不可。夫山，石目（以）爲膚，木目（以）爲民，女（如）天不雨，石牊（將）𤎻（焦），木牊（將）死，丌（其）欲雨或甚於我，或必寺（待）虔（吾）名虘（乎）？夫川，水目（以）4爲膚，魚目（以）爲民，女（如）天不雨，水牊（將）沽（涸），魚牊（將）死，丌（其）欲雨國（或）甚於我，或必寺（待）虔（吾）名虘（乎）？”孔＝（孔子）曰：“於虘（乎）！☒5

公剴（豈）不飯枌（梁—梁）飤（食）肉才（哉）！戝（抑）亡（無）女（如）𤞤（庶）民可（何）？”6

《從政》

䎽（聞）之曰：昔三弋（代）之明王之又（有）天下者，莫之舍（予）也，而□取之，民皆目（以）爲義，夫是則獸（守）之目（以）信，薔（教）甲1之目（以）義，行之目（以）豊（禮）也。亓（其）矚（亂）王舍（予）人邦豪（家）土堅（地），而民或弗義，夫☒甲2

豊（禮）則募（顧）而爲悥（仁），諮（教）之目（以）型（刑）則逐（遯）。䎽（聞）之曰：善＝人＝（善人，善人）也。是目（以）夏（得）緊（賢）士一＝人＝（一人，一人）譽☒

甲3四叟（鄰），遊（失）臤（賢）士一人，方（謗）亦陸（隨）是=（之。是）古（故）𦍒=（君子）訢（慎）言而不訢（慎）事☑甲4

君子先 人則啓道（導）之，遂（後）人則奉相之，是目（以）曰，𦍒=（君子）難旻（得）而惕（易）𡿧（事）也，亓（其）𡿧（使）人，器之。少（小）人先=（先人）則𡉉戠之，後人甲17則兔（疾/嫉）毀之，是目（以）曰，少（小）人惕（易）旻（得）而難𡿧（事）也，亓（其）𡿧（使）人，必求備安（焉）。餌（聞）之曰：行才（在）异（己）而名才（在）人，名難静（争）也。甲18

𦎧（敦）行不佚（倦），時（持）善不猒（厭），唯（雖）殜（世）不儳（識），必或智（知）之，是古（故）甲12𦍒=（君子）弜（强）行目（以）時（待）名之至也。𦍒=（君子）餌（聞）善言，目（以）改（改）亓（其）乙5言，見善行，内（納）亓（其）𦣻（身）安（焉），可胃（謂）𦣻（學）矣。餌（聞）之曰：可言而不可行，君子不言。可行而不可言，君子不行。甲11

毋暴，毋褚（虐），毋惻（賊），毋恰（貪）。不攸（修）不武〈戒〉，胃（謂）之必城（成），則暴。不奢（教）而殺，則褚（虐）。命亡（無）時（時），事必有羿（期），則惻（賊）。爲利桂（枉）甲15事，則賠（貪）。餌（聞）之曰：從正（政），𦎧（敦）五惪（德），㢝（固）三折（制），叙（除）十悁（怨）。五惪（德）：一曰慢（寬），二曰共（恭），三曰惠，四曰𦣻（仁），五曰敬。𦍒=（君子）不慢（寬）則亡（無）甲5目（以）頌（容）百眚（姓），不共（恭）則亡（無）目（以）叙（除）辱，不惠則亡（無）目（以）聚民，不𦣻（仁）

甲6則亡（無）目（以）行正（政），不敬則事亡（無）城（成）。三折（制）：時行見上，卒〈衣〉飤（食）甲7

　　九曰軌（犯）人之㞢（務），十曰口惠而實不係（繼）。興邦豪（家），綯（治）正（政）嗇（教）。從命則正（政）不袋（勞），弅戒先鐜則自异（己）旬（始），㷼（顯）劮（嘉）寋（勸）信則愳（僞）乙1不章（彰），毋占民贈（斂）則同，不膚（虖）瀍（法）贏（盈）亞（惡）則民不惏（怨）。龤（聞）之曰☒乙2

　　目（以）軌（犯）虞輓（犯），見不訓（順），行目（以）出之。龤（聞）之曰：㝅=（君子）樂則綯（治）正（政），惥（憂）則□，怒則□，懼則□，恥則甲16遬（復）。少（小）人樂則悇（疑），惥（憂）則唈（昏），芺（怒）則夯（勝），思（懼）則伓（背），恥則軌（犯）。龤（聞）之曰：從正（政），不綯（治）則鼼（亂），綯（治）巳（已）至則☒乙3

　　不武〈戒〉則志不忎，㤅（仁）而不智則☒乙6而不智則奉（逢）絑（災）害。龤（聞）之曰：從正（政）又（有）七幾：獄則舉，悗（威）則民不道，滷（嚴）則遊（失）衆，悟（猛）則亡（無）新（親），罰則民逃，好型（刑）甲8則民复（作）鼼（亂）。凡此七者，正（政）亝=（之所）㤅（殆）也。龤（聞）之曰：志燹（氣）不旨（者），亓（其）事不☒甲9

　　曰：從正（政）所㞢（務）三：敬、嬲、信=（信，信）則夏（得）衆，嬲則遠=戻=（遠戻，遠戻）所目（以）☒甲10

　　肰（然）句（後）能立道。龤（聞）之曰：㝅=（君子）之相諹（就）也，不必才（在）近迡（昵）樂。☒甲13

　　又（有）所又（有）舍（餘）而不敢聿（盡）之，又

（有）所不足而不敢弗☒甲14

　也。昏（聞）之曰：謟（侃）愗（敏）而共（恭）孫（遜），耇（教）之繻（勸）也。恩（溫）良而忠敬，慐（仁）之宗也。☒乙4

　之人可也。昏（聞）之曰：行隡（險）至（致）命，飤（飢）滄（寒）而毋歛，從事而不說（詷—毁），君子不目（以）流言敡（傷）人。甲19

《仲弓》

　季逗（桓）子叟（使）中（仲）弓爲剳（宰）。中（仲）弓目（以）告孔=（孔子）曰："季是（氏）**1**叟（使）雝（雍）也從於剳（宰）夫之逡（後）。雝（雍）也憧**4**愚，忎（恐）怡（貽）虗（吾）子題（羞），恋（願）因虗（吾）子而旬（辭）。"孔=（孔子）曰："雝（雍），女（汝）**26**母（毋）自隝（惰）也。昔三弋（代）之明王，又（有）四洖（海）之内，猷（猶）坒（來）☒**18**

　☒懇（與）昏（聞）之，夫季是（氏），河東之城（成）豥（家）也，亦**2**可目（以）行壴（矣）。爲之，余愳（誨）女（汝）。"中（仲）弓曰："敢昏（問）爲正（政）可（何）先？**5**中（仲）尼：**28**"老=（老老）慈（慈）幼，先又（有）司，譽（舉）臤（賢）才，惑（宥）怣（過）懇（赦）皋（罪），**7**﹛皋（罪）﹜正（政）之旬（始）也。"中（仲）弓曰："若夫老=（老老）慈（慈）﹛=﹜幼（幼），既昏（聞）命壴（矣）。夫先又（有）司，爲之女（如）可（何）？"中（仲）尼曰："夫民安舊而硅（重）遷，**8**景（早）叟（使）不行，妥（委）

尾（蛇）14又（有）城（成），是古（故）又（有）司不可不先也。"中（仲）弓曰："雪（雍）也不愳（敏），唯（雖）又（有）叚（賢）才，弗智（知）�!（舉）也。敢昏（問）�!（舉）才9女（如）之可（何）？"中（仲）尼："夫叚（賢）才不可穽（掩）也。�!（舉）而（爾）所智（知），而（爾）所不智（知），人丌（其）豫（舍）之者（諸）？"中（仲）弓曰："惑（宥）怣（過）�!（赦）皐（罪），則民可（何）妄（厚）？"10"山又（有）堋（崩），川又（有）滐（竭），冐=（日月）星屒（辰）猷（猶）差，民亡（無）不又（有）怣（過）。叚（賢）者□☒19

　☒型（刑）正（政）不繈（緩），惪（德）孝（教）不劵（倦）。"中（仲）弓曰："若此三17者，既昏（聞）命壴（矣）。敢昏（問）道（導）民興惪（德）女（如）可（何）？"孔=（孔子）曰："迪（陳）之11備（服）之，繈（緩）怣（施）而羕（遜）放（勑）之。唯（雖）又（有）鞣（孝）惪（德），丌（其）13

　☒中（仲）弓曰："敢27昏（問）民悉（務）。"孔=（孔子）曰："善才（哉）昏（問）虐（乎）！足目（以）孝（教）壴（矣）。君15子所滐（竭）丌（其）青（情）、肃（盡）丌（其）釿（慎）者三，害（蓋）近嚣矣。20下雪（雍），女（汝）智（知）者（諸）？"中（仲）弓畣（答）曰："雪（雍）也弗昏（聞）也。"孔=（孔子）曰："夫祭，至（致）敬之6杏（本）也，所目（以）立生也，不可不釿（慎）也。夫霙（喪），23下至（致）怸（愛）之㝒（卒）也，所目（以）城（成）死也，不可不釿（慎）也。夫行，巽（旬）年學（教）23上之，目=（一日）目（以）善立，所學（教）皆絡（終）。目=（一日）目（以）不善立，24所學（教）皆堋（崩），可不釿（慎）

虐（乎）？"中（仲）弓曰："含（今）之君子，叟（使）人不聿（盡）丌（其）終，25□定不及丌（其）城（成），謁＝猒（厭）人，戁（難）爲從正（政）。"孔＝（孔子）12曰："雙（雍），亝＝（古之）事君者目（以）忠與敬，唯（雖）其戁（難）也，女（汝）佳（唯）目（以）☑21

☑丌（其）咎。"中（仲）弓曰："含（今）之孧＝（君子），孚（愎）惥（過）找析，戁（難）目（以）内（納）柬（諫）。"孔＝（孔子）曰："含（今）之君☑20 上

☑宜。尖＝（小人）之至者，孚（教）而叟（使）之，孧＝（君子）亡（無）所猒（厭）人。含（今）女（汝）相夫16子，又（有）臣蓳（萬）人道女（汝），思（使）老丌（其）家（家），夫3

☑卡＝（上下）相遉（復）目（以）忠，則民懽（歡）丞（承）學（教）。害（蓋）□者不☑22

☑愛。"孔＝（孔子）曰："唯正（政）者，正也。夫子唯（雖）又（有）與，女（汝）蜀（屬）正之，幾（豈）不又（有）惺也？"中（仲）☑附簡

《相邦之道》

☑先亓（其）欲，備（服）亓（其）弜（強），牧亓（其）惓（倦），青（靜）目（以）寺（待）時＝（時，時）出古〈古＝（故，故）〉此〈出〉事＝（事，事）出政＝（政，政）母（毋）忘所旬（始），事☑1

☑□□□□人，可胃（謂）叟（相）邦矣。"公曰："敢昏（問）民事？"孔＝（孔子）2

☑實官蒼（倉），百攻（工）勸（勸）於事，目（以）實寶

（府）庫，朵（庶）民懃（勸）於四枳（肢）之褻（藝），㠯（以）備（服）軍旅☑3

☑孔=（孔子）退，告子贛（贛）曰：“虗（吾）見於君，不昏（問）又（有）邦之道，而昏（問）叟（相）邦之道，不亦堅（愆）虗（乎）？”子贛（贛）曰：“虗（吾）子之㣎（答）也可（何）女（如）？”孔=（孔子）曰：“女（如）詶（訊）。”4

《季康子問於孔子》

季庚（康）子酣（問）於孔=（孔子）曰：“肥從又（有）司之逡（後），罷（一）不智（知）民矛（務）之安（焉）才（在）。唯子之㫃（貽）脜（羞），青（請）昏（問）夆=（君子）之從事者於民之1

☑信之以㥂（德），此君子之大矛（務）也。”庚（康）子曰：“青（請）昏（問）可（何）謂㥂（信）之㠯（以）㥂（德）？”孔=（孔子）曰：“夆=（君子）才（在）民2之上，埶（執）民之中，絁（施）蕎（教）於百眚（姓），而民不備（服）安（焉），氏（是）夆=（君子）之恥也。氏（是）故夆=（君子）玉亓（其）言而壥（展）亓（其）行，敬城（成）亓（其）3㥂（德）㠯（以）臨民=（民，民）眰（望）亓（其）道而備（服）安（焉），此之謂㥂（信）之㠯（以）㥂（德）。叔笑（管）中（仲）又（有）言曰：‘夆=（君子）龏（恭）則述（遂），喬（驕）則泆（侮），浦言多難4

☑寣（寧）𠤳肥也。”孔=（孔子）曰：“丘昏（聞）之孟者吳（側）曰：‘夫箸=（《書》者），㠯（以）箸（著）夆=（君子）之㥂（德）也。6夫時（《詩》）也者，㠯（以）箸

（志）孞=（君子）志=（之志）。夫義（《儀》）者，昌（以）斤（謹）孞=（君子）之行也。'孞=（君子）涉之，尖=（小人）蒦（觀）之，孞=（君子）敬成亓（其）惪（德），尖=（小人）母〈女（如）〉寏（寐）7

☒矣。"庚（康）子曰："母（毋）乃肥之昏（問）也是左（差）虖（乎）？古（故）女虖（吾）子之疋（疏）肥也。"孔=（孔子）11下忩（辭）曰："子之言也巳（已）硅（重），丘也昏（聞）孞=（君子）☒18上

☒面事，皆夏（得）亓（其）嘆而弪（强）之，則邦又（有）欙童，百眚（姓）逆之昌（以）□☒5

☒安=（安焉）。复（作）而簞（乘）之，則邦又（有）穫。先=（先人）斋=（之所）善亦善之，先=（先人）斋=（之所）叓（使）12

☒亞（惡）勿叓（使），先=（先人）斋=（之所）瀘（廢）勿迟（起）。肰（然）則民迻（格）不善，眯（迷）父兄子俤（弟）而曼（稱）賕（讎）。15下

☒也。葛臤含語肥也昌（以）尸（處）邦豕（家）之述（術）曰：孞=（君子）不可昌（以）不=弪=（不强，不强）則不立。8☒不=惥=（不威，不威）則民舛（狎）之。母（毋）訐（信）玄（姦）曾（佞），因邦斋=（之所）叹（賢）而墅（舉）之。大皋（罪）殺21之，臧（臧）皋（罪）型（刑）之，少（小）皋（罪）罰之，句（苟）能固獸（守）22上而行之，民必備（服）矣，古（故）子昌（以）此言爲奚女（如）？"孔=（孔子）曰："繇（由）丘簹（觀）之，則敚（美）13言也已。叔（且）夫臤含之先=（先人），莅（世）三代之逭（傳）叓（史），幾（豈）敢不昌（以）亓（其）先=（先人）之逭（傳）等（志）告。"庚（康）子曰："肰（然），

亓（其）宔（主）人亦曰：'古之爲14邦者必呂（以）此。'"
孔＝（孔子）曰："言則散（美）矣，然15上異於丘宎＝（之所）昏（聞）。丘昏（聞）之牀（臧）貪（文）中（仲）又（有）言曰：'攼＝（君子）弜（強）則遄（遺），愚（威）則民不9道，盧（鹽—嚴）則遊（失）衆，盅（猛）則亡（無）新（親），好型（刑）而不羊（祥），好殺則复（作）𤔲（亂）。'是古（故）臤（賢）人之居邦豕（家）也，𡡧（夙）𦥔（興）夜寢（寐），10降嵩呂（以）比，民之？散（美）弃（棄）惡母〈女（如）〉遆（歸）。靳（慎）少（小）呂（以）倉（答）大，疋（疏）言而簪（密）獸（守）之。母（毋）欽（禁）遠，母（毋）詣逐（遏），惡人勿欿（陷），好19人勿貴。救民呂（以）㪅（辟），大皋（罪）則夜（赦）之呂（以）型（刑），臧（臧）皋（罪）則夜（赦）之呂（以）罰，少（小）則訨（貲）之。凡欲勿棠（長），凡遊（失）勿𡊎（危），各20豈（當）亓（其）曲呂（以）城（成）之，肰（然）則邦坪（平）而民𦡊（擾）矣，此攼＝（君子）從事者之所畜？也。"23

　　☑威（滅）速。母（毋）死（恒）才（在）逡＝（後，後）殜（世）比（必）𤔲（亂），邦相憲（壞）毀，衆必亞（惡）善，臤（賢）人22下

　　罙（深）佝（劬），氏（是）古（故）夫敀邦甚難，民能多☐☑11上

　　☑田肥，民則安。塍（瘠），民不敔（屬）。氏（是）古（故）臤（賢）人大（世）於邦，而又（有）舀（劬）心，能爲視18下

　　☑者，因古（故）册豐（禮）而章（彰）之，母（毋）逆百事，？青（請）行之17

　　☑面之仁。孔＝（孔子）訇（辭）呂（以）豊（禮）孫

（遜）安（焉）。庚（康）☑港大簡5

埠言則賾，**舀**民雖罜，不欲☑港大簡6

☑寺＝（持之）目（以）爲弖（己）執（勢），子或（又）安（焉）昏（問）☑港大簡8

《君子爲禮》

　　膺（顏）困（淵）時（侍）於夫＝子＝（夫子。夫子）曰："韋（回），君子爲豊（禮），目（以）依於**急**（仁）。"膺（顏）困（淵）**俓**（作）而會（答）曰："韋（回）不愳（敏），弗能少居也。"夫子曰："迣（坐），虛（吾）語女（汝）。言之而不義，1口勿言也。戝（視）之而不義，目勿戝（視）也。聖（聽）之而不義，耳勿聖（聽）也。遑（動）而不義，身毋遑（動）安（焉）。"膺（顏）困（淵）退，嚳（數）日不出。□□□2之曰："虛（吾）子可（何）亓（其）膡（瘠）也？"曰："然，虛（吾）新（親）聝（聞）言於夫子，欲行之不能，欲迭（去）之而不可，虛（吾）是目（以）膡（瘠）也。"膺（顏）困（淵）時（侍）於夫＝（夫子。夫子）曰："3韋（回），蜀（獨）智，人所亞（惡）也。蜀（獨）貴，人所亞（惡）也。蜀（獨）賵（富），人所亞（惡）也。9上顔困（淵）记（起），迭（去）箸（席）曰："敢聝（問）可（何）胃（謂）也？"夫子："智而比**舉**，斯人欲亓（其）4□智也。貴而龏（能）壤（讓），斯人欲亓（其）長貴【也】。賵（富）而☑9下

　　好。凡色毋恁（憂），毋佻，毋俓（作），毋誄，毋5免（俛）戝（視），毋吳（側）覒（睇）。凡目毋遊，定（正）戝

（視）是求。毋欽（噤）毋去（呿），聖（聽）之僧（疾）徐（徐），曼（稱）其衆寡（寡）。6

☑脰（頸）而秀，脀（肩）毋妥（廢）、毋冋（傾），身毋躳（僂）、毋倩，行毋坒（蹶）、毋敊（搖），足毋攴（偏）、毋高，7上亓（其）才（在）7下庭（廷）則欲齊＝（齊齊），亓（其）才（在）堂則☑8

行{子}人子羽鼦（問）於子贛（贛）曰："中（仲）屄（尼）與虞（吾）子産簹（孰）臤（賢）？"子贛（贛）曰："夫子絅（治）十室之邑亦樂，絅（治）蕫（萬）室之邦亦樂，然則賢11於子産豈（矣）。""與垔（禹）簹（孰）臤（賢）？"子贛（贛）曰："垔絅（治）天下之川15□，目（以）爲灵（己）名，夫13子絅（治）時（《詩》）、箸（《書》），16亦目（以）异（己）名，肰（然）則臤（賢）於垔（禹）也。""與銮（舜）14簹（孰）臤（賢）？"子贛（贛）曰："銮（舜）君天下☑12

☑子䁂（聞）之曰："賜，不虞（吾）知也，婴（夙）興夜㑩（寐），目（以）求䁂（聞）《弟子問》22

☑□不曰生民未之又（有）☑《孔子詩論》附簡

☑昔者中（仲）屄（尼）箴徒三人，菷徒五人，芫贅之徒☑10

《弟子問》

子曰："脡（延）陵季子，丌（其）天民也虖（乎）？生而不因其浴（俗）。吳人生七□2而暨散□虖（乎）丌（其）雁（膺），脡（延）陵季＝（季子）僑（矯）而弗受。脡（延）陵季＝（季子），丌（其）天民也虖（乎）？"子贛（贛）☑1

☑子曰："虐（吾）聏（聞）父母之崇（喪），**7**飤（食）肉女（如）飯土，酓（飲）酉（酒）女（如）㳘〈嚌＝（啜水）〉，訐（信）虐（乎）？"子贛（贛）曰："莫新（親）虐（乎）父母。死不覭（顧），生可（何）言虐（乎）？丌（其）訐（信）也。"子**8**

☑□也，此之胃（謂）悬（仁）。"宎（宰）我昏（問）君子，曰："余（予），女（汝）能斳（慎）旬（始）與冬（終），斯善歕（矣），爲君子虐（乎）？☑**11**

☑者，可迩（略）而告也。"子曰："少（小）子，坴（來），聖（聽）余言，豐年不丕（恒）至，耉老不遧（復）壯，叡（賢）者伋（急）**5**還（就）人，不曲方（防）目（以）迖（去）人。"子曰："君子亡（無）所不足，無所又（有）余（餘），割（蓋）☑**13**

☑也，求爲之言。又（有）夫言也，求爲之行。言行相㥐（近），肰（然）句（後）君子。"子**12**曰："韋（回），坴（來），虐（吾）告女（汝），丌（其）緷者虐（乎）？佳（雖）多聏（聞）而不畚（友）叡（賢），丌（其）**15**

☑女（汝）弗智（知）也虐（乎）？繇（由）。夫目（以）桼軓（犯）墾（難），目（以）新（親）受录（祿），裻（勞）目（以）城（成）事，色（嗇）目（以）㣙官，士戠（治）目（以）力則俎（沮），目（以）**10**

☑弗王，善歕（矣）夫，安（焉）能王人？繇（由）。"子迚（過）薵（曹），顏**17**困（淵）駁（御），至老丘，有戎（農）植（置）丌（其）櫷而訶（歌）安（焉）。子虞（據）虐（乎）軙（軾）而☑**20**

☑□風也，嚻（亂）節而悗（哀）聖（聲）。矍（曹）之喪（喪），元（其）必此虖（乎）？韋（回）。"子戁（嘆）曰：
"烏！莫我智（知）也夫。"子遊曰："又（有）堅（地）之胃
（謂）也虖（乎）？"子曰："佞（偃）4

　　☑安（焉）。"子曰："貧戔（賤）而不約者，虖（吾）見
之豆（矣），贏（富）貴而不喬（驕）者，虖（吾）馘（聞）
而 未之見也。6☑士，虖（吾）見之豆（矣），事（使）而弗受
者，虖（吾）馘（聞）而未之見也。"子曰："人而下臨，猷
（猶）上臨也。☑9

　　虖（吾）未見芋（華）而信者，未見善事人而慝（憂）
者，含（今）之殜（世）□☑21

　　☑□安（焉）冬（終）。"子曰："募（寡）馘（聞）則沽
（固），募（寡）見則緯（肆），多馘（聞）則臧（惑），多見則☑16

　　☑從，虖（吾）子皆能又（有）時（待）虖（乎）？君子道
朝（昭），肤（然）則夫二厽（三）子者14

　　☑者，皆可目（以）爲者（諸）厌（侯）叟（相）歖
（矣）。東西南北，不□□☑18

　　長。巨（蘧）白（伯）玉佸（止），虖（吾）子膣=（雍
雍）女（如）也元（其）聖（聽）。子迷（路）逄（往），虖
（吾）子噩=（愕愕）女（如）也女（如）戉（誅）。☑19

　　☑□□之又（有）。"子曰："剌（列）虖（乎）元（其）
下，不折元（其）朼（枝），飤（食）元（其）實（食）
者，不毀其器。☑23

　　☑女（汝）安（焉）能也。24

　　☑曰："考（巧）言窒（令）色，未可胃（謂）㥅（仁）
也。□者（諸）元（其）言，夯（勝）而不可附簡

　　毋又（有）柔孝（教），毋又（有）首猷，植☑3

《孔子見季桓子》

　　子見季趄（桓）【子】。曰："霍（斯）䎽（聞）之，害（蓋）臤（賢）者是能皋〈晕〉＝**1**怠＝（親仁，親仁）者是能行耶（聖）人之道。女（若）子〈夫〉皋〈晕（親）〉怠（仁），行耶（聖）人之道，則霍（斯）**4**不足，鈞〈剴（豈）〉敢訨（望）之？女（若）夫見人不猒（厭），䎽（問）豊（禮）不券（倦），則20霍（斯）忠＝（中心）樂之。"夫子曰："上不皋〈晕（親）〉怠（仁），而柋（匍）專（匐）䎽（問）亓（其）旬（治）於癬（逸）人虗（乎）？夫士，品勿（物）**3**不竆（窮），君子流亓（其）觀安（焉）。品勿（物）備矣，而亡（無）成惪（德）☒24

　　者也。女（如）此者，安（焉）异（與）之屌（處）而訾（察）䎽（問）亓（其）所學。先16□□□□□緐（由）怠（仁）异（歟）？憲（蓋）【君】子耿（聽）之。"趄（桓）子曰："女（若）夫怠（仁）人之未訾（察），亓（其）行6屌（處）可名而智（知）与（歟）？"夫子曰："虗（吾）䎽（聞）之，唯怠（仁）人□□10亓（其）勿（物）。与（邪）蝸（僞）之民，亦目（以）亓（其）勿（物）。審二逃（道）者目（以）觀於民，唯（雖）又（有）□，弗徲（遠）**12**矣。"趄（桓）子曰："二道者，可㝵（得）而䎽（聞）异（歟）？"夫子曰："言即至矣（矣），唯（雖）**2**虗（吾）子勿䎽（問），古（固）牁（將）目（以）告。怠（仁）人之道，卒〈衣〉備（服）北（必）中，頌（容）佫（貌）不求兕（軷）於人，不☒**7**☒也。☒又（有）此佫（貌）也，而亡（無）目（以）言（享）者

（諸）此矣（矣）。唯非息（仁）人也，乃☒8

也。玘（好）裴隹（雖）聚，卬（仰）天而鸌（嘆），曰：
设（緊）不奉屮（喪），不杳（味）酉（酒）肉，26不飤（食）
五穀（穀），罜（擇）尻（處）迣杆，劊（豈）不難虘（乎）？
戝（抑）异（邪）民之行也，玘（好）叚（假）岂（美）目
（以）爲□□，14此与（與）息（仁）人述（二）者也。夫與
（邪）蝸（僞）之民，亓（其）述（術）多方，女（如）11迷
（悉）言之，則忑（恐）舊（久）虘（吾）子。”赳（桓）子
曰：“曑（斯）不您，虘（吾）子迷（悉）言之，猷（猶）忑
（恐）弗智（知），皇（況）亓（其）女（如）22岂（微）言
之虘（乎）？”夫子曰：“與（邪）蝸（僞）之民，衣備（服）
玘（好）豊（禮），□□19皆求兒（軵）於人，擎犮興，道學
（學）㸎（淫）言，不弖（當）亓（其）所，虘（皆）同亓
（其）□，此与（邪）民也。17行年民（彌）舊（久），誾
（聞）學（教）不訾（察）不俙（依）。亓（其）行□□□□18
□，此與（邪）民也。邑（色）不斆，出言不忞（忌），見於
垾=（君子），大爲毋槃（懼），此與（邪）民也。☒13

　　君子疘（恒）目（以）衆福，句（苟）拜四方之立（位），
目（以）童（動）君子，畏（威）之目（以）亓（其）所畏，
覟（窺）之目（以）亓（其）所谷（欲），智（知）不行矣
（矣）。不鐑□繼（絶），目（以）爲㠯（己）箒，此民□☒15

　　爲畬（諂）目（以）事亓（其）上，息（佞）亓（其）女
（如）此也。上唯（雖）逃（道），智（知）亡（無）不䰛
（亂）矣。是古（故）備（服）道之垾=（君子），行冠（忨），
弗見也。吾（語）詥（險），弗見也。備（服）緣，弗見也。
☒5

是嘗（察），求之於中，此昌（以）不惑，而民道之。27

☑者，孚=（君子）德（得）吕（己）而立帀（師）保，斳（慎）亓（其）豊（禮）樂，逃（道）亓（其）☑21

☑□子有道，生民之▨□23

《顏淵問於孔子》

□。𥶊（顏）困（淵）𥈑（問）於孔=（孔子）曰："敢𥈑（問）君子之内（入）事也又（有）道虗（乎）？"孔=（孔子）曰："又（有）。"𥶊（顏）困（淵）："敢𥈑（問）可（何）女（如）？"孔=（孔子）曰："敬（儆）又（有）𥻳（過）而[1][先]又（有）司，老=（老老）而惷（慈）學（幼），豫（舍）絞（饒）而收貧，彔（祿）不足則青（請），又（有）余（餘）則𥮈（辭）。12上敬（儆）又（有）𥻳（過），所昌（以）爲縊（寬）也。先[2下][有]司，所昌（以）[2上]昊（得）青=（情也）。老=（老老）而惷（慈）學（幼），所昌（以）凥（處）悬（仁）也。豫（舍）絞（饒）而收貧，所昌（以）取11新（親）也。彔（祿）不足則青（請），又（有）余（餘）[12下]則𥮈（辭），所昌（以）易（揚）信也。害（蓋）君子之内（入）事也女（如）此矣。"𥶊（顏）困（淵）曰："君子之内（入）事也，惶（回）既𥈑（聞）命矣，敢𥈑（問）[5]君子之内（入）教也又（有）道虗（乎）？"孔=（孔子）曰："又（有）。"𥶊（顏）困（淵）："敢𥈑（問）可（何）女（如）？"孔=（孔子）曰："攸（修）身昌（以）先，則民莫不從矣。耑（前）[6]昌（以）尃（博）慇（愛），則民莫遱（遺）新（親）矣。道（導）之昌（以）僉（儉），則民智（知）足矣。耑（前）之昌（以）

（以）讓，則民不靜（爭）矣。或（又）迪（由）而教7 之 ，能＝（能能），戔（賤）不杲（肖）而遠之，則民智（知）欽（禁）矣。女（如）進者蓳（勸）行，退者智（知）欽（禁），則亓（其）於教也不遠矣。"斈（顔）困（淵）曰：9 "君子之内（人）教也，惲（回）既䎦（聞）矣＝（命矣），敢䎦（問）至明（名）。"孔＝（孔子）曰："惪（德）城（成）則名至矣，名至必俾（卑）身＝（身，身）絅大則录（祿）10

　　☒君子讓 而㝵（得）之，少（小）人靜（爭）而遊（失）之。8

　　☒示則斤而母（毋）谷（欲）㝵（得）安（焉）。☒14

　　☒干（簡）行而信，先尻（處）忠也。貧而安樂，先尻（處）13

　　☒内矣。俑（庸）言之訐（信），俑（庸）行之敬4

　　☒必不才（在）慈（兹）之内矣。斈（顔）困（淵）西3

　　☒言虖（乎）君子才（哉）。䎦（聞）☒《成王爲城濮之行》乙3 下

《史䔶問於夫子》

亓（其）□之。"夏（史）䔶曰："䔶也，古（固）齊邦希（俙）夏（史）之子也，亡（無）女煮（圖）也。☒1

䌛之㠯（以）亓（其）子＝（子，子，）亓（其）身之弍（貳）也。含（今）夏（使）子帀（師）之，君之翠（擇）之新（慎）矣。☒2

　　☒不可㠯（以）弗戒。子之夏（使）行，百生（姓）㝵（得）亓（其）利，邦豪（家）㠯（以）㣆（夷）。子之夏（使）

不行，百生（姓）☑11

北（必）叴（危）亓（其）邦豪（家），則能貴於壾＝濿＝（禹、湯，禹、湯）則學。自怠（始）3又（有）民㠯（以）來，未或（有）能才立於墬（地）之上，鼡（一）或不免又（有）諯（過），不☑10

死䰥同，古（故）耇（教）於怠（始）虜（乎）才（哉）。怠（始）夏（得）可人而与（舉）之，4悬（仁）爰（援）悬（仁）而進之，不悬（仁）人弗夏（得）進矣。怠（始）夏（得）不可人而与（舉）之☑《孔子見季桓子》9

☑民嚻（岷）不可思（侮）。衆之所植，莫之能瀤（廢）也。衆之廢《孔子見季桓子》25莫之能豎（樹）也。子㠯（以）氏（是）貝（視）之，不亓（其）難与（與）言也？戲（且）夫☑5

☑也。”叟（史）䔲曰：“可（何）胃（謂）八？”夫子曰：“内与（與）賵（貨），幽色与（與）酉（酒），大鐘貞（鼎），6美宀（宫）室，區（驅）輕（騁）畋邅（獵），与（舉）獄訟，此所㠯（以）遊（失）☑7

害廌（薦）而不敬，子亦氏（是）之惻（則）。”叟（史）䔲曰：“可（何）胃（謂）䰥？可（何）胃（謂）9敬？”夫子曰：“敬也者，詹（瞻）人之㢴＝（顔色）而爲之爲，貝（視）亓（其）所谷（欲）而☑8

☑䎽（聞）子之言，大曡（懼），不志（識）所爲。”夫子曰：“善才（哉）！臨事而曡（懼），希不☑12

主要參考文獻

A

艾蘭：《楚竹書〈子羔〉與早期儒家思想的性質》，《出土文獻與傳世典籍的詮釋——紀念譚樸森先生逝世兩週年國際學術研討會論文集》，上海古籍出版社，2010 年 10 月。

安徽大學漢字發展與應用研究中心編，黄德寬、徐在國主編：《安徽大學藏戰國竹簡（一）》，中西書局，2019 年 8 月。

安徽大學漢字發展與應用研究中心編，黄德寬、徐在國主編：《安徽大學藏戰國竹簡（二）》，中西書局，2012 年 7 月。

B

白海燕：《〈季庚子問於孔子〉殘字補證兩則》，《中國文字研究》第 20 輯，上海書店出版社，2014 年 10 月。

白海燕：《〈季庚子問於孔子〉集釋》，吉林大學碩士學位論文，2009 年 4 月。

白於藍：《讀上博簡（二）劄記》，《上博館藏戰國楚竹書研究續編》，上海書店出版社，2004 年 7 月。

白於藍：《簡帛古書通假字大系》，福建人民出版社，2017年12月。

鮑鵬飛：《上博戰國竹書〈論語〉類文獻視域下的早期〈論語〉形態》，樓勁主編：《徐連達先生八十五壽慶論文集》，上海古籍出版社，2017年10月。

C

曹建國：《上博竹書〈弟子問〉關於子路的幾條簡文疏釋》，《楚地簡帛思想研究（三）》，湖北教育出版社，2007年6月。

曹峰：《〈魯邦大旱〉初探》，《上博館藏戰國楚竹書研究續編》，上海書店出版社，2004年7月。

柴永昌：《仲弓思想散論》，《華夏文化》2011年第4期。

常佩雨：《上博簡孔子言論研究》，鄭州大學博士學位論文，2012年5月。

晁福林：《上博三〈仲弓〉篇簡序調整之一例》，簡帛研究網，2004年6月6日。

晁福林：《從上博簡〈仲弓〉篇看孔子的"爲政"思想》，《齊魯學刊》2004年第6期。

晁福林：《上博簡〈仲弓〉疏證》，《孔子研究》2005年第2期。

陳秉新：《上海博物館藏戰國楚竹書（二）補釋》，《江漢考古》2004年第2期。

陳劍：《上博簡〈子羔〉〈從政〉篇的竹簡拼合與編聯問題小議》，簡帛研究網，2003年1月8日。又載《文物》2003年第5期。

陳劍：《上博簡〈容成氏〉的竹簡拼合與編聯問題》，簡帛研究網，2003 年 1 月 9 日。又載《上博館藏戰國楚竹書研究續編》，上海書店出版社，2004 年 7 月。

陳劍：《據戰國竹簡文字校讀古書兩則》，《第四屆國際中國古文字學研討會論文集》，香港中文大學，2003 年 10 月。

陳劍：《上博竹書〈仲弓〉篇新編釋文（稿）》，簡帛研究網，2004 年 4 月 18 日。收入《戰國竹書論集》，上海古籍出版社，2013 年 12 月。

陳劍：《談談〈上博五〉的竹簡分篇、拼合與編聯問題》，簡帛網，2006 年 2 月 19 日。收入《戰國竹書論集》，上海古籍出版社，2013 年 12 月。

陳劍：《〈上博（五）〉零劄兩則》，簡帛網，2006 年 2 月 21 日。收入《戰國竹書論集》，上海古籍出版社，2013 年 12 月。

陳劍：《上博竹書“葛”字小考》，簡帛網，2006 年 3 月 10 日。又載《中國文字研究》第 8 輯，大象出版社，2007 年 9 月。

陳劍：《上海博物館藏戰國楚竹書〈從政〉篇研究（三題）》，復旦大學出土文獻與古文字研究中心網，2008 年 2 月 28 日。又載《簡帛研究二〇〇五》，廣西師範大學出版社，2008 年 9 月。

陳劍：《〈上博六·孔子見季桓子〉重編新釋》，復旦大學出土文獻與古文字研究中心網，2008 年 3 月 22 日。又載《出土文獻與古文字研究》第 2 輯，復旦大學出版社，2008 年 8 月。

陳劍：《〈上博（三）·仲弓〉賸義》，《簡帛》第 3 輯，上海古籍出版社，2008 年 10 月。

陳劍：《〈上博八·顏淵問於孔子〉補釋兩則》，《簡帛》第 7 輯，上海古籍出版社，2012 年 10 月。

陳劍：《清華簡（伍）與舊說互證兩則》，復旦大學出土文獻與古文字研究中心網，2015 年 4 月 14 日。

陳侃理：《上博楚簡〈魯邦大旱〉的思想史坐標》，《中國歷史文物》2010 年第 6 期。

陳麗桂：《由表述形式與義理結構論〈民之父母〉與〈孔子閒居〉及〈論禮〉之優劣》，《上博館藏戰國楚竹書研究續編》，上海書店出版社，2004 年 7 月。

陳斯鵬：《上博藏簡（二）釋字二篇》，《上博館藏戰國楚竹書研究續編》，上海書店出版社，2004 年 7 月。

陳斯鵬：《讀〈上博竹書（五）〉小記》，簡帛網，2006 年 4 月 1 日。

陳斯鵬：《簡帛文獻與文學考論》，中山大學出版社，2007 年 12 月。

陳斯鵬：《楚簡“史”“弁”續辨》，《古文字研究》第 27 輯，中華書局，2008 年 9 月。

陳斯鵬：《楚簡中一個讀爲“曰”的奇字補説》，《古文字論壇》第 1 輯，中山大學出版社，2015 年 1 月。

陳思婷：《〈上海博物館藏戰國楚竹書（四）·采風曲目、逸詩、內豐、相邦之道〉研究（下）》，（臺北）花木蘭文化出版社，2008 年 9 月。

陳松長：《香港中文大學文物館藏簡牘》，香港中文大學文物館，2001 年。

陳桐生：《從出土文獻看七十子後學在先秦散文史上的地位》，《文學遺產》2005 年第 6 期。

陳桐生：《孔子語錄的節本和繁本——從〈仲弓〉看〈論語〉與七十子後學散文的形式差異》，《孔子研究》2006 年第 2 期。

陳桐生：《從上博竹簡看〈論語〉的編纂特點》，《武漢理工大學學報（社會科學版）》2008 年第 6 期。

　　陳桐生：《七十子後學散文研究》，暨南大學出版社，2011 年 12 月。

　　陳偉：《郭店楚簡別釋》，《江漢考古》1998 年第 4 期。

　　陳偉：《郭店竹書別釋》，湖北教育出版社，2002 年 12 月。

　　陳偉：《上海博物館藏楚竹書〈從政〉校讀》，簡帛研究網，2003 年 1 月 10 日。收入《新出楚簡研讀》，武漢大學出版社，2010 年 3 月。

　　陳偉：《讀〈魯邦大旱〉劄記》，簡帛研究網，2003 年 1 月 27 日。又載《上博館藏戰國楚竹書研究續編》，上海書店出版社，2004 年 7 月。

　　陳偉：《〈上海博物館藏戰國楚竹書（二）〉零釋》，簡帛研究網，2003 年 3 月 17 日。又載《武漢大學學報（哲學社會科學版）》2004 年第 4 期。

　　陳偉：《竹書〈仲弓〉詞句試解（三則）》，簡帛網，2005 年 11 月 6 日。又載《古文字研究》第 26 輯，中華書局，2006 年 11 月。

　　陳偉：《上博楚竹書〈仲弓〉“季桓子章”集釋》，簡帛網，2005 年 12 月 10 日。

　　陳偉：《上博五〈季康子問於孔子〉零釋》，簡帛網，2006 年 2 月 20 日。收入《新出楚簡研讀》，武漢大學出版社，2010 年 3 月。

　　陳偉：《上博五〈弟子問〉零釋》，簡帛網，2006 年 2 月 21 日。收入《新出楚簡研讀》，武漢大學出版社，2010 年 3 月。

　　陳偉：《〈苦成家父〉通釋》，簡帛網，2006 年 2 月 26 日。收入《新出楚簡研讀》，武漢大學出版社，2010 年 3 月。

　　陳偉：《〈季康子問於孔子〉零釋（續）》，簡帛網，2006

年3月2日。收入《新出楚簡研讀》，武漢大學出版社，2010年3月。

陳偉：《〈君子爲禮〉9號簡的綴合問題》，簡帛網，2006年3月6日。收入《新出楚簡研讀》，武漢大學出版社，2010年3月。

陳偉：《〈弟子問〉零識（續）》，簡帛網，2006年3月7日。收入《新出楚簡研讀》，武漢大學出版社，2010年3月。

陳偉：《竹書〈孔子見季桓子〉初讀》，《簡帛》第3輯，上海古籍出版社，2008年10月。

陳偉：《〈顔淵問於孔子〉内事、内教二章校讀》，簡帛網，2011年7月22日。

陳偉：《上博八零識（二則）》，簡帛網，2011年7月25日。

陳哲：《釋上博竹書〈顔淵問於孔子〉用爲“愛”之字》，《漢語史學報》第25輯，上海教育出版社，2021年11月。

程鵬萬：《〈仲弓〉的“𠇹”字考釋》，簡帛研究網，2005年6月6日。又載《古文字研究》第26輯，中華書局，2006年11月。

程燕：《讀〈上博九〉劄記（二）》，簡帛網，2013年1月7日。

D

鄧國均：《“雍也可使南面”——出土文獻與仲弓爲政思想探微》，《諸子學刊》第20輯，上海古籍出版社，2020年5月。

董楚平：《〈論語〉裏令人費解的一章》，《浙江學刊》2010年第5期。

董珊：《讀〈上博藏戰國楚竹書（四）〉雜記》，簡帛研究網，2005 年 2 月 20 日。收入《簡帛文獻考釋論叢》，上海古籍出版社，2014 年 1 月。

董珊：《讀〈上博六〉雜記》，簡帛網，2007 年 7 月 10 日。收入《簡帛文獻考釋論叢》，上海古籍出版社，2014 年 1 月。

董珊：《出土文獻所見"以諡爲族"的楚王族——附說〈左傳〉"諸侯以字爲諡因以爲族"的讀法》，復旦大學出土文獻與古文字研究中心網，2008 年 2 月 17 日。又載《出土文獻與古文字研究》第 2 輯，復旦大學出版社，2008 年 8 月。

F

凡國棟、何有祖：《〈孔子見季桓子〉劄記一則》，簡帛網，2007 年 7 月 15 日。

范常喜：《讀〈上博四〉劄記四則》，簡帛研究網，2005 年 3 月 31 日。

范常喜：《〈弟子問〉〈季庚子問於孔子〉劄記三則》，簡帛網，2006 年 8 月 2 日。

范麗梅：《上博楚簡〈魯邦大旱〉注譯》，《上博館藏戰國楚竹書研究續編》，上海書店出版社，2004 年 7 月。

方旭東：《二重證據法研究思想史之一例——上博簡〈民之父母〉篇論析》，《學術月刊》2004 年第 1 期。

方旭東：《上博簡〈民之父母〉篇論析》，《上博館藏戰國楚竹書研究續編》，上海書店出版社，2004 年 7 月。

馮勝君：《論郭店簡〈唐虞之道〉〈忠信之道〉〈語叢〉一～三以及上博簡〈緇衣〉爲具有齊系文字特點的抄本》，北京大學博士後研究工作報告，2004 年 8 月。

馮勝君：《郭店簡與上博簡對比研究》，綫裝書局，2007 年
5 月。

［日］福田哲之：《上博五〈季康子問於孔子〉的結構與編
聯》，《楚地簡帛思想研究（三）》，湖北教育出版社，2007 年
6 月。

［日］福田哲之：《〈孔子見季桓子〉1 號簡的釋讀與綴合》，
簡帛網，2007 年 8 月 6 日。

復旦大學出土文獻與古文字研究中心研究生讀書會：《攻研
雜志（三）——讀〈上博（六）·孔子見季桓子〉劄記（四
則）》，復旦大學出土文獻與古文字研究中心網，2008 年 5 月
23 日。

復旦吉大古文字專業研究生聯合讀書會：《〈上博八·顏淵
問於孔子〉校讀》，復旦大學出土文獻與古文字研究中心網，
2011 年 7 月 17 日。

G

高亨纂著，董治安整理：《古字通假會典》，齊魯書社，
1989 年 7 月。

高華平、李璇：《由楚地出土簡帛看“六經”在楚國的傳
播》，《文獻》2015 年第 4 期。

高榮鴻：《〈上博五·君子爲禮〉文字考釋及相關問題》，
《興大中文學報》第 29 期，2011 年 6 月。

高榮鴻：《上博楚簡論語類文獻疏證》，（臺中）中興大學博
士學位論文，2013 年 7 月。

高佑仁：《〈上海博物館藏戰國楚竹書（四）·曹沬之陣〉
研究》，（臺北）花木蘭文化出版社，2008 年 3 月。

高佑仁:《〈上博九〉初讀》,簡帛網,2013 年 1 月 8 日。

高佑仁:《〈史蒥問於夫子〉初讀》,《中國文字》新 42 期,(臺北)藝文印書館,2016 年 3 月。

[日] 工藤元男:《楚文化圈所見卜筮祭禱習俗——以上博楚簡〈簡大王泊旱〉爲中心》,《簡帛》第 1 輯,上海古籍出版社,2006 年 10 月。

[美] 顧史考:《上博六〈孔子見季桓子〉簡序追補》,《出土文獻與古文字研究》第 6 輯,復旦大學出版社,2015 年 2 月。

[美] 顧史考:《上博二〈從政〉篇拾遺》,《第二十八屆中國文字學國際學術研討會論文集》,臺灣大學中國文學系、中國文字學會,2017 年 5 月。

[美] 顧史考:《上博楚簡三〈仲弓〉新編》,復旦大學出土文獻與古文字研究中心編:《戰國文字研究的回顧與展望》,中西書局,2017 年 8 月。

[美] 顧史考:《上博竹書〈魯邦大旱〉篇及其形成探索》,《簡帛》第 15 輯,上海古籍出版社,2017 年 11 月。

[美] 顧史考:《上博楚簡〈君子爲禮〉新探》,《第二十九屆中國文字學國際學術研討會論文集》,(桃園)“中央”大學,2018 年 5 月。

[美] 顧史考:《上博楚簡〈季庚子問於孔子〉新編及概述(修訂)》,《出土文獻與古文字研究》第 7 輯,上海古籍出版社,2018 年 5 月。

[美] 顧史考:《上博楚簡〈弟子問〉再探》,《出土文獻與域外漢學國際學術研討會論文集》,(臺北)臺灣師範大學,2018 年 11 月。

[美] 顧史考:《上博楚竹書文字釋讀與簡序互證五則》,《古文字研究》第 33 輯,中華書局,2020 年 8 月。

［美］顧史考：《上博竹書孔子語録文獻研究》，中西書局，2021 年 12 月。

［日］廣瀬薰雄：《關於〈魯邦大旱〉的幾個問題》，《武漢大學學報（哲學社會科學版）》2004 年第 4 期。

郭楠：《〈上海博物館藏戰國楚竹書〉（三、四）文字整理和研究》，北京語言大學碩士學位論文，2009 年 5 月。

郭齊勇：《上博楚簡所見孔子爲政思想及其與〈論語〉之比較》，《哲學研究》2007 年第 2 期。

郭沂：《郭店竹簡與先秦學術思想》，上海教育出版社，2001 年 2 月。

郭永秉：《讀〈六德〉〈子羔〉〈容成氏〉劄記三則》，簡帛網，2006 年 5 月 26 日。又《戰國竹書剩義（三則）》，收入《古文字與古文獻論集》，上海古籍出版社，2011 年 6 月。

郭永秉：《説〈子羔〉簡 4 的"敏以好詩"》，《出土文獻與古文字研究》第 1 輯，復旦大學出版社，2006 年 12 月。

郭永秉：《上博竹書〈孔子見季桓子〉考釋二題》，《文史》2011 年第 4 輯。

郭永秉：《〈孔子見季桓子〉5 號簡釋讀補正》，《中國文字》新 37 期，（臺北）藝文印書館，2011 年 12 月。

H

韓自强：《阜陽西漢汝陰侯墓一號木牘〈儒家者言〉章題》，《阜陽漢簡〈周易〉研究》附録一，上海古籍出版社，2004 年 7 月。

何成軒：《先秦儒學在中原的傳播及其南漸趨勢》，《哲學研究》1997 年第 8 期。

何琳儀：《滬簡二册選釋》，簡帛研究網，2003 年 1 月 14 日。又載《上博館藏戰國楚竹書研究續編》，上海書店出版社，2004 年 7 月。

何琳儀：《戰國文字通論（訂補）》，江蘇教育出版社，2003 年 1 月。

何有祖：《上博五〈君子爲禮〉試讀》，簡帛網，2006 年 2 月 19 日。

何有祖：《上博五〈弟子問〉試讀三則》，簡帛網，2006 年 2 月 20 日。

何有祖：《讀〈上博六〉劄記》，簡帛網，2007 年 7 月 9 日。

何有祖：《上博五〈弟子問〉校讀劄記》，簡帛網，2008 年 4 月 5 日。

何有祖：《上博楚簡釋讀劄記》，簡帛網，2011 年 7 月 24 日。

何有祖：《讀〈上海博物館藏戰國楚竹書（九）〉劄記》，簡帛網，2013 年 1 月 6 日。又載《中國文字》新 41 期，（臺北）藝文印書館，2015 年 7 月。

湖南省博物館、復旦大學出土文獻與古文字研究中心編纂，裘錫圭主編：《長沙馬王堆漢墓簡帛集成》，中華書局，2014 年 6 月。

洪淑玲：《〈上博六·孔子見季桓子〉研究》，（臺北）臺灣師範大學碩士學位論文，2009 年 6 月。

洪曉波：《淺談上博二〈民之父母〉中的“五至”思想》，《淮南師範學院學報》2009 年第 2 期。

洪曉波、代秀松：《以〈子羔〉爲例淺析三王感生神話及其背後的“君權神授”思想》，《蚌埠學院學報》2014 年第 2 期。

侯乃峰：《〈仲弓〉篇“攼析”試解》，簡帛研究網，2004 年 5 月 3 日。又載《古籍研究》2005 年第 1 期。

侯乃峰：《讀簡帛散劄》，簡帛網，2006 年 11 月 26 日。

侯乃峰：《上博六膡義贅言》，簡帛網，2007 年 10 月 30 日。

侯乃峰：《上博楚簡儒學文獻校理》，上海古籍出版社，2018 年 6 月。

黃德寬：《〈戰國楚竹書（二）〉釋文補正》，簡帛研究網，2003 年 2 月 21 日。又載《上博館藏戰國楚竹書研究續編》，上海書店出版社，2004 年 7 月。

黃人二：《上海博物館藏戰國楚竹書（二）研究》，中山大學博士後研究工作報告，2005 年 5 月。

黃人二：《上博藏簡（五）〈君子爲禮〉與〈弟子問〉試釋——兼論本篇篇名爲〈論語弟子問〉與〈論語〉之形成和主要編輯時間》，《中國國家博物館館刊》2011 年第 6 期。

黃人二、林志鵬：《上博藏簡第三冊仲弓試探》，簡帛研究網，2004 年 4 月 23 日。又載《文物》2006 年第 1 期。

黃武智：《上博楚簡“禮記類”文獻研究》，（高雄）中山大學博士學位論文，2009 年 2 月。

黃武智：《論上博楚簡〈子羔〉之禪讓觀及其文獻性質》，《慈惠學報》第 9 期，2013 年 12 月。

黃錫全：《湖北出土商周文字輯證（增補本）》，武漢大學出版社，2019 年 4 月。

黃易青：《上古詩歌語氣助詞“只、些、斯、思、止”的詞源》，《北京師範大學學報（社會科學版）》2018 年第 1 期。

J

冀小軍：《〈苦成家父〉補説》，簡帛網，2006 年 6 月 13 日。

冀小軍：《〈季庚子問於孔子〉補説》，簡帛網，2006 年 6

月 26 日。

季旭昇主編：《〈上海博物館藏戰國楚竹書（二）〉讀本》，（臺北）萬卷樓圖書股份有限公司，2003 年 7 月。

季旭昇主編：《〈上海博物館藏戰國楚竹書（三）〉讀本》，（臺北）萬卷樓圖書股份有限公司，2005 年 10 月。

季旭昇：《上博五芻議（上）》，簡帛網，2006 年 2 月 18 日。

季旭昇：《上博五芻議（下）》，簡帛網，2006 年 2 月 18 日。

季旭昇主編：《〈上海博物館藏戰國楚竹書（四）〉讀本》，（臺北）萬卷樓圖書股份有限公司，2007 年 3 月。

季旭昇：《〈上博九·史蒥問於夫子〉釋讀及相關問題》，《吉林大學社會科學學報》2015 年第 4 期。

季旭昇、高佑仁主編：《〈上海博物館藏戰國楚竹書（九）〉讀本》，（臺北）萬卷樓圖書股份有限公司，2017 年 5 月。

季旭昇：《上博五〈君子爲禮〉"毋欽毋去"解》，《出土文獻研究》第 16 輯，中西書局，2017 年 9 月。

賈連翔：《試析戰國竹書中的"貌"字》，《語言學論叢》第 63 輯，商務印書館，2021 年 7 月。

金德建：《論語名稱起源於孔安國考》，《古籍叢考》，中華書局，1941 年 3 月。

荊門市博物館編：《郭店楚墓竹簡》，文物出版社，1998 年 5 月。

荊州博物館：《湖北荊州王家咀 798 號楚墓發掘簡報》，《江漢考古》2023 年第 2 期。

K

孔德立、楊兆貴：《新出楚簡的歷史失憶及思想史意義——

以上博楚簡〈魯邦大旱〉爲例》，《江漢論壇》2013 年第 2 期。

　　匡亞明：《孔子評傳》，齊魯書社，1985 年 3 月。

L

　　雷黎明：《試析上博簡〈孔子見季桓子〉第 22 簡中的"吾子"——兼論孔子的"知言"觀》，復旦大學出土文獻與古文字研究中心網，2009 年 3 月 5 日。又載《南昌大學學報（人文社會科學版）》2009 年第 5 期。

　　李春桃：《上博楚簡〈季庚子問於孔子〉研究二題》，《簡帛研究二〇一三》，廣西師範大學出版社，2014 年 7 月。

　　李丹丹：《〈季庚子問於孔子〉集釋及相關問題研究》，哈爾濱師範大學碩士學位論文，2010 年 5 月。

　　李桂民：《上博簡〈魯邦大旱〉的史實背景和思想特點新論》，《聊城大學學報（社會科學版）》2007 年第 2 期。

　　李國勇、常佩雨：《上博簡〈顏淵問於孔子〉簡文釋讀與文獻價值新探》，《四川文物》2014 年第 2 期。

　　李零：《郭店楚簡校讀記》（增訂本），北京大學出版社，2002 年 3 月。

　　李零：《簡帛古書與學術源流》，生活·讀書·新知三聯書店，2004 年 4 月。

　　李啓謙：《顏回研究》，《山東師範大學學報（人文社會科學版）》1985 年第 4 期。

　　李銳：《上博館藏楚簡（二）初劄》，簡帛研究網，2003 年 1 月 6 日。又載《上博館藏戰國楚竹書研究續編》，上海書店出版社，2004 年 7 月。

　　李銳：《〈仲弓〉補釋》，孔子 2000 網，2004 年 4 月 18 日。

李銳：《〈仲弓〉新編》，孔子 2000 網，2004 年 4 月 22 日。

李銳：《讀〈季康子問於孔子〉劄記》，孔子 2000 網，2006 年 2 月 26 日。

李銳：《讀上博（五）補劄》，孔子 2000 網，2006 年 2 月 28 日。

李銳：《〈孔子見季桓子〉新編》，簡帛網，2007 年 7 月 11 日。

李銳：《〈孔子見季桓子〉重編》，簡帛網，2007 年 8 月 22 日。

李銳：《讀〈孔子見季桓子〉劄記》，孔子 2000 網，2008 年 3 月 27 日。

李守奎：《讀〈上海博物館藏戰國楚竹書（二）〉雜識》，《上博館藏戰國楚竹書研究續編》，上海書店出版社，2004 年 7 月。

李守奎：《上博簡殘字叢考》，《古文字研究》第 27 輯，中華書局，2008 年 9 月。

李松儒：《〈君子爲禮〉〈弟子問〉劄記二則》，《吉林大學古籍研究所建所三十周年紀念論文集》，上海古籍出版社，2014 年 11 月。

李松儒：《戰國簡帛字迹研究——以上博簡爲中心》，上海古籍出版社，2015 年 7 月。

李天虹：《上博館藏竹書（二）雜識》，簡帛研究網，2003 年 9 月 17 日。又載《武漢大學學報（哲學社會科學版）》2004 年第 4 期。

李天虹：《〈上博（五）〉零釋三則》，簡帛網，2006 年 2 月 26 日。

李慶：《關於定州漢墓竹簡本〈論語〉的幾個問題——〈論

語〉的文獻學探討》，復旦大學中文系編：《朱東潤先生誕辰一百一十週年紀念文集》，上海古籍出版社，2006 年 11 月。

　　李學勤：《上博楚簡〈魯邦大旱〉解義》，《孔子研究》2004 年第 1 期。

　　李學勤：《楚簡〈子羔〉研究》，《上博館藏戰國楚竹書研究續編》，上海書店出版社，2004 年 7 月。

　　李學勤：《楚簡〈弟子問〉與緇字》，《出土文獻研究》第 8 輯，上海古籍出版社，2007 年 11 月。

　　連德榮：《〈上海博物館藏戰國楚竹書（三）·仲弓〉研究》，（臺北）臺灣師範大學碩士學位論文，2008 年 6 月。

　　梁靜：《〈孔子見季桓子〉校讀》，簡帛網，2008 年 3 月 4 日。

　　梁靜：《上博簡〈弟子問〉文本研究》，《出土文獻研究》第 10 輯，中華書局，2011 年 7 月。

　　梁靜：《從上博簡〈季康子問於孔子〉看孔子晚年不仕的原因》，《人文論叢（2011 年卷）》，中國社會科學出版社，2011 年 12 月。

　　梁靜：《上博楚簡〈仲弓〉篇研究》，《中國典籍與文化》2013 年第 1 期。

　　梁靜：《上博楚簡〈從政〉研究》，《故宮博物院院刊》2013 年第 4 期。

　　梁靜：《上博楚簡〈子貢〉篇研究》，《考古與文物》2014 年第 4 期。

　　梁靜：《上博簡〈史蒥問於夫子〉拼合補說及人物試探》，《簡帛研究》第 21 輯，上海古籍出版社，2020 年 11 月。

　　梁濤：《定縣竹簡〈論語〉與〈論語〉的成書問題》，《管子學刊》2005 年第 1 期。

梁濤：《郭店竹簡與思孟學派》，中國人民大學出版社，2008 年 5 月。

廖名春：《試論楚簡〈魯邦大旱〉篇的内容與思想》，《孔子研究》2004 年第 1 期。

林澐：《豐豐辨》，《古文字研究》第 12 輯，中華書局，1985 年 10 月。收入《林澐文集·文字卷》，上海古籍出版社，2019 年 12 月。

林澐：《豐豐再辨》，《古文字研究》第 32 輯，中華書局，2018 年 8 月。收入《林澐文集·文字卷》，上海古籍出版社，2019 年 12 月。

林志鵬：《仲弓任季氏宰小考》，簡帛研究網，2004 年 6 月 6 日。又載《孔子研究》2010 年第 4 期。

林志鵬：《〈魯邦大旱〉詮解》，《上博館藏戰國楚竹書研究續編》，上海書店出版社，2004 年 7 月。

林志鵬：《楚竹書〈子羔〉篇補釋四則》，《江漢考古》2005 年第 1 期。

劉冬穎：《上博簡〈中弓〉與早期儒學傳承的再評價》，《社會科學戰綫》2005 年第 3 期。

劉冬穎：《出土文獻與先秦時期的楚地儒家傳〈詩〉》，《文學遺産》2009 年第 2 期。

劉洪濤：《談談上海博物館藏戰國楚竹書〈君子爲禮〉的拼合問題》，簡帛網，2006 年 9 月 6 日。

劉洪濤：《上博竹書〈民之父母〉研究》，北京大學碩士學位論文，2008 年 5 月。

劉洪濤：《上博竹簡〈弟子問〉考證二則》，《紀念中國古文字研究會成立四十週年國際學術研討會論文集》，吉林大學，2018 年 10 月。

劉洪濤：《上海博物館藏戰國竹簡〈子路〉篇殘簡》,《出土文獻》第 15 輯, 中西書局, 2019 年 10 月。

劉樂賢：《讀上博簡〈民之父母〉等三篇劄記》, 簡帛研究網, 2003 年 1 月 9 日。

劉樂賢：《上博簡〈魯邦大旱〉簡論》,《文物》2003 年第 5 期。

劉雲：《釋〈弟子問〉中"偃"字的一種異體》, 復旦大學出土文獻與古文字研究中心網, 2009 年 7 月 13 日。

魯瑞菁：《上海博物館藏戰國楚竹書〈子羔〉感生神話内容析論——兼論其與兩漢經説的關係》,《傳統中國研究集刊》第 1 輯, 上海人民出版社, 2006 年 12 月。

羅新慧：《孔子的歷史觀、入仕觀及其他——從上博楚竹書〈仲弓〉篇談起》,《史學史研究》2005 年第 3 期。

駱承烈：《議顔回》,《鄭州大學學報 (哲學社會科學版)》1981 年第 1 期。

駱珍伊：《談楚簡中的"羴 (暴)"字》,《第二十八屆中國文字學國際學術研討會論文集》, 臺灣大學中國文學系、中國文字學會, 2017 年 5 月。

M

馬承源主編：《上海博物館藏戰國楚竹書 (一)》, 上海古籍出版社, 2001 年 11 月。

馬承源主編：《上海博物館藏戰國楚竹書 (二)》, 上海古籍出版社, 2002 年 12 月。

馬承源主編：《上海博物館藏戰國楚竹書 (三)》, 上海古籍出版社, 2003 年 12 月。

馬承源主編：《上海博物館藏戰國楚竹書 (四)》, 上海古籍出版社，2004 年 12 月。

　　馬承源主編：《上海博物館藏戰國楚竹書（五）》，上海古籍出版社，2005 年 12 月。

　　馬承源主編：《上海博物館藏戰國楚竹書（六）》，上海古籍出版社，2007 年 7 月。

　　馬承源主編：《上海博物館藏戰國楚竹書（七）》，上海古籍出版社，2008 年 12 月。

　　馬承源主編：《上海博物館藏戰國楚竹書（八）》，上海古籍出版社，2011 年 5 月。

　　馬承源主編：《上海博物館藏戰國楚竹書（九）》，上海古籍出版社，2012 年 12 月。

　　馬叙倫：《説文解字六書疏證》，中國書店，1985 年 4 月。

　　馬智忠：《〈孔子見季桓子〉研究》，廣西大學碩士學位論文，2010 年 5 月。

　　孟蓬生：《上博竹書（四）閒詁》，簡帛研究網，2005 年 2 月 15 日。

　　孟蓬生：《上博竹書（四）閒詁（續）》，簡帛研究網，2005 年 3 月 6 日。

N

　　牛淑娟：《〈上海博物館藏戰國楚竹書（二）〉研究概況及文字編》，吉林大學碩士學位論文，2005 年 4 月。

　　牛新房：《讀上博（五）〈弟子問〉劄記一則》，簡帛網，2006 年 3 月 4 日。

　　牛新房：《讀上博（五）〈季康子問於孔子〉瑣議》，簡帛網，2006 年 3 月 9 日。

O

歐陽禎人:《論〈民之父母〉的政治哲學内涵》,《孔子研究》2007 年第 1 期。

歐陽禎人:《孔子的宗教思想研究——從〈魯邦大旱〉説起》,《中國儒學》第 3 輯,中國社會科學出版社,2008 年 9 月。

歐陽禎人:《上博簡〈仲弓〉的思想史意義》,《從簡帛中挖掘出來的政治哲學》,武漢大學出版社,2010 年 8 月。

P

龐樸:《話説"五至三無"》,《文史哲》2004 年第 1 期。

裴學海:《古書虛字集釋》,中華書局,1954 年 10 月。

濮茅左:《關於上海戰國竹簡中"孔子"的認定——論〈孔子詩論〉中合文是"孔子"而非"卜子""子上"》,《中華文史論叢》2001 年第 3 輯。

Q

錢穆:《先秦諸子繫年考辨》,上海書店,1992 年 1 月。

錢穆:《論語新解》,巴蜀書社,1985 年 11 月。

[日] 淺野裕一著,王綉雯譯:《上博楚簡〈相邦之道〉的整體結構》,李學勤、林慶彰等著:《新出土文獻與先秦思想重構》,(臺北) 臺灣書房出版有限公司,2007 年 8 月。

[日] 淺野裕一著,[日] 藤井倫明譯:《上博楚簡〈君子爲禮〉與孔子素王説》,《簡帛》第 2 輯,上海古籍出版社,

2007 年 11 月。

秦飛：《出土文獻與古書反思——從上博簡〈中弓〉之刑政思想説起》，《濟南大學學報（社會科學版）》2014 年第 1 期。

清華大學出土文獻研究與保護中心編，李學勤主編：《清華大學藏戰國竹簡（壹）》，中西書局，2010 年 12 月。

清華大學出土文獻研究與保護中心編，李學勤主編：《清華大學藏戰國竹簡（貳）》，中西書局，2011 年 12 月。

清華大學出土文獻研究與保護中心編，李學勤主編：《清華大學藏戰國竹簡（叁）》，中西書局，2012 年 12 月。

清華大學出土文獻研究與保護中心編，李學勤主編：《清華大學藏戰國竹簡（肆）》，中西書局，2013 年 12 月。

清華大學出土文獻研究與保護中心編，李學勤主編：《清華大學藏戰國竹簡（伍）》，中西書局，2015 年 4 月。

清華大學出土文獻研究與保護中心編，李學勤主編：《清華大學藏戰國竹簡（陸）》，中西書局，2016 年 4 月。

清華大學出土文獻研究與保護中心編，李學勤主編：《清華大學藏戰國竹簡（柒）》，中西書局，2017 年 4 月。

清華大學出土文獻研究與保護中心編，李學勤主編：《清華大學藏戰國竹簡（捌）》，中西書局，2018 年 11 月。

清華大學出土文獻研究與保護中心編，黃德寬主編：《清華大學藏戰國竹簡（玖）》，中西書局，2019 年 11 月。

清華大學出土文獻研究與保護中心編，黃德寬主編：《清華大學藏戰國竹簡（拾）》，中西書局，2020 年 11 月。

裘錫圭：《甲骨文中的幾種樂器名稱——釋“庸”“豐”“鞀”》，《中華文史論叢》1980 年第 2 輯，上海古籍出版社，1980 年 5 月。收入《裘錫圭學術文集·甲骨文卷》，復旦大學出版社，2012 年 10 月。

裘錫圭：《談談上博簡〈子羔〉篇的簡序》，《上博館藏戰國楚竹書研究續編》，上海書店出版社，2004 年 7 月。

裘錫圭：《上博簡〈相邦之道〉1 號簡考釋》，《中國文字學報》第 1 輯，商務印書館，2006 年 12 月。

裘錫圭：《説〈魯邦大旱〉"抑吾子如重命丌歟"句》，《華學》第 9、10 合輯，上海古籍出版社，2008 年 8 月。

S

單承彬：《定州漢墓竹簡本〈論語〉性質考辨》，《孔子研究》2002 年第 2 期。

單承彬：《論語源流考述》，吉林人民出版社，2002 年 8 月。

單育辰：《上博五短劄（三則）》，簡帛網，2006 年 4 月 30 日。

單育辰：《佔畢隨録之十五》，復旦大學出土文獻與古文字研究中心網，2011 年 7 月 22 日。

單育辰：《楚地戰國簡帛與傳世文獻對讀之研究》，中華書局，2014 年 5 月。

沈培：《上博簡〈姑成家父〉一個編聯組位置的調整》，簡帛網，2006 年 2 月 22 日。又載耿振生、劉家豐主編：《語苑擷英（二）：慶祝唐作藩教授八十壽辰學術論文集》，中國大百科全書出版社，2007 年 12 月。

沈培：《小議上博簡〈鮑叔牙與隰朋之諫〉中的虛詞"凡"》，《出土文獻與古文字研究》第 1 輯，復旦大學出版社，2006 年 12 月。

沈培：《由上博簡證"如"可訓爲"不如"》，簡帛網，2007 年 7 月 15 日。又載《出土文獻與古文字研究》第 2 輯，復旦大學出版社，2008 年 8 月。

沈培：《再談西周金文"叚"表示情態的用法》，《中國古代青銅器國際研討會論文集》，上海博物館、香港中文大學文物館，2010 年 11 月。

沈培：《清華簡〈鄭武夫人規孺子〉校讀五則》，《漢字漢語研究》2018 年第 4 期。

史傑鵬：《上博竹簡（三）注釋補正》，簡帛研究網，2005 年 7 月 16 日。收入《畏此簡書：戰國楚簡與訓詁論集》，江西高校出版社，2018 年 12 月。

史傑鵬：《從郭店和上博簡〈緇衣〉的幾條簡文談今本〈緇衣〉的形成》，《畏此簡書：戰國楚簡與訓詁論集》，江西高校出版社，2018 年 12 月。

宋立林：《由新出簡帛〈忠信之道〉〈從政〉看子張與子思之師承關係》，《哲學研究》2011 年第 7 期。

宋立林：《仲弓之儒的思想特徵及學術史地位》，《現代哲學》2012 年第 3 期。

宋立林：《上博簡〈君子爲禮〉與顏氏之儒》，《中國哲學史》2014 年第 4 期。

蘇建洲：《〈上海博物館藏戰國楚竹書（二）〉校釋》，（臺北）花木蘭文化出版社，2006 年 9 月。

蘇建洲：《讀〈上博六·孔子見季桓子〉筆記》，簡帛網，2007 年 7 月 24 日。

蘇建洲：《讀〈上博（六）·孔子見季桓子〉筆記之二》，簡帛網，2007 年 8 月 28 日。

蘇建洲：《〈上博楚竹書〉文字及相關問題研究》，（臺北）萬卷樓圖書股份有限公司，2008 年 1 月。

蘇建洲：《〈上博五·弟子問〉研究》，《"中央研究院"歷史語言研究所集刊》83 本第 2 分，2012 年 6 月。

蘇建洲：《初讀〈上博九〉劄記（一）》，簡帛網，2013年1月6日。

T

［日］湯淺邦弘：《竹簡學——中國古代思想的探究》，東方出版中心，2017年1月。

唐洪志：《上博簡（五）孔子文獻校理》，華南師範大學碩士學位論文，2007年6月。

田煒：《上博五〈弟子問〉"登年"小考》，簡帛網，2006年3月22日。又《讀〈上海博物館藏戰國楚竹書〉零劄》，《江漢考古》2008年第2期。

W

王博：《論〈論語〉的編纂》，《簡帛思想文獻論集》，（臺北）臺灣古籍出版有限公司，2001年5月。

王楚寧、張予正：《肩水金關漢簡〈齊論語〉整理》，《中國文物報》2017年8月11日第6版。又載復旦大學出土文獻與古文字研究中心網，2017年8月11日。

王楚寧、張予正：《海昏侯墓〈齊論·問王〉章句蠡測》，復旦大學出土文獻與古文字研究中心網，2017年8月17日。

王國維：《觀堂集林》，中華書局，1959年6月。

王化平：《簡帛文獻中的孔子言論研究》，四川大學博士學位論文，2006年4月。

王化平：《上博簡〈中弓〉與〈論語〉及相關問題探討》，《北方論叢》2009年第4期。

王輝：《釋上博藏竹書〈從政〉甲篇第 19 簡的斂和說》，《江漢考古》2014 年第 2 期。

王輝：《古文字所見人物名號四考》，《中山大學學報（社會科學版）》2018 年第 1 期。

王凱博：《〈史蒥問於夫子〉綴合三例》，簡帛網，2013 年 1 月 10 日。

王凱博：《上博簡〈季庚子問於孔子〉簡 4 "恭則述"解》，《語言研究》2020 年第 1 期。

王鐵：《〈論語〉的結集與版本變遷諸問題》，《孔子研究》1989 年第 3 期。

王志平：《上博簡（二）劄記》，《上博館藏戰國楚竹書研究續編》，上海書店出版社，2004 年 7 月。

王志平：《上博九〈史蒥問於夫子〉之"史蒥"考》，《陝西師範大學學報（哲學社會科學版）》2017 年第 5 期。

王準：《上博四〈柬大王泊旱〉中的祈雨巫術及相關問題》，《江漢論壇》2008 年第 5 期。

鄔可晶：《〈孔子家語〉成書考》，中西書局，2015 年 8 月。

鄔可晶：《説"脊""骴"》，《出土文獻》第 13 輯，中西書局，2018 年 10 月。

吳建偉：《"五至""三無"説新釋》，《中國文字研究》第 21 輯，上海書店出版社，2015 年 8 月。

吳順青、徐夢林、王紅星：《荆門包山 2 號墓部分遺物的清理與復原》，《文物》1988 年第 5 期。

X

夏德靠：《先秦諸子文獻的類型與問題變遷——以〈論語〉

類文獻爲考察中心》,《吉首大學學報（社會科學版）》2012 年第 5 期。

夏德靠:《〈論語〉研究》,知識産權出版社,2015 年 4 月。

夏德靠:《先秦語類文獻形態研究》,中華書局,2015 年 5 月。

夏芬:《從"子曰"類文獻看孔子的家倫理思想》,湖北大學碩士學位論文,2014 年 4 月。

謝維揚:《從䜌公盨、〈子羔〉篇和〈容成氏〉看古史記述資料生成的真實過程》,《上海文博論叢》2009 年第 3 期。

蕭公權:《中國政治思想史》,商務印書館,2011 年 12 月。

徐尚巧:《〈上海博物館藏戰國楚竹書（八）〉集釋》,安徽大學碩士學位論文,2013 年 5 月。

徐少華:《楚竹書〈民之父母〉思想源流探論》,《中國哲學史》2005 年第 4 期。

徐少華:《論竹書〈君子爲禮〉的思想內涵與特徵》,《中國哲學史》2007 年第 2 期。

徐少華:《論〈上博五·君子爲禮〉的編聯與文本結構》,《楚地簡帛思想研究（三）》,湖北教育出版社,2007 年 6 月。

徐文武:《楚國思想與學術研究》,湖北教育出版社,2012 年 9 月。

徐在國:《上博竹書（二）文字雜考》,簡帛研究網,2003 年 1 月 14 日。

徐在國:《上博五文字考釋拾遺》,簡帛網,2006 年 2 月 27 日。又載《簡帛》第 3 輯,上海古籍出版社,2008 年 10 月。

徐在國:《上博竹書（三）劄記二則》,簡帛研究網,2004 年 4 月 26 日。又載《古文字研究》第 27 輯,中華書局,2008 年 9 月。

徐在國：《上博楚簡文字聲系（一——八）》，安徽大學出版社，2013 年 12 月。

徐在國：《談古文字中的"兒"》，《中原文化研究》2017 年第 5 期。

徐在國、顧王樂：《安徽大學藏戰國竹簡〈仲尼〉篇初探》，《文物》2022 年第 3 期。

許慜慧：《〈上海博物館藏戰國楚竹書（五）·季庚子問於孔子〉研究》，（臺北）臺灣師範大學碩士學位論文，2007 年 6 月。

許兆昌：《從仲弓四問看戰國早期儒家的政治關注》，《史學月刊》2010 年第 9 期。

禤健聰：《上博楚簡（五）零劄（一）》，簡帛網，2006 年 2 月 24 日。

禤健聰：《上博楚簡（五）零劄（二）》，簡帛網，2006 年 2 月 26 日。

禤健聰：《戰國楚簡字詞研究》，中山大學博士學位論文，2006 年 4 月。

Y

顏世鉉：《上博楚竹書散論（三）》，簡帛研究網，2003 年 1 月 19 日。

楊伯峻：《論語譯注》，中華書局，1980 年 12 月。

楊朝明：《上博竹書〈魯邦大旱〉管見》，《東岳論叢》2002 年第 5 期。

楊朝明：《上博藏竹書〈從政〉篇"五德"略議——兼説〈從政〉應該屬於〈子思子〉佚篇》，簡帛研究網，2003 年 4 月

23 日。又《上博竹書〈從政〉篇與〈子思子〉》，《孔子研究》2005 年第 2 期。

楊朝明：《新出竹書與〈論語〉成書問題再認識》，《中國哲學史》2003 年第 3 期。

楊朝明：《子貢在孔門弟子中的特殊地位》，楊朝明、修建軍主編：《孔子與孔門弟子研究》，齊魯書社，2004 年 12 月。

楊朝明：《從孔子弟子到孟、荀異途——由上博竹書〈中弓〉思考孔門學術分別》，《齊魯學刊》2005 年第 3 期。

楊德春：《〈論語·述而〉第十一章係偽作考》，《北華大學學報（社會科學版）》2014 年第 3 期。

楊逢彬：《論語新注新譯》，北京大學出版社，2018 年10 月。

楊懷源：《讀上博簡〈中弓〉劄記四則》，簡帛研究網，2004 年 8 月 7 日。又楊懷源：《讀上博簡（三）〈中弓〉劄記四則》，《江漢考古》2008 年第 2 期。

楊軍、王楚寧、徐長青：《西漢海昏侯劉賀墓出土〈論語·知道〉簡初探》，《文物》2016 年第 12 期。

楊澤生：《〈上海博物館所藏竹書（二）〉補釋》，簡帛研究網，2003 年 2 月 15 日。又《上博竹書考釋（三篇）》，《第四屆國際中國古文字學研討會論文集》，香港中文大學，2003 年10 月。

楊澤生：《〈上博五〉零釋十二則》，簡帛網，2006 年 3 月20 日。

姚小鷗、鄭永扣：《論上博簡〈民之父母〉的“五至”說》，《哲學研究》2004 年第 4 期。

姚堯：《“如即不如”考辨》，《漢語史研究集刊》第 15 輯，巴蜀書社，2012 年 12 月。

余小調：《上博簡〈緇衣〉〈民之父母〉與相關文獻的異文研究》，華南師範大學碩士學位論文，2007 年 5 月。

俞紹宏：《上海博物館藏楚簡校注》，中國社會科學出版社，2016 年 12 月。

俞紹宏、張青松：《上海博物館藏戰國楚簡集釋》，社會科學文獻出版社，2019 年 12 月。

俞志慧：《〈魯邦大旱〉句讀獻疑》，簡帛研究網，2003 年 1 月 27 日。又《〈上博館藏戰國楚竹書〉（二）二題》，《上博館藏戰國楚竹書研究續編》，上海書店出版社，2004 年 7 月。

俞志慧：《〈論語〉編纂年代考》，《孔孟學報》第 82 期，2004 年 9 月。

俞志慧：《事類之“語”及其成立之證明》，《淮陰工學院學報》2005 年第 4 期。

俞志慧：《古“語”有之——先秦思想的一種背景與資源》，華東師範大學出版社，2010 年 12 月。

Z

曾軍：《從〈子羔〉看孔子思想從德治到禮治的發展》，《恒道》第 3 輯，吉林文史出版社，2005 年 3 月。

張伯偉：《環繞今本〈論語〉的諸問題——兼與朱維錚先生商榷》，《孔子研究》1987 年第 3 期。

張峰：《〈上博九·史蒥問於夫子〉初讀》，簡帛網，2013 年 1 月 6 日。

張峰：《〈上博九·史蒥問於夫子〉重編釋文》，《中國文字》新 42 期，（臺北）藝文印書館，2016 年 3 月。

張峰：《楚文字訛書研究》，上海古籍出版社，2016 年

11 月。

張强：《儒學南漸考》，《江海學刊》2006 年第 6 期。

張三夕：《“五至”異文考釋》，《北方論叢》2009 年第 6 期。

張玉金：《春秋出土與傳世文獻第二人稱代詞研究》，《中國文字研究》第 11 輯，大象出版社，2008 年 12 月。

張政烺：《〈繆和〉校注》，《馬王堆帛書〈周易〉經傳校讀》，中華書局，2008 年 4 月。

張政烺：《張政烺論易叢稿》，中華書局，2011 年 1 月。

張正明：《楚文化史》，上海人民出版社，1987 年 8 月。

張振謙：《上博（五）劄記二則》，簡帛網，2006 年 2 月 27 日。

趙炳清：《上博簡三〈仲弓〉的編聯及講釋》，簡帛研究網，2005 年 4 月 10 日。

趙炳清：《略論〈中弓〉篇孔子“以民爲本”的政治思想》，《西華師範大學學報（哲學社會科學版）》2015 年第 5 期。

趙建偉：《郭店竹簡〈忠信之道〉〈性自命出〉校釋》，《中國哲學史》1999 年第 2 期。

趙曉斌：《湖北荆州王家咀 M798 出土戰國楚簡〈孔子曰〉概述》，《江漢考古》2023 年第 2 期。

趙貞信：《“論語”一名之來歷與其解釋》，《國立北平研究院史學集刊》第 2 期，國立北平研究院，1936 年 9 月。

甄真：《上海博物館藏戰國楚竹書（三）〈中（仲）弓〉集釋》，吉林大學碩士學位論文，2007 年 4 月。

周鳳五：《讀上博楚竹書〈從政〉（甲篇）劄記》，簡帛研究網，2003 年 1 月 10 日。又載《上博館藏戰國楚竹書研究續編》，上海書店出版社，2004 年 7 月。

周鳳五：《上博五〈姑成家父〉重編新釋》，《臺大中文學報》第 25 期，2006 年 12 月。

周海春：《"'子曰'類文獻"研究對豐富中國哲學史的意義》，《湖北大學學報（哲學社會科學版）》2014 年第 6 期。

朱鳳瀚主編：《海昏簡牘初論》，北京大學出版社，2020 年 12 月。

宗福邦、陳世鐃、蕭海波主編：《故訓匯纂》，商務印書館，2003 年 7 月。

博士論文後記

　　大概在 2012 年的三四月份，湖北人民出版社爲了出版發行《湖北文徵》，在武漢大學、華中師範大學等高校招聘古籍編輯，我從同學處得到了這個消息，當時考慮自己的英語很差，讀博似乎無望，不如前去一試，也爲將來留條退路。没想到筆試、面試異常順利，出版社也未在意我碩士尚且在讀，就讓我在當年的 5 月 1 日正式入職了。工作後有了穩定收入，生活條件得到一定程度的改善，但留給自己讀書的時間越來越少，工作的性質也決定了我無法在學術的道路上繼續發展，這促使我十分渴望重回校園，於是連續兩年參加了三次博士考試，結果與我當年預想的一樣，英語越考越低，連進入面試的機會都没有，我一度因此非常沮喪。偶然有一天，我去拜訪湖北大學的彭忠德教授，蒙他告知，武漢大學近年試行了一種名爲"入學考核"選拔博士的辦法，鼓勵我可以一試。此時我於出土文獻茫然無所知，但仍然鼓起勇氣給陳偉老師寫了一封郵件，介紹了自己的學習、工作情况，並表達了想跟他讀博繼續深造的想法，陳老師很快回信，讓我準備相關材料，他則盡力在學校爲我争取名額，雖然在提交學院審核時出現一點波折，我還是比較順利地進入了面試環節。當獲知我被武漢大學簡帛研究中心録取時，回想整個過程，感覺像做夢一樣不太真實。

　　進入簡帛中心學習後，面對出土文獻這樣一個全新的領域，一時無從下手，感到十分焦慮。最爲致命的是，我對學界的前沿動態瞭解甚少，撰寫論文也不太注意遵守學術規範，爲此受到陳老師的嚴厲批評。記得剛入學的那會兒，爲了展示自己，時常將個人的一些新見解發給陳老師，期望得到他的認可。陳老師告誡我：在對舊材料進行解讀時，除非證據特別充足，結論不可動搖，否則祇是徒增一種新的可能而已，年輕人尤其不要這樣做。我時刻銘記這個教誨（雖然有時未能忠實踐行）。在擬定博士論文選題和框架時，陳老師提出了很多積極有效的建議。論文初稿完成後，陳老師逐字通讀了數遍，小到標點的使用、字詞的推敲、語言的組織以及引文的核對，大到段落的刪改、章節的調整，甚至觀點的修訂，陳老師都給予了很多具體而微的意見，這既使我由衷地表示欽佩，同時也爲自己的粗心和無識倍感愧疚。如果論文尚能提出一些有價值的意見，那肯定是陳老師認真教導的結果。我曾經對人説過，陳老師不僅改變了我的人生軌迹，還深刻影響了我未來的學術道路，我衷心感謝陳老師。

論文在寫作的過程中，雷海龍、陳晨、黃浩波、吳紀寧、李壯等同學向我分享了不少電子資源，梁静女士還將她複印的有關資料送我參考，他們的熱情讓我感動。預答辯時，李天虹、劉國勝、宋華强、何有祖、魯家亮老師提出了許多中肯的修改意見，使論文避免了不少錯誤的産生，我對他們的無私幫助心懷感激。此外，華中師範大學董恩林教授很早就讓我參加了他主持的"《皇清經解》校點整理"和"清人文集'經義'整理與研究"兩個大型項目，使我的業務水平得到進一步的提高，我對他的有意栽培三致謝意。張固也教授邀請我參加上海大學舉辦的"出土文獻與諸子學研究新境——第四届諸子學"學術研討會和華中師範大學舉辦的"第七届中國經學國際學術研討會"，使我獲得了很好的學術交流機會，又承蒙他的關照，我的幾篇論文都得以順利發表，這爲我參評國獎和求職等方面都起到了關鍵作用，他的恩惠我永志不忘。

從出版社辭職後，生活壓力陡然增大，彭忠德教授推薦我承接地方志的點校工作，湖北科技出版社章雪峰總編、武漢出版社齊大勇主任、湖北教育出版社裴曉雷編輯邀我參加"荆楚文庫"中部分古籍的整理出版，使我緩解了燃眉之急，没有他們的信任和提攜，我大概很難安心完成學業，所以我要特别謝謝他們。

奶奶尉氏去世已有五年多了，我很想念她。以前每當我從外地返回老家，聽她呼唤我的乳名，就會感到非常温暖，遺憾以後再也聽不到了。記得從前爲了考博能專心復習英語，我竟然連過年都没有回家，錯過了陪伴她的最後一個春節，我至今悔恨不已。奶奶在天有靈，看到我現在娶妻生子，博士畢業，大概會原諒這個經常故意氣她的孫子吧？爺爺侯諱玉先年届九十，眼睛幾近失明，由於工作、學習和生活的緊張，我每年大概祇能回老家看他兩次，爺爺對物質方面别無所求，我能給他帶去的最大寬慰無疑就是家庭的和睦、生活的安定。對爺爺來説，孫曾繞膝應該是他此生最大的渴望，祇是我們已經没有辦法實現了。我的兄弟姊妹衆多，父母養育我們所付出的艱辛，直到我爲人父後纔有了切身的體會。每當我有了一點成績，他們就會特别高興，不過這也僅能滿足他們偶爾向熟人們炫耀的"虚榮"，至今他們還没有得到任何實質性的回報。妻子劉琪，在我攻讀博士學位的四年裏，辛勤操持家計，撫養兒子，爲我和這個小家做出了很大犧牲，使我幾乎没有了後顧之憂，我要特别感謝她。兒子孝騫，現在也已三歲有餘，幼小的他大概遺傳了我愚笨的基因，直到今天説話仍很含混，在帶來幸福的同時，又讓我隱隱感到擔憂。希望我能有所成就，給他一個光明的未來。

2019 年 5 月

出版後記

本書在博士論文的基礎上作了必要的補充和修改，主要體現在以下幾個方面：

1. 重新撰寫"緒論"中的"研究對象"，刪去"選題意義"，並對"學術史回顧"作了必要的精簡。每章之後的"小結"全部加以刪除。"結語"根據修改後的正文作了相應修改。

2. 刪去博士論文第一章第四節"《孔子見季桓子》'而匍匐問其治於逸人乎'"，同時增加兩個小節，分別是《仲弓》"唯政者正也"、《弟子問》"豐年不恒至"。

3. 第四章根據安大簡、荆州王家咀簡等最新資料重新加以改寫，尤以最後一節的改動最大，不僅調整了標題，還增加了近兩倍的篇幅，對《論語》的成書過程、寫作年代作了全新解讀。

4. 附錄部分增加了一篇相關研究論文，即《據〈命〉〈邦人不稱〉談〈左傳〉"沈諸梁兼二事"——兼論今本〈緇衣〉"葉公之顧命"的訛字問題》，同時新增了 12 篇上博簡《論語》類文獻的釋文。

本書的部分章節，曾在學術期刊或公開出版物上陸續發表，收入本書時作了一定的潤色加工。有的內容雖然早在 2017 年就已完成，但多次投稿均告失敗，始終未能正式發表，不過我至今依然堅持原來的觀點，也相信它的價值。

本書在修訂的過程中，得到學友裴曉雷、李博、謝亞歡、劉永革、陳艷、高金平的幫助，在此謹向他們致以誠摯的謝意。

2022 年 12 月

圖書在版編目（CIP）數據

上博簡《論語》類文獻研究 / 尉侯凱著.--北京：
社會科學文獻出版社，2023.7（2024.2 重印）
ISBN 978-7-5228-2181-8

Ⅰ.①上… Ⅱ.①尉… Ⅲ.①《論語》-研究 Ⅳ.
①B222.25

中國國家版本館 CIP 數據核字（2023）第 139898 號

上博簡《論語》類文獻研究

著　　者 / 尉侯凱

出 版 人 / 冀祥德
責任編輯 / 李建廷
責任印製 / 王京美

出　　版 / 社會科學文獻出版社（010）59367215
　　　　　地址：北京市北三環中路甲 29 號院華龍大廈　郵編：100029
　　　　　網址：www.ssap.com.cn
發　　行 / 社會科學文獻出版社（010）59367028
印　　裝 / 三河市東方印刷有限公司

規　　格 / 開　本：787mm×1092mm　1/16
　　　　　印　張：21.5　字　數：265 千字
版　　次 / 2023 年 7 月第 1 版　2024 年 2 月第 2 次印刷
書　　號 / ISBN 978-7-5228-2181-8
定　　價 / 128.00 圓

讀者服務電話：4008918866